군검사 도베르만!

흥미진진한 스토리를
대본집으로 확인하세요 ♥

군검사 도베르만
댓면감독
많은 관심과 사랑 부탁드립니다!
감사합니다 ♡
2022. 조 보 아

군검사 도베르만을
사랑해주셔서 감사합니다
Jesus & you 2022

감사합니다.

기 026 nz

용문구

군검사 도베르만
많이 사랑해주셔서
감사합니다. :)
- 김우석 (노태남) -

윤현훈
<군검사 도베르만> 많은 사랑 감사합니다
2022. 5. 윤현훈

군검사 도베르만 2

군검사 도베르만 2

지은이 윤현호
펴낸이 임상진
펴낸곳 (주)넥서스

초판 1쇄 인쇄 2022년 5월 13일
초판 1쇄 발행 2022년 5월 20일

출판신고 1992년 4월 3일 제311-2002-2호
10880 경기도 파주시 지목로 5 (신촌동)
Tel (02)330-5500 Fax (02)330-5555

ISBN 979-11-6683-273-4 14680

www.nexusbook.com

군대,

그들만의 세상을

심판한다

군검사
도베르만 2

16-205832
도베만

윤현호 대본집

일러두기

- 드라마 대사는 글밀이 아닌 입말임을 김인해 맞춤법에 어긋난 표현이라 해도
  입말 표현을 살렸으며 그 외의 지문은 맞춤법을 따랐습니다.
- 작가의 대본 집필 방식을 최대한 따랐습니다.
- 물음표, 마침표, 쉼표 등 문장 기호의 표기는 작가의 의도를 기반으로 편집했습니다.
- 각주의 내용은 대본을 그대로 따랐습니다.
- 방송되지 않은 내용이 포함되어 있을 수 있습니다.

차례

작대기 하나의 이등병부터 다섯 개의 별을 단 참모총장까지,
범죄자가 군인이라면 민간 법원이 아닌 군사법원에서만
그 죄를 물을 수 있다.

그동안 숱한 법정물이 쏟아졌어도 군인이 범죄자 혹은 피해자로
법정에 등장하는 드라마를 찾기 힘든 이유가 여기에 있다.
군사법원이 메인 무대였던 드라마가
지금껏 단 한 편도 없었기 때문이다.

군사법원은 문자 그대로 '군인들만의 세상'이다.
피고인부터 피의자, 검사, 심지어 판사까지
모조리 군대의 계급으로 엮여 있다.

판사가 판결을 내렸어도 판결문의 잉크가 채 마르기도 전에
부대의 책임 지휘관이 마음대로 형량을 줄일 수 있다.

〈군검사 도베르만〉은 돈과 복수를 위해 군대에 온 두 군검사가
군대 내 거악을 물리치고
정의를 바로 세우는 한국 최초의 군법정 드라마다.

계급의 무게에 따라 진실의 저울도 달리 움직일 수 있는 군대를
무대로 기존 법정물이 한 번도 보여 주지 않은 군법정을
처음으로 조명해 보고자 한다.

작가의 말

드라마 〈군검사 도베르만〉의 시작은 영화 〈변호인〉이었습니다.

〈변호인〉 시나리오를 쓰기 위해 70~80년대 법정을 취재하면서 군사법원이라는 공간을 접했습니다. 법률 지식이 전혀 없는 부대 지휘관이 군판사석에 앉아 판결을 내리고, 이미 내려진 판결을 부대 지휘관이 재량으로 죄를 감경할 수 있는 곳.

군인들의 죄는 군인이 해결하도록 제도화된 그 폐쇄성이 충격으로 다가왔으며, 언젠가 군사법원을 무대로 드라마를 써 보자 마음을 먹게 되었습니다.

그사이 다른 작품들을 쓰느라 시간이 지나는 동안 군사법원은 개정안을 통해 불합리한 조항들을 많이 덜어 냈습니다. 참으로 다행스러운 일이라고 생각됩니다.

〈군검사 도베르만〉은 제게 너무나 특별하고 의미 깊은 작품입니다. 제 기억에 총알처럼 박혀 있던 GOP에서의 복무 경험을 끄집어내 봤기 때문입니다. 코로나 발발과 더불어 2년 동안 작업실에 갇혀 대본을 쓴 때문인지는 몰라도 방송을 끝낸 지금 마치 두 번째 전역을 한 느낌입니다.

대본을 쓰는 내내 동고동락하며 모든 순간을 함께해 준 윤 주, 박다영, 추문정 작가.
험난한 일정과 코로나 속에서도 최고의 연출을 해 주신 진창규 감독님.
안보현, 조보아, 오연수, 김영민, 김우석 배우님을 비롯한 전체 배우님들.
스튜디오 드래곤의 이혜영 CP님과 이명진 PD님.
로고스필름의 박송해 총괄PD님과 채은누리 PD님.
법률 자문 해 주신 이지윤, 박지훈 변호사님.
이분들과 함께한 시간이 참으로 즐거웠습니다.

더불어 〈군검사 도베르만〉을 본방 사수 해 주신 시청자께 진심으로 감사의 마음을 전합니다.

2022. 윤현호 올림

군검사 도베르만

인물관계도

 볼트
노태남
반려견

 용문구
로맨윈
대표변호사

양종숙
부관

─── 아군
─── 적군

 노태남
IM 디펜스
회장

설악
해결사

 노화영
4사단
사단장

애국회

 이재식
국방부
장관

홍무섭
4군단
군단장

 원기춘
4사단 수색
대대장

 안수호
4사단 병장

 도배만
군검사

 차우인
군검사

 강하준
강스솔루션 대표

 염상진
58사단 군수사관

 서주혁
법무참모

 윤상기
군수사관

 안유라
군수사관

4사단 법무실

도배만(안보현)
| 미친개 군검사

"나 알지? 한번 물면 절대 안 놓는 거."

전역을 앞둔 육군 4사단 소속 법무장교. 계급 대위. 보직은 군검사.

10살 때 사고로 군인인 부모를 잃고 고모 손에 컸다. 중졸 학력으로 사법시험에 합격해 이제 좀 흙수저 탈출인가 싶었지만, 서초동 거대 로펌들은 중졸 학력에 썩은 개천 출신 도배만을 쳐다보지도 않았다. 하지만 여기서 포기한다면 '도베르만'이라는 별명이 붙을 리 없다. 무조건 성공으로 직행할 지름길을 찾는다!

그런 도배만의 앞에 국내 굴지의 대형 로펌 로앤원의 대표 변호사 용문구가 손을 내민다. 자신의 밑에서 5년간 군검사로 일해 준다면 고연봉과 로앤원 파트너 변호사로 스카우트하겠다는 제안이다. 군인이었던 부모의 사고로 인해 군대에 대한 강한 반감과 응축이 있었던 도배만은 돈을 위해 딱 5년만, 상처에 정면으로 맞서 군복을 입기로 한다.

직구가 안 통하면 변화구를 던지고 변화구가 안 되면 벤치클리어링이라도 일으켜 이길 판을 만들고 마는 투견 같은 성격. 남다른 근성과 능수능란한 언변, 잡초 같은 적응력, 짐승 같은 촉, 누구보다 뛰어난 만렙의 자기애. 도배만은 자신만의 무기로 날아다닌다. 그야말로 '로열'한 목적으로 군대에 끌려온 로열패밀리의 자식들이 복무 중에 치는 각종 사건 사고들의 해결사로 등판한다. 계급사회의 끝판왕인 군대에서 높은 신분들이 마음 편히 갑질하도록 군검사 권력을 사적으로 이용한다. 검사로는 썩어 빠졌고 군인으로는 군기 빠진—돈만 잘 버는 군검사 도배만. 그에게 군대는 돈벌이 수단 그 이상도 이하도 아니었다.

그렇게 5년 뒤, 드디어 군검사 전역을 한 달 남겨 둔 말년장교 도배만. 퀴퀴한 국방색 군복을 벗어던지고 명품 슈트발 날리며 '민간인 법조계'에 화력하게 복귀할 순간만 기다리고 있는데, 신임 군검사 차우인의 등장으로 강력한 브레이크가 걸린다.

차우인(조보야)
| 일급 조련 군검사

"약한 척하지 마, 더 맞기 싫으면."

육군 4사단 법무실 신참 법무장교. 계급 대위. 보직은 군검사.

군대 안에서 자신이 맡은 사건을 수사할 때면 계급이 높든 말든 틀린 건 하나하나 따지고 조목조목 반박하는 담대함을 가졌다. 강한 눈빛에 당당한 태도는 어디에 있든 어떤 제복을 입고 있든 항상 빛이 난다. 싸가지 없을 정도로 거침없는 언변을 가졌으며 선천적으로 강자에 대한 두려움이 없다. 화려한 환경에 비해 필사적으로 조용한 학창 시절을 보낸 탓에 알려진 정보가 거의 없을 뿐, 그녀는 사실 굴지의 방산업체인 IM 디펜스 차 회장의 외동딸이었다. 비록 지금은 재벌딸 타이틀을 잃었지만 차우인이 군대 밖에 이뤄 놓은 것들은 차고 넘쳤다.

법무장교로 임관해 밟게 된 군사법원은 무법천지였다. '군법' 자체가 전시를 위해 만들어진 법이었던 만큼 군사법원은 법전이 아니라 상명하복으로 돌아가는 곳이었고, 그야말로 법 위에 계급이 존재했다. 몹쓸 관행과 수직적 위계를 따지는 군법정에 차우인은 새 바람을 일으킨다. 죄를 저질렀다면 가슴을 별로 뒤덮은 장군이든 작대기 하나 달린 이등병이든 평등하게 검사의 칼을 들이댄다. 군복 벗기겠다는 협박도 검사질 못 하게 만들겠다는 협박도 차우인에겐 통하지 않는다.

하지만, 차우인이 군대에 온 진짜 이유는 사냥감들을 잡기 위해서였다. 그래서 자신처럼 만만치 않은 사람이 필요했다. 바로 자신과 같은 운명의 도배만이었다. 유능한 사냥개가 필요했던 차우인은 도배만을 보고 확신한다. 자신이 도배만의 목줄을 쥔다면, 어제까지는 썩어빠진 군검사였던 도배만이 오늘부터는 적의 목덜미를 물어뜯어 버릴 사냥개가 될 거라고.

노화영(오연수)
| 최초의 여자 사단장

"난, 군복 입은 여자들이 꿈도 꾸지 못하는 곳까지 올라갈 거야.
내 위에 어떤 남자도 서 있지 않게 만들 거야."

창군 이래 최초의 여자 사단장. 계급 소장. 보직은 육군 4사단 사단장.

육사 출신으로 단 한 번의 비리 없이 양어깨에 별을 달았다. 비상한 머리와 포커페이스의 여왕으로 사람을 복종하게 만드는 카리스마가 대단하다. 군대라는 가장 견고한 유리 천장을 깨부순 여자 장군이기에 각종 매스컴의 중심에 있으며 여군을 넘어 여성들의 워너비로 추앙받는다. 누군가에겐 최종 목표일 수 있는 자리지만 노화영에게는 시작에 불과하다.

노화영은 군인으로서 완벽 그 자체였다. 선천적으로 오른손 검지 한 마디가 없는 건 문제가 되지 않았다. 누구보다 우수한 성적으로 육사를 졸업했고, 임관 후 모든 훈련에서도 단연 돋보였다. 단 하나, 여자라는 이유만 빼고. 아무리 날고 기어도 결국 가장 높은 곳에 오르지 못하는 현실을 경험한 뒤, 노화영은 자신의 위에 어떤 남자도 서 있지 않게 만들겠다 다짐한다. 자신이 가는 길에 방해가 된다면, 그게 아들일지라도 상관없다. 기꺼이 아들 손에 수류탄을 쥐여 주며 오로지 노화영의 아들임을 잊지 않게 교육시켜 줄 뿐.

악마는 여러 가지 탈을 쓰지만, 선의 탈을 쓸 때 가장 무서운 법이다. 권력을 가진 악녀. 그녀의 거대한 야심을 채우기에 어깨에 달린 별 둘 계급장은 너무 가볍다. 영관급 장교뿐만 아니라 정재계 주요 인사들을 총망라한 이너서클을 꿈꾸는 비밀 사조직 '애국회'의 유일한 여성 멤버이자 핵심 멤버. 게다가 자신의 명령을 사수하는 아바타인 용문구를 이용해 IM 디펜스를 쥐고 흔들며 '돈'이란 강력한 무기까지 장착했다. 허나, 노화영에게 이 모든 건 군복이 있어야만 완벽하다.

용문구(김영민)
| 특수부 검사 출신 변호사

"가진 자들의 급소라 이 말이지, 군대가."

국내 굴지의 로펌 '로앤원'의 대표 변호사이자 노화영 사단장과 IM 디펜스 노태남 회장의 법률 경호인.

어떤 상황에도 늘 온화한 미소와 품격 있는 태도를 잃지 않는다. 자신의 감정을 내세우지 않으면서 상대의 작은 것까지 포착하며 돌아가는 판을 예리하게 읽어 내는 동물적 감각. 냉철한 판단력으로 어느 것 하나 놓치지 않는 치밀한 성격. 혀를 내두를 정도의 임기응변 능력과 안색 하나 변하지 않는 포커페이스의 소유자. 검사 혹은 상대 변호사와 치열한 심리전을 벌이는 법정에서 단연 최고의 진가를 발휘한다. VIP 의뢰인의 승소를 위해서라면 악행도 미소 지으면서 저지를 수 있다.

특수부 검사 시절, IM 디펜스 차 회장을 검거한 적이 있지만, 수사 도중 차 회장이 사고로 사망하면서 수사가 종결됐었다. 당시 평검사가 대어를 잡았다며 검찰 안에서 화제를 모았는데 이후 용문구는 뜻밖에 검사 옷을 벗고 로앤원을 차린다. 이후 로앤원의 대표 변호사이면서, IM 디펜스 신임 회장 노태남의 변호인으로 움직인다. 그러다 대형 사고를 친 노태남에게 도피처로 군대에 입대할 것을 제안한다. 공석인 된 IM의 주인 자리에 입주한 용문구, 그의 숨겨둔 욕망이 고개 들기 시작한다.

노태남(김우석)
| IM 디펜스 회장, 13번 훈련병

"남들 다 패스하는 군대를 내가 왜 가야 돼?"

20대 초반에 굴지의 방산업체 회장 자리에 올라서인지 위아래를 잘 조절하지 못한다. 상대가 누구든 반말과 존댓말을 섞어 쓴다. 타고난 감정 조절 장애에 아주 기본적인 사회성까지 결여되었다. 어머니 노화영의 탐욕과 악마성을 고스란히 물려받았지만, 머리와 판단력까지는 닮지 못해 각종 사건 사고를 대책 없이 저지르고 다닌다. 노화영이 낳고 길러 낸 괴물이라는 점에서 그의 존재는 측은하기도 하다.

특권층으로 태어나 다른 사람들을 우습게 여기는 선민의식에 절어 있다. 클럽 카르텔에서의 세나 성폭행 사건으로 전 국민의 공분을 산다. IM 디펜스 주가마저 흔들리는 그야말로 오너 리크스를 저지르고 나서야 사태의 심각성을 깨닫고 해결 방안으로 용문구에게 입대를 제안 받는다. 절대 가지 않을 거라 발버둥 쳤던 그 군대에? 용문구의 계획은 군법으로 무죄를 받은 뒤에, 복무 불가 판정을 받아 조기 제대한다는 전략. 죽을 만큼 싫었지만 뭐, 선택의 여지가 없었다.

그렇게 머리를 깎고, 입대를 하게 되는 노태남. 그때부터 노태남은 인생에서 처음 맛보는 생지옥을 겪는다.

| 도배만 주변 인물 |

도수경(강말금)
| 도배만의 고모

12년차 강력계 베테랑 형사.
타고난 유머 감각에 넉살 좋고 통 큰 배포를 가졌다. 경찰서 내에서 인정받는 브레인이자 행동대장이며 여자라고 내세우지 않고 차별받기도 싫어하는 합리적인 성격이다. 승진보다 검거를 더 좋아하고 체질상 나쁜 놈을 보면 혈압이 끓어올라 건강을 생각해서라도 꼭 잡으려고 한다. 평소 쓸고 닦기를 즐기고 주변을 늘 깨끗하게 유지하는 편이라 사회에서도 '범죄자 청소부'가 되고자 한다.
일찍이 부모님을 여의었고 오빠 내외와 한집에 살았다. 그러던 어느 날, 갑작스런 오빠의 사고로 졸지에 고아가 된 도배만을 맡았다. 하늘 아래 둘만 남겨진 슬픔과 학창 시절 일부러 사고 치는 도배만 때문에 속앓이를 많이 했다. 주위에서는 시집도 못 가고 조카 키우느라 평생을 바쳤다는 소리를 해 대지만 오빠와 언니 뒤를 이어 군검사가 된 도배만을 무척 자랑스러워한다.
부모님의 사건을 파헤치려는 도배만을 돕다가 인생의 가장 큰 난관에 봉착하게 된다.

설악(권동호)
| 해결사, 설악천지 대표

외모와 패션에 신경을 많이 쓰는 해결사.
구수한 사투리를 구사하며 전위 예술가가 꿈이었지만 타고난 재능이 없다고 판단해 접었다. 대신 예술적인 싸움을 하기로 작정하고 조폭 법인인 '설악천지' 대표가 되어 각계각층 필요

한 곳에 부하들을 연결해 준다.

아버지를 감옥에 보낸 도배만에게 앙심을 품고 있다. 하지만 매번 당하고 그때마다 다시 일어난다.

도성환(이진수) · 유정연(채송화)
| 도배만의 부모

20년 전, 육군 58사단 소속 군수사관으로 일했다. 불의의 차량 사고로 사망했다.

안수호(류성록)
| 군교도소에 복역 중인 군인

육군 4사단 소속 병장. 은행장 아들이란 사실을 티 내지 않아 아무도 몰랐을 정도로 성실히 군복무를 해 왔다. 후배 병사들에게 신임과 존경을 받았다. 그러던 중, 황제복무 의혹에 휩싸이면서 군교도소에서 복역하게 된다. 학창 시절에 큰 사건을 일으켰고 아버지 백으로 사건을 묻었다.

그 후로 그 일이 드러날 것을 우려해 성격까지 바꾸고 살았고 군대에 와서도 신임을 얻었지만, 믿었던 도배만에 의해 황제복무 사건에 휩싸이게 된다. 그에 대한 증오로 군교도소 안에서 복수를 계획한다.

염상진(이태형)
| 58사단 군법무실 소속 군수사관

계급 상사. 보직은 수사과장. 20년 간 군대에서 근무 중이며, 과거 군수사관이었던 도배만 부모의 부하로 근무했다. 사고가 일어난 후 내부 은폐 지시를 명령받고 오랜 기간 죄책감에 시달렸다. 도배만이 본격적으로 과거 사건을 파헤치려 하자 도배만과 차우인의 조력자가 된다.

| 차우인 주변 인물 |

강하준(강형석)
| 24시간 차우인을 돕는 조력자

방위산업체 강스 솔루션 대표. 일명 핸섬하고 부드러운 스티브 잡스. 천재적인 두뇌로 1인 벤

처기업으로 사회에 첫발을 내디뎠지만 사회는 냉혹했다. 투자설명회에서 번번이 퇴짜를 맞으며 쌓여 가는 은행 채무와 떠나가는 사람들. 사업자금을 모으기 위해 만든 도박 프로그램을 이유로 자신을 쫓는 미국 갱들까지. 그때 손을 내밀어 준 사람이 차우인의 아버지, 차호철 회장이다. 가장 어려웠던 시절 차 회장의 투자로 회사를 성장시킬 수 있었다.

성공한 방위산업체 대표가 된 강하준은 차우인을 다시 만나게 되고 그녀가 계획한 복수의 퍼즐을 완성해 주기 위해 24시간 움직인다. 천재적인 해킹 실력과 007 영화에 등장하는 첨단의 IT 장난감을 손수 개발해 가면서 차우인을 돕는다. 그녀에 대한 깊은 마음이 고개를 들지 않도록 자기 자신조차 속여 가면서.

차호철(유태웅)
| 의문사한 IM 디펜스 전 회장

IM 디펜스 전 회장이자 차우인의 아버지. 아내를 지병으로 잃고 홀로 남은 딸을 애지중지했지만 아주 강하게 키웠다. 딸에게는 존경받는 아버지, 직원들에겐 헌신하고 싶은 주군의 이미지로 남아 있다.

'우리 회사는 물건을 팔기 위해 직원을 고용하는 것이 아니라 직원을 고용하기 위해 물건을 만든다.'는 사훈이 대대적으로 회자되었다. 군사기밀 유출, 시세조작 스캔들에 휘말리며 회장 자리에서 물러났고, 얼마 뒤, 원인을 알 수 없는 차량 사고로 운명을 달리했다.

한세나(유혜인)
| 모델 지망생

아이돌 가수 알렌의 팬으로 인스타 DM을 보냈다가 알렌의 답장을 받고 성덕이 된다. 알렌과 만날 수 있다는 사실에 들떴지만 그것이 그녀의 불행의 시작이었다.

팽 여사(남미정)
| 다방 아지트 주인

부대 근처에 위치한 오래된 다방의 여주인. 말이 없고 표정과 행동으로 마음을 나타낸다. 커피는 커피 자판기를 통해 판매하지만, 얼음만은 직접 작게 깨서 제공하는 조금 독특한 영업 방식을 고수한다. 중요한 손님에겐 화려한 꽃무늬 트레이에 쌍화차를 내주기도 한다.

이재식(남경읍)
| 국방부 장관

주름이 자글자글한 가는 눈, 거부할 수 없는 위압감과 특유의 능글거림이 혼재한 눈빛을 가졌다. 아버지의 뒤를 이어 육군 내 비밀 사조직인 애국회를 이끌고 있다. 신임 국방부 장관으로 취임했으며, 정치권에 대한 큰 욕망을 가지고 있다. 자신이 원하는 것이라면 뭐든 하는 충신 노화영에 대한 신뢰와 애정이 깊다.

홍무섭(박윤희)
| 육군 제4군단장

계급 중장. 보직은 군단장.
육사 출신에 사법고시까지 합격하며 법무장교를 거쳐 지금의 자리에 오른 엘리트. 애국회 멤버 중에서 가장 자신의 속을 드러내지 않는다. 오랜 기간 이재식의 그림자로 지내 오면서 충성을 다했지만 노화영에 가려져 자신의 입지가 좁혀지고 있다. 겉으로는 너그러운 척하지만 언제라도 노화영의 약점을 잡는다면 제대로 내치고 싶은 마음을 가지고 있다.

허강인(정인기)
| 육군 제4부군단장

계급 준장. 보직은 부군단장.
노화영의 육사 동기로 학교 때부터 깊은 콤플렉스를 가지고 있다. 과도한 남존여비 사상에 젖어 있다. 남자 화장실까지 쳐들어온 노화영에게 꼼짝도 못 하고 얻어맞는 굴욕을 당한 후, 노화영에 대한 복수심을 불태운다.

원기춘(임철형)
| 육군 4사단 수색대대장

계급 중령. 보직은 수색대대장.
애국회 막내 격 멤버로 자신을 애국회로 이끌어 준 노화영에게 절대 충성한다. 전쟁 나면 부하들 총알받이 세워 두고 숨을 사람이라는 말을 들을 정도로 겁이 많고 자신의 이익만을 추구한다. 자신의 본성과는 정반대의 인격과 행동력으로 주목받게 되며 일생일대 초유의 상황과 맞닥뜨린다.

양종숙(조혜원)
| 4사단 사단장 전속부관

계급 중위. 보직은 전속부관.

노화영의 곁을 24시간 지키는 수족 같은 존재. 명령이나 지시에 의문을 표하지도, 반하는 행동을 하지도 않고 묵묵히 사단장인 노화영의 명령을 따르고 깍듯이 보좌한다.

| 노태남 주변 인물 |

볼트(칸)
| 노태남의 애견

도베르만 종자의 맹견. 군견 출신이다. 새끼 때 군견병들의 학대로 탈출했는데 당시 부대 관사에 살던 고딩 노태남이 발견해서 키웠다. 서로 군대를 싫어한다는 공통점이 있다. 투견이지만 노태남에게는 순하다.

알렌(박상남)
| 아이돌 가수

인기 절정의 아이돌 가수. 팬들의 인기로 먹고살지만, 팬들은 상상조차 못한다. 그가 약물을 이용해서 여자들에게 추악한 짓을 저지른다는 것을.

| 4사단 법무실 |

서주혁(박진우)
| 4사단 군법무실 내 권위적인 법무참모

계급 소령. 보직은 4사단 군법무실 법무참모. 도배만과 차우인의 직속상관이다. 군법무실의 최고 실세. 상명하복을 절대적으로 따르는 내추럴 군인. 검사로서의 사명감보다 군인으로서의 프라이드와 충성심이 훨씬 강하다.

차우인의 임관과 노화영의 취임으로 여자들 중간에 낀 자기 신세를 한탄한다. 상관 노화영에겐 꼼짝 못 하고 부하인 차우인만 들볶는다.

윤상기(고건한)
| 4사단 군법무실 소속 군수사관

계급 중사. 보직은 수사계장. 도배만의 충직한 부하. 유순하고 머리가 좋다. 타고난 친화력의 소유자로 검색과 컴퓨터, 운전과 정보의 도사다. 군에 와서 만난 도배만을 깊이 좋아하고 형처럼 따른다.

군내 규율과 명령을 지키고 합리적 사고를 하는 인물이며 마음이 얼굴에 드러나는 착한 스타일이다. 사사건건 부딪치는 도배만과 차우인 사이에서 완충재 역할을 하며 둘을 엮으려고 애쓴다.

안유라(김한나)
| 4사단 군법무실 소속 군수사관

계급 중사. 보직은 수사계장. 눈치 빠르고 날쌔며 싹싹하다. 해커를 할 정도로 컴퓨터 실력이 좋지만 법무실 안에선 드러내지 않고 있다.

집안 형편상 대학 진학을 못 하고 군대에 왔고 멋진 여군이 되려는 희망을 품고 열심히 군 생활을 한다. 남몰래 도배만을 짝사랑해 오다가 신임 검사로 온 차우인이 도배만과 붙어 다니자 알게 모르게 경계한다.

용어 정리

[몽타주] 따로따로 촬영한 화면을 적절하게 떼어 붙여서 하나의 긴밀하고도 새로운 장면이나 내용으로 만드는 일 또는 그렇게 만든 화면을 뜻한다.

[오버랩] 앞 화면에 뒤의 화면이 포개지는 기법. 대사에서 앞사람의 말을 끊고 대사가 나올 때 사용된다.

[인서트] 화면의 특정 동작이나 상황을 강조하기 위해 삽입한 화면 또는 삽입하는 것을 뜻한다.

[플래시백] 회상을 나타내는 장면. 주로 현재 일어나는 사건의 인과 설명 혹은 주인공의 현재 모습이나 성격에 당위성을 부여하기 위해 사용된다.

[C.U] 클로즈업(Close-Up)의 약어. 등장하는 배경이나 인물의 일부를 화면에 크게 나타내는 촬영 기법이다.

[E] 이펙트(Effect)의 약어. 등장인물의 얼굴은 보이지 않고 목소리만 들리는 경우에 주로 사용되며, 휴대폰 소리, 파도 소리 등 모든 효과음이 해당된다.

[F] 필터(Filter)의 약어. 전화기 너머의 목소리나 마음속으로 하는 이야기 등을 표현할 때 사용된다.

[Na] 내레이션(Narration)의 약어. 장면에 나타나지 않으면서 장면의 진행에 따라 그 내용이나 줄거리를 해설하는 일 또는 그런 해설을 뜻한다.

9화

1. 조사실 (낮)

화면 열리면- 조사실에 앉아 있는 노화영이 보인다. 정복에 온 갖 훈장이 달린 군복. 노화영 옆엔 용문구가 앉아 있다. 잠시 후- 조사실 문이 열리고 도배만과 차우인이 들어와 맞은편에 앉는다. 처음으로 네 사람이 한자리에 모여 앉았다. 시선이 엇갈 리는데- 미러창 너머로- 서주혁이 이 광경을 조마조마한 표정 으로 지켜보고 있다.

도배만 시작하겠습니다. (잠시) 이름. 계급. 소속.

노화영, 도배만과 차우인 번갈아 보는 눈빛에서-

2. 노화영의 관사 (밤)

자막 - 9일 전

화면 가득- 핏물이 철철 흐르는 레어 스테이크. 노화영, 나이프 로 쓱쓱 썰어서 고기를 입에 넣는다. 입가에 살짝 묻어나는 핏물.

노화영 내가 잘랐어.

노화영, 섬뜩한 얼굴로 고기를 씹는데- 용문구, 그 모습 보며 말 문이 막혀 표정 관리가 안 되는데.

용문구 (재차 확인) 장군님이 직접… 말입니까?
노화영 (입가에 엷은 미소)
용문구 (놀란 채) 직접 피를 묻히실 줄은 몰랐습니다… 전혀 예상 밖이 네요. (잠시) 감히 장군님을 잘 안다고 생각한 제 불찰이겠죠.
노화영 내 손에 피가 묻는 건 상관없어. 씻으면 그뿐이니까. 일이 잘못

되는 걸 두고 보는 것보다야 훨씬 낫지.

어색한 침묵이 흐른다. 와인 잔 들어 마시려다가 내려놓는 노
화영.

노화영	그만 가 봐. 쉬어야겠어.
용문구	중요한 보고가 있습니다.
노화영	뭐지?
용문구	차우인의 정체에 관해섭니다. 들으시면, 놀라실 겁니다.
노화영	(비소) 그럴까?
용문구	(반응이 예상과 다르다!)
노화영	죽은 차호철 회장의 딸이잖아. 내가 모를 거라 생각했었나?

인서트_____

1화 16신. 차우인 임관 모습.

노화영(E)   (엷은 미소로) 차우인이 군검사가 된 그날부터…

인서트_____

원기춘이 퇴원한 병실. 양 부관이 감지 장치로 병실을 탐지하다
화분에서 신호를 감지한다.

노화영(E)   내가 주시해 왔다는 걸 그 아이는 상상도 못 했겠지.

용문구, 예상치 못한 감탄과 놀람이 뒤섞인 얼굴.

용문구	차우인을 그냥 내버려 두시는 이유는요?
노화영	일단 두고 보는 거야. 일개 대위 하나를 신경 쓰는 것도 우습고.

용문구	노 회장 재판과 탈영, 원기춘 중령까지 계속 장군님과 엮이고 있습니다. 게다가 차우인은 군인의 죄를 물을 수 있는 군검삽니다. 도배만도 마찬가지구요.
노화영	(그 말에 슬쩍 보는)
용문구	제 밑에서 돈만 좋았던 도배만이 차우인을 만난 뒤부터 완전히 돌변했습니다. 분명 뭔가로 엮여 있을 겁니다. 두 사람을 조심… (하는데)
노화영	(비소) 정작 나는 용 변호사가 걱정이야.
용문구	(멈칫) !!
노화영	이제야 차우인 정체를 알아차렸잖아. 내 지근거리에 있었던 밀정의 존재를 이제야. 그래서 나 대신 IM을 제대로 꾸려 나갈 수 있겠어?
용문구	(굴욕감) …
노화영	가 봐. (일어서는데)
용문구	(차분하게) 차우인은 장군님 앞에 서기 위해 오래 준비했습니다. 차우인의 능력과 분노를 절대 과소평가하시면 안 됩니다.

용문구, 자리에서 일어나 몇 걸음 걸어간다. 그러다가-

용문구	그리고 이젠 IM 대표로 불러 주십시오. (정중하게) 변호사 호칭은 더 이상 듣고 싶지 않습니다.

도발적인 말과 대비되게- 아주 공손하게 허리를 숙이는 용문구. 나가는 용문구를 강렬히 쳐다보며 와인을 넘기는 노화영인데-

3. 용문구의 IM 집무실 [밤]
심기가 매우 불편한 얼굴로 집무실 의자에 앉아 있는 용문구.

노화영 (E)	이제야 차우인 정체를 알아차렸잖아. 내 지근거리에 있었던 밀정의 존재를 이제야.
용문구	(되씹는) 밀정… 차우인을 밀정이라고 느끼고 있었다?

그러고는- 책상에 놓여 있는 차우인 신상 서류를 보는 데서-

4. 다방 아지트 - 비밀의 방 (밤)

전 신 느낌 받아서 화면 가득 차우인의 모습. 8화 57신 이후 상황이다.

차우인	상상 이상의 괴물. 괴물과 악마란 인간이 이런 짓을 했다는 걸 받아들일 수 없기 때문에 만들어 낸 존재라고 했죠.
도배만	멀쩡한 다리까지 잘라 낸 거라면…
강하준	노화영… 괴물 맞네.
도배만	(생각하다가) 괴물을 상대하려면 우리가 먼저 치고 나가야지! 강 대표가 내일 기자회견 좀 잡아 줘.
강하준	기자회견?
도배만	구 병장 폭로로 여론부터 끓어오르게 만들자!
차우인	증언도 중요하지만 스모킹건이 될 만한 증거도 필요해요.
도배만	(듣는)
차우인	내일 김한용 형의 뇌 수술을 진행할 겁니다.
강하준	뇌에 있는 물질의 위치 때문에 수술이 힘들다고 했잖아?
차우인	그 진단을 내린 게 조수찬 군의관이었죠. 지뢰 영웅담의 공범!
강하준	아~ 그게 잘못된 진단이다?
도배만	진실을 덮으려고 수술을 의도적으로 막고 있었다는 추론이 가능해. CT 사진까지 바꾼 썩어 빠진 의사니까.
차우인	수술 집도할 뇌 전문의는 제가 섭외했습니다. 도 검사님은 김한용을 만나서 수술 동의를 받아 주세요.

5. 국군 교도소 면회실 [밤]

도배만이 김한용을 만나고 있다.

김한용	(기쁘지만 의구심 가득) 정말… 형이 수술할 수 있는 겁니까? 정말?
도배만	뇌에 박힌 걸 꺼내는 수술이니까 최악의 상황까지 생각해야 돼.
김한용	(눈동자가 불안하게 흔들리는) …
도배만	동의는 전적으로 네 선택이다.
김한용	(고개 숙이는)
도배만	그래. 쉽게 결정할 수 없다는 거 알아.
김한용	(천천히 고개 들더니) 아뇨. 선택은 형이 하는 거죠.
도배만	(보는)
김한용	형은 저한테 늘 1%의 용기가 있다면 선택하라고 했어요. 1%지만 그건 아무것도 하지 않는 0과는 아주 다른 선택이라구요. 그 날 서점에서 총을 쐈던 것도 그래서였어요.

6. [교차] 다방 아지트 + 차우인의 관사 [밤]

어둑한 다방 아지트. 세수하고 나와 수건을 목에 건 채 간편한 옷으로 대충 갈아입고 소파에 눕는 도배만. 눈을 감고 잠을 청하려고 하지만 막상 잠이 오지 않는다. 이리저리 뒤척이는데- 그때 울리는 핸드폰. 차우인이다.

차우인 (F)	김한용 만나셨습니까?
도배만	…응.
차우인 (F)	(잠시) 수술 진행해도 되겠습니까?
도배만	1%의 가능성이 아니라… 1%의 용기로 해 보자.
차우인 (F)	네?
도배만	김한용이 그렇게 말했어.
차우인 (F)	…그랬군요.

도배만	이번 원기춘 사건 배후… 김한용 형을 위해서라도 반드시 밝혀야 돼.
차우인 (F)	네. 어려운 결정을 한 김한용을 위해서두요.
도배만	증거를 찾아서 반드시 노화영에게 타격이 가게 해야 돼.

그때- 어디선가 볼트가 도배만 곁으로 온다. 보다가- '아! 맞다!' 하는 표정으로-

도배만	차 검, 잠깐 영상 통화 모드로 바꿔 봐.
차우인 (F)	네? 갑자기… (뭐지? 싶은) 무슨 일 있으십니까?

도배만, 핸드폰의 영상 모드로 돌리면- 잠시 뜸 들이던 차우인이 보인다. 도배만, 볼트를 안아 올려서 보여 주려고 하는데 자꾸만 피하는 볼트. 안간힘 쓰는 도배만 때문에 핸드폰 화면이 흔들리고-

차우인	(어색) 뭐 하십니까?

차우인, 핸드폰 영상 속- 도배만의 목에 걸린 수건과 아지트 소파 위 이불을 보게 되고-

차우인	혹시 요즘 거기서 지내는 겁니까? 도수경 형사님 댁이 아니고?
도배만	카르텔에서 노태남 체포됐을 때, 도망친 놈이 나란 걸 고모한테 들켰어.
차우인	쫓겨났군요…

도배만, 볼트를 겨우 안아 올려 영상으로 보여 준다. 도배만과 볼트가 영상 화면으로 보이고- 차우인, 눈 동그랗게 떠지는데,

차우인	(놀라며) 볼트 아닙니까?
도배만	그래! 어쩔 수 없이 내가 맡게 됐다… (약간 미운) 아우… 강 대표!!
차우인	안 그래도 내심 계속 맘에 걸렸는데… (미소) 거기 있는 거 보니까 맘이 놓이네요.

용건이 끝나자- 영상 통화가 어색한 두 사람. 잠시 보다가 서로 눈 피하고-

차우인	내일 김한용 형 수술도 있고, 구 병장 기자회견도 있고… 중요한 하루가 될 겁니다.
도배만	우리가 상황을 뒤집거나, 상황이 우리를 뒤집거나 결전의 날이 되겠지.
차우인	그만 자야겠네요. 좋은 꿈 꾸십쇼. (끊는)

도배만, 소파에 누워 잠을 청해 본다. 종아리 중간까지 오는 소파가 영 불편하다. 참고 다시 눈을 감고, 웅크려도 보고, 다리도 접어 보고- 볼트까지 비좁은 소파에 올라오고! 참다못해 벌떡 일어나는 도배만.

도배만	아우! 여기선 도저히 못 자겠다. 볼트야, 가자!

7. 도수경의 집 (밤)

도수경, 혼자서 늦은 저녁을 먹고 있는 중이다. 그때 현관문에서 비번 여는 소리- 성큼성큼 들어오는 도배만. 옆에는 볼트까지.

도수경	(삐딱하게) 뭐야? 너 이거 주거 침입이야. 더구나 여긴 강력계 형사 집이고.

도배만	(믿지 않게 뻔뻔) 우리 싸랑하는 고모랑 어릴 때부터 내가 살아온
	집인데… 내가 왜 밖에서 고생을 해? 어? (된장찌개 보며) 와~ 맛
	있겠다! (바로 식탁에 앉아 도수경 밥 먹는) 역시! 반찬 없는 집밥이
	최고!

도배만, 밥을 먹기 시작하고- 도수경, 어이 없어 '픽' 웃는 데서-

8. (시간 경과) 도수경의 집 (밤)

거실에 큰 이불 두 개를 깔고 자는 도수경과 도배만. 두 사람, 멀
뚱멀뚱 천장을 보고 있다. 그러다- 도수경 쪽으로 고개 돌리는
도배만.

도배만	원기춘 사건 목격자를 찾았어. 내일 기자회견에서 터트릴 거야.
도수경	(힐끔) 너 징계받았잖아. 괜찮겠어?
도배만	(기대되는) 그래서 기자회견으로 정면 승부 보려고. 고모, 나 알
	잖아? 나 파이터인 거. 끝장 볼 때까지 피 터지게 '아웅~' 물어
	뜯는 파이터.
도수경	(따뜻한 눈으로 보는) …
도배만	(고개 정면 천장 보면서) 그리고 나도 목격자였어. 우리 엄마 아빠
	사고의 유일한 목격자.
도수경	배만이 너… 20년 전 교통사고, 정말 다른 이유가 있다고 믿는
	거야?
도배만	응, 확신해.
도수경	(보는)
도배만	원기춘 집 수색 영장 받아 내는 그 순간! 그게 나한텐 진짜 시작
	이야!
도수경	시작?

도수경, 도배만의 형형한 눈 보는 데서-

9. 국군 병원 복도 (낮)

복도를 걸어가는 구둣발. 사복 차림의 도배만, 통화 중이다.

차우인 (F)	지뢰 영웅을 설계한 자가 노화영이겠지만, 물증은 없습니다.
도배만	아직 우리에겐 심증밖에 없지. 그래서 지금 취조하러 가는 거고~
차우인 (F)	병실 취조라… 근신이 원망스럽네요. 혼자 가는 거니까… 조심하십쇼.
도배만	실패해도 괜찮아. 두 번째 목적이 진짜니까.
차우인 (F)	(듣는)
도배만	지뢰 영웅을 진짜 지뢰로 만들 거야. 밟으면 바로 터지게.

속내를 알 수 없는 도배만의 표정에서-

10. 국군 병원 진료실 (낮)

원기춘, 의족을 빼자 왼쪽 무릎 아래가 덩그러니 비어 있다. 진통제 주사를 팍 꽂는- 잘린 다리를 보고 있자니 갑자기 울화가 치밀어 오른다. 잡히는 물건을 마구 던지며 감정을 쏟아 내는데- 문이 열리며 불쑥 들어오는 도배만!

원기춘	(분노 쏟아 내며 달려드는) 너… 이 새끼! 징계받은 새끼가 어딜 들어와?
도배만	(원기춘이 넘어지자 부축하며) 문병 온 겁니다. 사고당하신 지 벌써 몇 달이나 지났는데… 아직도 적응을 못하시네요. 마치 얼마 전에 다리를 잘린 사람처럼…
원기춘	(심장 쿵 내려앉는) 뭐?
도배만	(조롱) 간호사 마다하고 셀프로 진통제 투여하시고… 숨길 게 많

죠? 하긴, 덜컥 누군가가 짜 놓은 쇼의 주인공이 돼 버렸으니 어쩔 수 없겠죠.

원기춘 (표정 일그러지는) !!

도배만 문제는… 대본에 쓰여진 대로 짜고 치기만 하면 될 줄 알았던 그 쇼가… 어느 순간부터 끔찍한 현실이 되어 버렸다는 거.

플래시백_____

8화 60신. 폐군부대 내무반이다. 다리가 잘린 채 넋이 나간 표정으로 누워 있는 원기춘.

노화영 이제 영웅을 연기할 필요 없어. 진짜 영웅이 된 거니까.

다시 병원. 모두 꿰뚫고 있다는 얼굴로 원기춘 보는 도배만.

도배만 그 쇼, 제가 오늘 완전히 끝내 드리죠.

원기춘 (도배만 멱살 잡으며) 너 무슨 개소리야! 당장 꺼져!

도배만 그날… 목격자가 있었습니다. 당신이 김한용 형을 오인 사격하던 모습을 똑똑히 봤죠.

플래시백_____

8화 55신 상황. 원기춘의 총에 수색중대장이 맞고 쓰러진다. 뒤에서 보고 있는 구 병장.

원기춘의 눈빛이 급격히 흔들린다!

도배만 오늘 구 병장이 기자회견에서 다 폭로할 겁니다.

원기춘 (동공 커지며) 폭로?

원기춘의 당황하는 모습 포착한 도배만, 기세 몰아 압박하기 시작하는데-

도배만 혼자 독박 쓰다가 어떻게 될까요? 다리도 중령님이 자른 거고, 영웅담 꾸민 것도 다 중령님이고. (미소) 하루아침에 국민 영웅에서 국민 미친놈으로 추락하겠죠?

원기춘 (눈빛 심하게 흔들리는데) !!

도배만 (가까이 가서 속삭이는) 솔직히 당신은 '그 사람'이 까라는 대로 깐 죄밖에 없잖아요. 다리 자른 것도 '그 사람'이고!!

원기춘 (눈빛 극심히 흔들리는) !!

도배만 (말려드는 원기춘 유혹적으로 보며) '그 사람'이 이 사건의 설계자이자 가해자고, 당신은 피해자야. 중령님은 그냥 어쩔 수 없이 놀아난 것뿐이잖아. 그러니까 이름이든, 계급이든, 직책이든 하나만 말해요. 내가 플리바게닝*으로 선처해 줄게요.

원기춘, 흔들리는 동공! 끝내 입술이 들썩거리며… '노…' 하려는데! 그때- 문 열리면서 간호사가 들어온다! 번쩍 눈 크게 뜨는 원기춘.

원기춘 (이성이 돌아와) 당장 나가! (간호사에게) 이 자식 끌어내!

도배만 (아쉽지만) 이런… 기회를 놓치셨네, 원기춘 수색대대장님. 체포영장 들고 다시 찾아뵙죠. (경례하며) 충성.

나가는 도배만. 원기춘, 패닉에 빠진 모습에서-

---

* 피고인이 범죄를 인정해 형량을 감면받는 제도. 법문화되지 않았지만 수사일선에서 암암리에 쓰인다.

11. 국군 병원 복도 [낮]

복도로 나오는 도배만.

도배만   (흡족하게 올라가는 입꼬리) 판을 짠 사람… 노화영이 맞았어.

12. 국군 병원 주차장 [낮]

원기춘이 목발을 짚은 채, 주차된 차량 앞으로 걸어온다. 운전석에 낑낑거리며 힘들게 몸을 구겨 넣으려 하다 의족이 벗겨진다. 다시 끼워 넣고, 목발을 뒷자리에 던지고- 다급함과 다리의 불편함, 그 위로-

도배만 (E)   덜컥 누군가가 짜 놓은 쇼의 주인공이 돼 버렸으니 어쩔 수 없겠죠.

원기춘   (버럭) 뭐? 쇼? 도배만, 이 미친 새끼!! 내가 니 말에 눈 하나 꿈쩍할 거 같아? 난 영웅이야. 진짜 영웅이라고!!!

말은 그렇게 하지만 덜덜 떨리는 손. 핸드폰 꺼내는데- 손이 떨리고 마음이 급해 '노화영' 이름의 터치도 제대로 못 하는 원기춘. 패닉에 빠진 모습.

13. 노화영의 사단장실 [낮]

회의 테이블에 앉은 노화영. 서서 보고를 하고 있는 서주혁.

서주혁   (군기 바짝) 일전에 지시하신 군납비리 조사 경과 보고드리겠습니다. 조사 결과 4사단 일부 부대에 보급된 활동복과 베레모 등의 보급품이 수준 미달의 질 낮은 품질로 보급되어 온 것이 확인됐습니다. 보급품 담당자가 업체 측에게 뇌물을 받고 서류를 조작 (하는데)

그때- 노화영의 핸드폰이 울린다. '원기춘'이다. 잠시 통화하겠
다는 의미로 손을 드는-

노화영   지금 회의 중이야.
원기춘 (F)   (흥분) 사단장님! 도배만이! 도배만이 모조리 다, 싹 다 알고 있
            습니다!

감정을 주체 못 하는 원기춘에 비해 서주혁 앞에 두고 태연하게
듣고 있는 노화영.

원기춘 (F)   (벌벌 떨면서) 수색대원 중에 목… 목격자가 있었습니다. 오늘 기
            자들 모아 놓고 다 폭로한답니다! 그거 터지면 저 죽습니다.
노화영   (미세한 표정 변화) 나중에 통화하지.
원기춘 (F)   사단장님이 제 다리를 잘랐다는 것도… 도배만이 눈치챈 거 같
            습니다!
노화영   (멈칫) !!
서주혁   (살살 눈치 살피는) …
노화영   알았어. (태연한 얼굴로 끊고 서주혁에게) 계속해.
서주혁   (모른 척) 네. 이외에도 몇몇 부대의 부식 업체가 보급관들과 유
            착 관계를 갖고 급식으로 장난을 친 정황을 포착했습니다.
노화영   (강한 어조) 돈 준 놈, 돈 받아먹은 놈 전부 다 잡아들여! (계속 하
            려다 원기춘 전화가 신경 쓰여) 나머지 보고는 다음에 듣지. 그만
            나가 봐!
서주혁   (경쾌하게) 네, 사단장님.

14. 노화영의 사단장실 앞 복도 (낮)

파일을 끼고 복도로 나오는 서주혁. 다시 부를까 도망치듯 걸어
간다.

| 서주혁 | (안도의 미소) 타이밍 굿!! 자료가 부족해서 날벼락 각오했는데 전화 때문에 넘어갔네~ (걸어가는) 오늘도 이렇게 대충 수습하고 지나가면 되는 거지 뭐~ 역시 국방부 시계는 거꾸로 매달아 놔도 간다니깐!! (걷다가) 근데… 대체 뭐지? (이상한 느낌) 사단장님에게 뭔 일이 생긴 건가? 좀 쎄한데… |

15. 법무참모실 [낮]

서주혁이 들어오면- 미리 와서 기다리고 있던 차우인이 보인다. 못 본 척하고 자리에 앉아 군화 줄을 푸는 서주혁. 참고 서 있는 차우인.

서주혁	(양말 신은 발을 테이블 위에 올려놓으며) 아… 도 대위가 징계받으니까 마사지해 줄 사람이 없네. (차우인 보며) 근신 중이면 니 자리를 지켜야지 여긴 뭔 볼일이야? 당장 나가!
차우인	원기춘 수색대대장 관련 보고드릴 게 있습니다.
서주혁	(짜증 팍) 너, 근신하니까 몸이 막 근질근질거리냐? 내가 기분 좋게 오늘 잘 넘어가고 있는데 왜 니가 국방부 시계를 멈추냐고? 응?

차우인, 테이블에 서류를 올려놓는다. '원기춘 수색대대장 총기 오인 사격 사건' 제목.

차우인	원기춘 수색대대장이 오인 사격을 했습니다.
서주혁	(벌떡 일어나) 수색대대장님한테 무슨 원한이라도 있어?
차우인	수색중대장은 지뢰가 아니라 총상을 당한 겁니다.
서주혁	(벌떡 일어나) 헛소리도 정도껏 해! 나가!!
차우인	(강하게) 오인 사격 이후 대응은 죄질이 더 심각합니다. 군의관까지 포섭했고, 이는 윗선의 개입 없이는 불가능한 일입니다.

서주혁	뭐가 어째? 포섭? 윗선의 개입? 이제 아주 막가네! 아예 빨간 줄 치고 군복 벗게 해 줄까? 말만 해! 당장 나가게 해 줄 테니까!
차우인	(물러서지 않는) 원기춘 수색대대장, 구속 영장 발부하셔야 합니다.

서주혁, 절대 밀릴 수 없다. 기존보다 더 권위적이고 위압적인 표정 장착!

서주혁	(싸늘) 영장? 좋아. 내가 법무참모로서 내 결정을 말해 주지! 차우인! 똑똑히 들어. 주요 범죄 혐의에 대한 소명의 여지 등에 비추어 구속의 사유와 필요성을 인정하기 어렵다! 알겠나?
차우인	참모님!!
서주혁	차우인, 너는 확증 편향의 아주 좋은 교보재야. 검사가 증거도 없이 범인을 지목해 놓고 수사하면 어느 누구든 범인이 될 수밖에 없어! 그래서 국민들이 검사를 개검이니 떡검이니 욕하는 거라고.
차우인	제 보고서는 읽을 생각도 안 하시는 참모님에게 들을 말은 아닙니다.
서주혁	(불호령) 당장 나가! 내 눈앞에서 당장 꺼져!
차우인	알겠습니다. 하지만 전 분명히 참모님께 기회를 드렸습니다.
서주혁	(어이없는) 뭐? 기회? (열받는) 기… 회애애애?
차우인	(시계 보더니) 30분 뒤에 그날 지뢰 지대에 있었던 수색대원의 양심선언 기자회견이 있습니다.
서주혁	(멈칫) 뭐라고?

16. 주택가 [낮]

그 시각, 구 병장이 기자회견장에 가기 위해 집을 나선다. 헬멧을 쓰고 주차된 바이크에 올라 출발한다. 그 위로–

차우인 [E]	원기춘 수색대대장 오인 사격의 유일한 목격자인 구현석 병장이 전 국민 앞에서 진실을 말할 겁니다!

17. 법무참모실 [낮]

서주혁 앞에 강인하게 버티고 서 있는 차우인.

차우인	지뢰 영웅의 대국민 사기극이 드러나면, 여론이 들끓을 테고 참모님은 부실 수사의 책임을 모두 떠안게 되실 겁니다.
서주혁	(동공 커지는) 뭐? 내가…? 내가 왜?
차우인	방금 제가 드린 기회를 일언지하에 거절하셨으니까요.
서주혁	(아우… 증말… 붉으락푸르락) …
차우인	제게 늘 검사보다는 군인이 되라고 하셨죠?
서주혁	…
차우인	네, 지금 이 순간 저는 군인입니다. 군인은… 부러질지언정 굽히진 않으니까요!

차우인, 돌아서 나가려는데- 서주혁, 이럴 수도 저럴 수도 없고 미치겠다!

서주혁	야! 너 거기 안 서?
차우인	(마지못해 돌아서며) 마지막으로 한 번 더 말씀드리죠. 원기춘 구속 영장 발부해 주시고, 저, 업무 복귀하게 해 주십쇼. 도배만 대위는 군단에 직접 징계 해제 요청해 주시구요.
서주혁	(돌겠는데) 아우우, 요구 요건이 뭐가 이렇게 많아!
차우인	(보는) 결정하십쇼. 시간이 없습니다.
서주혁	(고심하다 억지로) 알았어. (버럭은 여전) 일단 기자회견 보고 판단한다!
차우인	(원하던 대답이 아니지만) …좋습니다.

경례 때리고 나가는 차우인- 서주혁, 머리털 쥐어 잡으며 '아우
우우' 하며 앉는다.

서주혁   (번쩍하는) 잠깐!! 가만히 앉아 있다가 나까지 불똥 튈 수도 있잖
아? (옷가지 챙겨 서둘러 나가는)

18. 기자회견장 [낮]

〈DMZ 지뢰 폭발사고 진상 폭로 기자회견〉 플래카드가 걸려 있
는 기자회견장. 기자들, 서서히 모여들고 분주해진다. 도배만,
들어서며 핸드폰 꺼내 전화를 건다.

도배만   기자들이 좀 많은데 잘할 수 있지?
구 병장 (F)   (씩씩하고 힘 있는 목소리) 네!! 곧 도착합니다, 군검사님.
도배만   오~ 목소리 좋다! 어제랑 완전 다른 사람 같은데?
구 병장 (F)   오늘은 무조건 중대장님만 생각하기로 했습니다.
도배만   지금 수술 중이겠다. 결과가 좋아야 할 텐데…

그때, 핸드폰 너머로 커다란 차 엔진 '부아아앙-' 소리가 들려오
는데-

구 병장 (F)   (당황한) 어어…!!
도배만   왜 그래? 무슨 일이야?

19. 도로 [낮]

달리고 있던 구 병장의 바이크 앞으로 어디선가 검은 차량들이
나타난다. 바이크를 앞뒤로 포위하더니 갓길로 몰아 버리는데-
당황한 얼굴의 구 병장, 하는 수 없이 바이크를 갓길에 세우자-
동시에 차량에서 쏟아져 나오는 덩치들. 그리고 차량에서 구 병

장을 노려보고 있는 원기춘이 보인다!! 놀라서 뒷걸음치는 구
병장!

구 병장   (떨리는 목소리) 대대장님입니다… 저 어떡해요…
도배만 (F)   핸드폰 통화 상태로 그대로 두고 있어.
구 병장   (두려운) 군검사님…

핸드폰 통화 상태로 주머니에 넣는 구 병장. 덩치들- 구 병장을
SUV 차량에 태우는데-

20. 기자회견장 [낮]

어느새, 기자들로 가득 찬 기자회견장. 구 병장에게서 더 이상
반응 없다. 그래도 통화 상태는 유지되어 있고-

기자1   (도배만에게 다가와) 시간 넘었는데 시작 안 합니까?

그때- 도배만의 시선에 다른 문으로 들어오는 도수경이 보인
다. 도수경, 곱지 않은 눈빛으로 도배만과 눈 마주치고 자리에
앉는데-

21. 법무실 [낮]

차우인, 긴장된 얼굴로 계속 시계를 확인하고 있다. 예정 시간
을 이미 넘겼지만 시작하지 않는 기자회견! 도배만에게 핸드폰
다시 걸어 보는데 (이미 수십 번 건 최근 기록 보이고) 계속 통화 중
이다!

차우인   (불길함 직감하는) !!

차우인, 결심한 얼굴로 자기 방에서 나와 윤상기와 안유라 앞으로 간다. 그러더니-

차우인   지금 부대 밖으로 나가야겠습니다.

윤상기   (놀라서) 네?

차우인   도 검사님하고 연락이 안 됩니다. 기자회견장에 문제가 생긴 것 같아요. 윤 계장님, 안 계장님, 저 좀 도와주실 수 있을까요?

차우인, 윤상기와 안유라를 강하게 쳐다본다. 안유라 이름표가 박힌 군복으로 파고들어 가는 비주얼-

22. 차 안 [낮]

군복에 보이는 안유라 이름표. 군모와 안경을 쓰고 안유라로 변신한 차우인.

윤상기   (뒷자리에 놓인 백팩을 보더니) 빨간 머리 부캐 출동인 거죠?

차우인   (살짝 놀라서) 알고 있었어요?

윤상기   가끔 나가서 빨간 머리만 보면 저도 모르게 움찔한다니깐요, 글쎄!

차우인   걱정 말아요. 사냥할 때만 쓰는 거니까!

위병소 앞에서 차를 멈추는 윤상기. 위병 병사가 매의 눈으로 운전석의 윤상기를 본다. 조수석의 차우인, 군모에 마스크를 푹 눌러쓰고 있다. 연신 콜록콜록거린다.

위병 병사   안 계장님, 감기 조심하십쇼.

차우인   (손짓으로 오케이 하고 경례까지)

위병 병사   수고하십쇼, 충성.

무사히 위병소를 빠져나가는 차량.

23. 기자회견장 [낮]

비어 있는 단상. 오지 않는 구 병장. 기자들, 웅성거리고 하나둘 기자회견장을 빠져나간다. 문 앞을 막고 있는 도배만.

도배만 구 병장 꼭 옵니다. 조금만 더 기다려 주시죠.

기자1 딱 보니까 맘이 변했든지 잠수 탄 것 같은데… 무슨 기자회견을 한다고 그래요? (도배만 밀쳐 내는) 비켜요! 나갑시다.

기자2 당신 징계받은 그 군검사잖아. 당신 말을 어떻게 믿어?

그 말 들은 도수경, 기자들에게 가까이 오는데-

도수경 에헤… 기자님들 성격 급하시네! 한 번 징계가 영원한 징계도 아니고! 징계받은 거 진상을 밝힌다잖아요? 자자… 앉읍시다… 앉읍시다~!!

그러더니 기자 1, 2 몰고 자리로 가서 착석하게 한다. 도배만, 도수경 핸드폰 빼앗는데-

도배만 고모!! 구 병장은 내가 데려올 테니까 고모가 여기 좀 맡아 줘!

도수경, 도배만의 말 이해하고는 고개를 끄덕이고 나가려는 기자들을 막아선다. 서둘러 기자회견장을 빠져나가던 도배만, 그런 도수경에게 손가락 하트를 날린다.

24. [교차] 차 안 + 기자회견장 복도 [낮]

어느새, 빨간 머리로 변신하고 운전대 잡고 있는 차우인. 그때,

'도수경 형사님' 찍힌 이름으로 핸드폰이 울린다. 받아 들면-

도배만   차 검, 원기춘이 중간에서 구 병장을 가로챘어.
차우인   역시 원기춘 짓이었군요. 지금 부대 나와서 가는 중입니다.
도배만   (놀라서) 뭐? 그걸 어떻게 알고…? 아니 그것보다 참모님 눈 피
            해서 어떻게 거길 나올 수 (하는데)

그때, 도배만의 눈에 보이는- 기자회견장에 나타난 사복 차림 서
주혁!!

도배만   있었겠네! 그럼 내가 지금 구 병장 있는 곳으로 갈 테니까. 차
            검은…
차우인   아니요. 구 병장은 제가 무사히 보낼 테니 위치 쏴 주세요. 기자
            들 잘 붙잡아 두시구요. 명령입니다!

차우인, 가속페달 깊이 밟고 도로를 질주한다. 핸드폰에 구 병장
의 위치 신호가 잡히는데!

25. (교차) 폐창고 + 설악의 사무실 (낮)

8화 51신의 폐창고. 원기춘이 의자에 걸터앉아서 설악과 통화
하고 있다. 그 뒤로- 쭉 늘어서 포진 중인 긴 생머리 지리와 덩
치들.

설악   지뢰 영웅이 내리신 특별한 오더시라 빡센 전방 출신 애들로만
            골라 보내드렸습니다. 든든하실 겁니다.
원기춘   용문구 대표한테 감사하다고 해 주십쇼.

원기춘, 핸드폰 끊고 벌떡 일어나더니- 구석에 포위되어 있는

구 병장에게 다가간다. 구 병장, 덜덜 떨면서 원기춘 보는데. 다짜고짜 구 병장을 후려갈기는 원기춘!

원기춘 (눈 돌아가는) 니가 감히 상관을 폭로하려고 하극상을 시도해?

구 병장 (분노와 공포) 이제 군인 아닙니다! (버럭) 당신 부하 아니라고! 나 다 말할 거야!! 전부!! 내가 본 거 다!!

원기춘 (버럭) 너 도배만한테 돈 받았지? 기자들 앞에 서라고?

원기춘, 격분하여 목발로 내려치려고 하는데- 지리가 막아선다.

지리 (정중) 몸도 불편하신데… 힘 빼지 마시고… 이런 새끼들은 딴 방법이 있습니다. 가족들하고 영상 통화 한번 하면 생각 고쳐먹을 겁니다.

지리, 구 병장에게 다가가더니- 품을 뒤져 핸드폰을 꺼낸다.

지리 (보더니) 어라? 통화 중? 여기 상황을 실시간 중계 중이었네? (피식) 통신사에서 무제한 요금을 풀어 대니까 이런다니까! 겁대가리 상실한 새끼는 이제 마지막 방법밖에 없겠네. (빡쳐서 소리치는) 야들아!!! 다들 뭐 하나?

다른 덩치들, 위협적으로 구 병장에게 다가가는데- 원기춘, 만족스럽게 보고 있다. 바로 그때 폐창고 철문이 열리며- 넘어진 덩치들이 주르륵 원기춘 앞으로 밀려 내려온다. 입에는 게거품을 문 상태. 역광을 받은 빨간 머리 차우인이 와이퍼를 들고 들어선다.

원기춘 (눈이 부셔 잘 안 보이는데) 뭐야? 저거?

또각또각- 하이힐 소리. 겁도 없이 덩치들 지근거리까지 다가선 차우인. 갑작스런 상황에 원기춘과 지리, 정신 나가서 보고만 있는데- 차우인, 구 병장을 향해 손가락을 까딱거린다. 이리 오라는 뜻. 구 병장, 주춤주춤 차우인 쪽으로 기어간다.

차우인	(차키 건네며) 나가면 차 있으니까 바로 출발해.
구 병장	(놀라며) 네?
차우인	꾸물거리지 말고 바로 가. 지금 너 기다리는 사람이 한둘이 아니다. 갈 때 문 닫고 나가고!

구 병장이 나가려고 하자 덩치들 달려드는데- 차우인, 와이퍼로 가볍게 제압한다. 그 틈에 얼른 달려서 철문 쾅 닫고 나가는 구 병장. 폐창고에 홀로 남은 차우인. 덩치들, 원기춘과 대치하는데-

26. 국군 병원 수술실 앞 (낮)

김한용의 형 '김재용'의 수술 중임을 나타내는 모니터. 강하준이 간절한 얼굴로 앞에서 기다리고 있다.

27. 폐창고 (낮)

폐창고에서 와이퍼를 휘두르며 덩치들과 상대하는 차우인의 액션. 덩치들, 차우인에게 우후죽순으로 쓰러져 나간다. 그 모습 바라보는 원기춘. 빨간 머리의 활약에 눈 커지고, 원기춘을 노려보는 차우인의 눈빛.

28. 기자회견장 (낮)

막 기자회견장 안으로 들어온 서주혁, 상황 파악을 하려는데- 도수경이 나가려는 기자들 설득하고 있다. 서주혁, 도수경 쪽으

로 다가오더니-

서주혁   (끼어들며) 아줌마… 대체 일당 얼마 받고 이럽니까? (기자들 내몰
          며) 바쁘실 텐데 다들 가 보세요! 오늘 기자회견 취소합니다! 취소!
도수경   (버럭) 뭐요? 누구 맘대로 취소야? 일당? (경찰 공무원증 보이면서)
          강남경찰서 도수경 형삽니다. (서주혁 쩨리며) 몽타주가 영~ 기
          자 같지 않은데… 기자증 내놔 봐요!
서주혁   하… 더 수상하네… 이거 군사건인데 형사가 왜 여기 왔습니까?
          이미 군법정에서 증명된 사건이라구요! 의족 깬 군검사가 징계
          까지 받았는데…
도수경   (와… 진짜 열받네) 그래요! 그 군검사가 내 조캅니다! 됐어요?
서주혁   (눈 휘둥그레) 조카라구요?
도수경   (눈 찢어져라 쩨려보는데) 두고 봐요! 이 사건의 진실을 내 조카가
          반드시 밝힐 거니까! 도베르만 같은 녀석이니까.

          그때- 기자회견장으로 급하게 뛰어 들어오는 도배만과 구 병장.

도수경   (기세등등) 봐요! 내 말이 맞잖아!!
서주혁   (똥 씹은 얼굴 되는) !!

          긴장된 얼굴로 단상에 선 구 병장, 도배만 한 번 보는데- 도배
          만, 미소 띠며 긴장 풀어 주려 엄지 척! 해 준다. 그 모습에 용기
          내 입을 여는 구 병장인데-

구 병장   (떨리는) 저는 얼마 전 4사단 수색대대를 전역한 구현석입니다.
          지뢰 영웅담의 진실을 이 자리에서 폭로하려고 (하는데)
기자1   (끊고) 됐구요!!

그 말에 구 병장이 얼음처럼 굳는데- 그때, 기자회견장으로 뛰어 들어오는 강하준. 도배만에게 다가와 철제 가방을 건넨다.

기자1 (짜증 팍) 기자회견 시간도 안 지키는, 최소한의 상식도 없는 사람의 말을 어떻게 믿고 기사를 씁니까? 예?

기자2 지뢰 터진 게 언젠데 이제야 양심선언하는 이유가 뭐죠? 혹시 다른 목적이 있는 거 아닙니까?

구 병장, 기자들의 차가운 반응에 덜덜 떤다. 도수경도 기자들 말에 화가 나고- 서주혁, 입꼬리 올리며 기자회견장 뒤에서 지켜보고 있다.

구 병장 (힘겹게 입 여는) …두려워서 그랬습니다. 총 맞는 모습을 저 혼자만 봤다는 게 너무 무서웠습니다.

플래시백_____

8화 55신. 원기춘의 총에 맞고 쓰러지는 중대장의 모습을 본 구 병장. 두려움에 몸을 바로 숨긴다!

구 병장 군 내부의 일을 발설하면… 좀 있음 제대인데 (울먹이며) 우리 엄마 얼굴도 못 보고 의문사당할 것 같았습니다. 그냥 입 닫고 나가면 끝이다. 군대에서 일어난 일은 군대에 묻고 나가자. (눈물 흘리며) 네, 저를 위해서 그냥 외면하고 침묵했습니다.

구 병장의 말에 기자 1, 2 다소 표정이 가라앉고- 기자들도 귀를 열기 시작한다.

구 병장 그런데… 벌받아야 할 사람이 영웅이 되고. 총 맞은 중대장님의 모습이 계속 머릿속에서 떠나질 않았습니다. 죄책감을 조금이라도 덜어 보려고… 병실에 편지를 남겼던 겁니다. 그리고… (도배만 보며) 도배만 군검사님이 제게 용기를 주셨습니다.

기자1 목격한 걸 증명할 증거가 있습니까?

기자들의 시선 구 병장을 향해 날카롭게 모여 있다. 구 병장, 대답하지 못하는데- 도배만이 다가온다. 구 병장 어깨를 두드려 주는 도배만. 구 병장, 목례하고 내려간다.

도배만 (기자들에게) 충성! 육군 제4보병사단 군검사 도배만 대윕니다. 지금부턴 제가 말씀드리죠. 질문에 대한 답으로 증거 1호를 보여 드리겠습니다.

도배만, 철제 가방을 연다. 소중하게 밀폐 고정 보관된 '찌그러진 총알'을 꺼내 드는데.

도배만 이건… 방금 전 수술이 끝난 수색중대장 머릿속에서 나온 총알입니다.

기자들, '아!' 탄성 나오고-

도배만 군검사인 저의 육안으로 볼 때 지뢰 파편이 아니라 총알… 맞습니다. 물론 증거의 신빙성은 면밀한 검증 후에 발표될 것입니다.

기자들, 카메라 줌을 당겨 보고, 다급히 키보드를 치고, 카메라 플래시를 터트리는데- 뒤에서 보는 도수경, 환하게 웃는다. 반면, 서주혁은 똥 씹은 얼굴.

도배만   아울러, 수색중대장의 뇌수술은… 성공적으로 마쳤습니다.

29. 국군 교도소 내무반 (낮)
김한용, TV 뉴스 화면으로 나오고 있는 기자회견을 보고 있다.

도배만 (E)   회복을 마치면… 사고에 대한 정확한 증언을 포함해 일상생활
           을 무리 없이 할 수 있다고 합니다.

그 말에 하염없이 눈물을 흘리는 김한용.

30. 기자회견장 (낮)
기자1   그렇다면 다리는 어떻게 된 겁니까? 대체 원기춘 수색대대장의
           다리는 왜 없는 겁니까?
도배만   기다렸던 질문입니다.

도배만, 기자들 쭉 둘러보며 집중시키고-

도배만   영웅담을 완성하기 위해 스스로 다리를 잘랐을까요? 아니면…
           그 배후가 있는 걸까요?
도수경   (침을 꿀꺽 삼키며 보는)
도배만   방금 전… 기자회견장에 오고 있는 구 병장을 납치해서 진실의
           폭로를 막으려는 시도가 있었음을 확인했습니다!

구 병장 보면서 놀라는 기자들- 구 병장, 그 말에 다시 눈물 울
컥하는데-

도배만   분명히 배후가 있습니다. 이 사건은 단순한 지뢰 영웅의 자작극
           이 아니라… 거대한 게이트의 예고편입니다.

'게이트'라는 말에 폭발하듯 도배만에게 터지는 기자들의 플래시!

도배만   아울러 홍무섭 군단장님께 요청드립니다! 이 사건의 재수사를 위해 저와 차우인 군검사에게 내려진 징계의 선처를 부탁드리 겠습니다! 충성!

인서트_____

홍무섭의 관사. 홍무섭, 강한 눈빛으로 TV 속의 도배만을 보고 있다.

기자회견장에서 (진짜) 스타가 되는 도배만. 플래시가 쇄도하 고- 도수경, 이번엔 함박 미소 짓는데- 도배만도 그 모습 본다. 도수경에게 윙크 날리는데!

31. 폐창고 (낮)

지리를 포함한 덩치들 다 나자빠지고, 원기춘만 남았다. 빨간 머 리 차우인, 살기 가득한 얼굴로 원기춘에게 다가가는데- 차우 인의 기세에 주춤주춤 뒤로 물러서는 원기춘. 한쪽 발로 나동그 라지는데- 바닥을 기어서 떨어진 목발을 끌어와 차우인을 향해 '으아아아' 소리치며 마구 휘두른다.

원기춘   (발악하는) 너… 너 뭐 하는 년이야? 가까이 오지 마! 오기만 해?

차우인, 가볍게 원기춘의 목발을 잡아챈다. 반사적으로 두려워 서 뒤로 물러서는 원기춘. 차우인, 엷은 미소 지으며 목발을 휙 휘두르는데! 기겁하며 눈을 질끈 감아 버리는 원기춘. 잠시 정 적, 감았던 눈을 뜨니- 차우인이 코끝 가까이에 와 있다. 와락! 놀라는 원기춘.

차우인	노화영 짓이지? 니 다리 자른 거…
원기춘	(놀라서 눈 커지는) …!!
차우인	6년 전, 법정에서 차호철 회장을 몰아내기 위해 위증하라고 시킨 것도 노화영이고.
원기춘	(두려운) 너… 너… 누구야?

차우인, 손에 쥐고 있던 목발로 원기춘의 턱끝을 툭툭- 치면서.

차우인	누굴까… 내가?
원기춘	(겁나서) 너… 설마… 이렇게 몸 불편한 사람을 (하는데)

그 말이 끝나기도 전에 목발로 원기춘의 가슴을 픽- 이내 목발을 던지고 사정없이 주먹을 내리꽂는다. 원기춘, 헉- 숨이 멎을 듯한 고통이! 바로 이어서 원기춘의 멱살을 잡아채곤 한 번 더 픽-!! 피떡이 된 원기춘을 제대로 패대기치는 차우인.

차우인	(피식) 다음에 만날 땐 내가 누군지 똑바로 알려 줄게!

선글라스를 다시 올려 쓰고 그대로 돌아 나가는 차우인의 모습에서-

32. 노화영의 사단장실 (낮)

사단장실에서 TV로 기자회견을 보고 있는 굳은 얼굴의 노화영. 그때 울리는 핸드폰, '이재식 장관님'.

노화영	…네, 장관님.
이재식 (F)	(대뜸 소리치는) 내가 널 그 자리에 잘못 앉힌 거냐? 아들놈 문제가 잠잠해지니까 이젠 부하가 문제를 일으키고! 니가 사단을 지

휘할 수 있는 그릇인지 이젠 심히 의심스럽다.

노화영   전 원 중령을 믿고 있습니다.

이재식 (F)   (버럭) 기자회견을 보고도 그 말이 나와!

노화영   상관이 자기 부하를 믿지 못하면 누가 믿습니까?

이재식 (F)   (중의적인 의미라) 뭐?

노화영   구 병장은 징계에 불만을 가진 도배만에게 포섭을 당한 겁니다.

이재식 (F)   (몰아붙이는) 그럼 오인 사격은? 수술에서 나온 총알은?

노화영   군검사는 얼마든지 사건을 부풀리고, 없는 증거를 만들 수 있습니다.

이재식 (F)   입 닥쳐! 내일 당장 애국회 일원들 모두 데리고 그리 갈 테니까 거기서 꼼짝 말고 대책 마련해서 보고해! 이번엔 절대 못 넘어간다!

끊긴 핸드폰을 굳은 얼굴로 내리는 노화영. 그때, 문이 덜컥 열리고, 온몸이 상처투성이가 된 원기춘이 들어선다. 가뜩이나 전화 통화로 열불 나는데- 원기춘 보니 짜증이 그대로 묻어나는 노화영.

원기춘   (소리치며) 그 빨간 머리 년 대체 누굽니까? 정체가 뭐냐구요! 어떻게 다 알고 있는 겁니까? 네?

노화영   너야말로 대체 지금 무슨 소리를 하는 거야?

원기춘   저… 사단장님이 시키는 일이라면 다 했고… (울분) 사단장님한테 이 다리까지… 바쳤습니다. 죽으라면 죽는 시늉하면서… 20년 동안… 똥개처럼!!!

노화영   (일단 참는) 흥분 가라앉혀. 내게 다 생각이 있으니까.

원기춘   (흥분해서 들리지 않는) 차호철 회장 몰아낼 때도 총대 메고 법정에서 거짓말했어요!! (분노로 눈 희번덕) 오직 사단장님을 위해서!

노화영   (미간 찌푸리면서 보는)

| 원기춘 | 그뿐입니까? 20년 전 사단장님이 냈던 트럭 사고! 그 젊은 군인 수사관 부부를 차로 들이받았던 사고 말입니다. |

노화영, 멈칫하다가 태연하게 보는데-

| 원기춘 | (일그러지다가 미소 짓다가 미친 사람 같은) 뻔뻔하게 모른 척하지 마십쇼! 내가 똑똑히 기억하니까! 도배만이 그러대요… 전 사단장님이 까라는 대로 깐 죄밖에 없다고. |
| 노화영 | (냉랭하게) 거기까지 해. 선을 넘는 순간 네 운명은 달라지는 거니까! |

그러자 보란 듯이 노화영 쪽으로 한 발짝 가까이 가는 원기춘 (선을 넘겠다는 의미).

원기춘	자요!! (웃는) 저 선 넘었습니다. 이제 어쩌실 겁니까?
노화영	(의미심장한 눈빛) !!
원기춘	(미친 웃음) 하하하… 이제 진짜 지뢰 밟았네요!! (다시 분노 가득) 하지만 절대 자폭 안 합니다. 나 혼자 안 죽는다구요!! (비웃는) 저도 이럴 때를 위해 들어 놓은 보험이 있습니다.
노화영	(섬뜩한 미소) 배은망덕한 놈.
원기춘	(의미심장하게) 당신 노화영! 홍무섭 군단장! 그리고 이재식까지 싹 다 날려 버릴 폭탄이 나한테 있다 이 말입니다! 이제 당신들 운명은 나한테 달렸어!

원기춘, 끝까지 왔다. 노화영 얼굴에 가까이 가더니-

| 원기춘 | 그러니까 대가리 굴려서 나 살려 낼 방법 당장 찾아내라고!!! 알았어? |

경례도 없이 문을 박차고 나가는 원기춘. 노화영, 의미심장하게 보다가 구내 전화기를 든다.

노화영   (전화기에 대고) 법무참모, 지금 당장 내 방으로 와.

33. 〔시간 경과〕 노화영의 사단장실 〔밤〕
화면 가득- 복잡한 얼굴의 서주혁.

노화영   원기춘 수색대대장, 체포 절차 진행해!

서주혁   (예상했다) 지금 분위기상 어쩔 수 없다는 건 알지만 그러다 혹여 사단장님께 피해라도 가지 않을지.

노화영   원 중령이 아까 직접 와서 자백했어. 모두 자작극이었다고.

서주혁   아… (입 벌어지는) 기자회견 내용이 모두 사실이었군요.

노화영   수사 협조할 테니 군인으로 마지막 자존심은 지키게 해 달라고 하더군.

서주혁   무슨 뜻인지 알겠습니다. 내일 아침 소수 인원으로 조용히 체포하겠습니다. (잠시) 헌데…

노화영   (보는)

서주혁   도배만, 차우인 대위 징계 관련 부분입니다.

노화영   체포랑 상관없이 징계는 그대로 유지해!

서주혁   (난감한 얼굴로) 그런데… 그게 말입니다.

노화영   꾸물거리지 말고 말해!

서주혁   징계가 이미 풀렸습니다.

노화영   뭐?

서주혁   홍무섭 군단장님께서 직접 지시하셨습니다.

노화영   (열받는) 군단장님이 나를 건너뛰었다는 말이야?

서주혁   (난감) 네, 법무실에 오셔서 직접 지시하셨습니다.

노화영   (얼굴 일그러지는)

서주혁	도배만, 차우인 대위는 징계가 아니라 상을 받아야 한다면서. 아무래도 기자회견으로 생긴 여론을 무시할 수 없으셨던 것 같습니다.
노화영	(소리치는) 알았으니까 나가 봐!
서주혁	(고개 숙이며) 지시하신 대로 차질 없이 진행하겠습니다.

서주혁 나가자- 노화영, 분노 터뜨리면서 책상 위 서류를 바닥으로 밀어 버리는 데서-

34. 법무실 (밤)

법무실에 들어오는 서주혁. 차우인이 혼자 있다.

서주혁	내일 아침에 체포 영장 떨어질 거다. 출국 금지까지 한꺼번에.
차우인	(만족스러운) 네, 알겠습니다.
서주혁	징계는 풀렸지만 현장엔 윤 계장, 안 계장 보내.
차우인	그렇게 하겠습니다.
서주혁	(나가려다 멈춰 서더니) 내 지시 어기고 근신 중에 움직인 건 괘씸하지만 (차우인 째려보다가) 결과가 좋으니… 별수 없지.
차우인	(은근 멕이는) 제 말 믿어 주시고 참모님 별일 없으셔서 다행입니다.
서주혁	(멕이는 거 모르고) 그게 내가 다 유연해서 그래. (큰소리) 내가 끝까지 기자회견 막을 수도 있었어!
차우인	(어이없지만 경례) 네, 내일 뵙겠습니다.

차우인, 눈빛 강하게 엷게 미소를 짓는 데서-

35. 차 안 (아침)

운전대 잡고 있는 윤상기. 조수석의 안유라. 원기춘을 체포하러

가는 길이다. 그 위로-

차우인 (E)   윤상기, 안유라 계장, 출발했습니다.

36. (교차) 도수경의 집 + 법무실 (아침)
도배만, 차우인과 통화를 하고 있다.

도배만   이제 지뢰 영웅 사건의 진짜 배후를 밝힐 수 있겠군.
차우인   (석연치 않은) 근데, 노화영이 너무 쉽게 꼬리를 내린 느낌입니다.
도배만   참모님에게 체포를 직접 지시했다니… 나도 같은 생각이야.
차우인   (불현듯 스치는 느낌!) 만약 꼬리를 내린 게 아니라…

37. 원기춘의 관사 밖 (아침)
윤상기와 안유라가 관사 앞에 서서 벨을 누른다. 아무 반응이 없고- 다시 눌러 보지만 마찬가지. 윤상기, 현관문 손잡이를 잡는데 삐그덕- 열린다. 관사로 들어가는 두 사람.

38. 원기춘의 관사 내부 (아침)
불 꺼진 내부. 아무런 인기척이 느껴지지 않는다. 거실 바닥을 굴러다니는 소주병과 의족! 불길함 느끼는 윤상기와 안유라. 거실에서 방 안으로 들어가자- 원기춘이 머리에 총상을 입은 채로 죽어 있다!

윤상기, 안유라   (충격받는) !!!

바닥에 흩뿌려진 핏물, 정복 입고 늠름하게 찍은 액자 사진에서 튄 핏물. 그리고 권총이 떨어져 있다. 경악하는 윤상기와 안유라! 그 위로-

차우인 (E)   꼬리를 자른 거라면요?

39. 노화영의 사단장실 (낮)

이재식이 상석에 앉고 양옆으로- 노화영이 혼자 앉고, 홍무섭과 허강인이 붙어 앉아 있다. 홍무섭과 노화영, 서로를 보는 눈빛이 곱지 않은데- 홍무섭이 먼저 입을 연다.

홍무섭   (점잖은 말투로 혀를 차며) 허… 참… 군검사들 징계 내린 내 체면을 종이짝처럼 구겨 놓은 건 이해심 넓은 내가 넘긴다 쳐도 원기춘 사태… (노화영 보면서) 이거 아들 재판 때 같이 터졌으면… (하는데)

허강인   (과하게 맞장구) 당장 자리에서 내려와야죠! 부하의 잘못은 전적으로 직속상관이 책임져야 한다고 (노화영 보며) 누누이 얘기하기도 했고…

노화영   (묵묵히 듣는)

홍무섭   장관님이 기수 파괴하면서까지 사단장 올려 준 은덕에 먹칠을 해도 유분수지.

허강인   그때 반발하고 떠난 남군 장군들도 어디 한둘입니까?

더는 듣기 싫다는 듯 이재식이 손을 들자- 모두 침묵한다.

홍무섭   (조심스레) 괜히 장관님께 비난 여론이 옮겨 붙진 않을까 걱정입니다.

허강인   맞습니다, 장관님.

이재식   (홍무섭, 허강인 보면서) 그래서 사단장을 잘라야 한다?

홍무섭   사단장이 지금 우리 애국회까지 흔들고 있습니다.

허강인   (표정 관리하며) 저야 뭐… 윗분들이 결정하시는 대루…

이재식   사단장! 내가 대책을 보고하라고 했었지? 말해 봐.

모두의 시선이 노화영에 쏠린다. 내내 담담한 얼굴로 듣던 노화영, 마침내 입을 연다.

노화영　　　　장관님께서 명령하시면, 따르겠습니다. (잠시) 군복 벗겠습니다!

일동　　　　　!!

노화영　　　　제 말에 책임을 지는 것에는 일말의 아쉬움도 두려움도 없습니다. (홍무섭, 허강인 노려보는) 하지만 두 분께 분명히 말씀드리죠.

홍무섭, 허강인　(팽팽히 보는)

노화영　　　　사건의 전말이 다 밝혀지지도 않았는데, 어려움에 처한 후배와 동료의 등에 칼부터 꽂는 거! 그게 군인 정신입니까?

홍무섭　　　　(격분) 노화영! 너 미쳤어? 이 자식이 상관 보기를 뭘 같이 해!

그때- 문이 벌컥 열리고 헐레벌떡 서주혁이 들어선다. 국방부장관부터 군단장에 천지인 그 분위기에 완전히 압박. 손이 떨려서 경례도 제대로 못 하는데-

서주혁　　　　(사색) 사… 사단장님, 급한 보고가 있습니다!

노화영　　　　말해.

서주혁　　　　원기춘 수색대대장이 사망했다고 합니다!!

예상치 못한 소식에 모두가 놀라는데-

홍무섭　　　　(충격) 확실한가?

서주혁　　　　(떨려서) 화… 확실합니다. 저희 군수사관들이 지금 확인했습니다.

허강인　　　　(굳은 얼굴) 사인이 뭐야?

서주혁　　　　확인 중입니다만… 자살로 추정 중입니다. 현장에서 원기춘 수색대대장 소유 권총이 발견되었습니다.

이재식, 노화영을 본다. '이게 너의 대책이냐'라는 의미. 노화영,
태연히 이재식의 시선을 받는 그 얼굴 위로-

기자 (E)   지뢰 영웅으로 유명세를 얻었지만, 자작극으로 드러난 원기춘
수색대대장이 사망한 지 일주일이 넘었습니다.

40. 용문구의 IM 집무실 (밤)

용문구, 뉴스를 바라본다. '결국 이렇게 되는군…' 생각에 잠기
는 용문구. 쓴웃음이 나기도 하고, 섬뜩하기도 하다.

기자 (E)   군 수사팀은 3일간의 초동 조사 결과 타살 혐의점은 발견되지
않았으며, 부검은 유가족의 반대로 시신 외관에 대한 검사만 했
다고 밝혔습니다.

41. GOP 생활관 (낮)

생활관에 혼자 앉아 있는 노태남, TV를 보고 있다. 화면에 구 병
장 기자회견 당시 멋진 도배만 모습이 자료 화면으로 깔리고-
띠 자막이 흐른다- '미궁 속의 진실을 밝혀낸 도배만 군검사!'

노태남   (분노 가득) 도바리… 이 개같은 놈. 내가 나가는 날… 넌 죽는다!
편 일병 (E) 신병은 TV 보면 안 돼!

등 뒤에서 들리는 소리에 놀라 돌아보면- 편 일병이 서 있다.

편 일병   (리모컨으로 TV를 끄며) 리모컨 절대 만지면 안 되니까 담부터 조
심해. 근데, 내가 니 맞선임인 거 알지?
노태남   (삐딱) …네.
편 일병   (수첩 건네며) 이건 막내한테 주는 선물.

노태남	(받아서 펼쳐 보는) …이게 뭔데요?
편 일병	내 병사 수첩인데, 난 다 외웠어. 선임들 이름, 군번, 총기 사거리 하고 제원, 진돗개 발령 단계 다 적어 놨으니까 일주일 안에 다 외워.
노태남	(급 현타!!) 이걸 다 외우라구요? 내 군번도 아직 모르는데…
편 일병	(사람 좋게 웃으며) 내가 군 생활 잘하는 팁 하나 알려 줄까?
노태남	(관심 없다는 얼굴로 보는)
편 일병	튀지 마. 무조건 튀지 마. 그럼 군 생활 아주 편해. 따라와. 내가 본격적으로 알려 줄게.

유순한 편 일병 따라서 생활관 밖으로 나가는 노태남.

42. GOP 곳곳 [낮]

복도, 취사장, 연병장 등등… 곳곳을 편 일병과 다니는 노태남. 그 위로―

편 일병	깔깔이 겹쳐 입는 거 금지. 깔깔이 바지 밖으로 꺼내 입는 것도 금지. 총기 수입 때 TV 시청 금지. 관물대에 기대기 금지. 전투화 불광 금지. 침상 올라갈 때 신발 정돈 안 하고 올라가기 금지.
노태남	(들을수록 돌아 버리겠는) !!
편 일병	이거 다 상병 달 때까지 금지. 목에 수건 두르는 것도 상병부터 가능.
노태남	(짜증이 솟는) 금지 금지… 대체 되는 게 뭐예요? 핸드폰은요? 핸드폰은 사용해도 되죠?
편 일병	병장 때부터 일과 후에만.
노태남	(미쳤구나 싶은) 그게 말이 돼요?
편 일병	내가 왕고참 되면 싹 다 바꿀 거니까 그때까지만 참아.
노태남	(어이없는) 나랑 몇 개월 차이도 안 나잖아요?

편 일병	그건 그래? 히히.

43. GOP 연병장 [낮]

작은 공터 느낌의 연병장으로 나오는 노태남과 편 일병. 편 일병이 담배를 건네자 받아 들어 불을 붙이려는 노태남. 그때-

편 일병	(웃는) 선임 앞에서는 고개 돌리고 빨아야 하고.
노태남	(버럭) 와… (개짜증) !!
편 일병	내 앞에선 괜찮아. 딴 선임들 앞에서 조심하라는 거지. 그래도 코로 연기 뿜는 건 일병부터 바로 가능해.
노태남	(입맛이 싹 사라져서 담배 분지르며) 됐어요! 안 펴요!!

멀리, 연병장에서 족구를 하고 있는 병사들. 그중에 안 병장도 보인다. 그 가운데 혼자 웃통을 벗고 있는 울퉁불퉁 근육질의 마 병장. 족구를 멈추고- 노태남과 편 일병 앞으로 다가온다.

편 일병	(바로 담배 끄고 긴장해서) 신병 교육시키고 있었습니다.
마 병장	(노태남 보며) 니가 노태남? 사단장 아들이지?
노태남	(대답 없이 보는)
마 병장	빽 좋네. 근데 여기 GOP에선 그런 거 안 쳐줘. 다 똑같이 개고생 하니까.
노태남	누가 쳐달랬습니까? 그게 어쨌다고요?
마 병장	(피식) 요? 요? (위압) 이 새끼 말투부터 개조해야겠다.
노태남	(눈썹 꿈틀) !!
편 일병	(얼음) 죄송합다! 제가 교육 확실히 시키겠습니다.
마 병장	(편 일병 툭툭 치며) 제대로 해라. 신병 잘못은 맞선임 책임, 알지?
편 일병	네! 잘 알고 있습니다.

마 병장, 다시 족구 코트로 가려다가 노태남 얼굴 돌아보더니, 약간 노골적으로-

마 병장　　(노태남 얼굴 만지며) 근데 너, 예쁘게 생겼다. 간만에 이쁜이가 들어왔네. (다시 족구 코트로 가는)

노태남　　(표정 일그러지면서 얼굴 터는) 아우 감히 내 얼굴을 만져? 미친놈이!

편 일병　　들겠다. 조심해. (잠시 보더니) 너… 앞으로 군 생활 쉽지 않겠다.

노태남, 마 병장 간 쪽을 다시 보면, 마침 마 병장과 눈이 마주친다. 눈빛까지 보낸다.

노태남　　(돌아 버리겠는데) …아 저 새끼… 눈빛 왜 저래?

44. 보통군사법원 복도 (낮)

복도를 걸어가는 군복 차림의 차우인. 복도를 울리는 군홧발 소리.

45. 보통군사법원 법정 (낮)

아무도 없는 빈 법정의 정문이 열린다. 뚜벅뚜벅- 걸어 들어오는 차우인. 방청석 사이 통로를 따라 쭉 들어오다 피고인석 앞에 멈춘다. 그때, 문 열리는 소리에 고개 돌리면- 도배만이 들어선다.

도배만　　(차우인과 시선 부딪히는)

차우인　　(잠시 아무 말 없이 보는)

천천히 걸어와 차우인 쪽이 아니라, 맞은편 검사석에 서는 도배만. 징계가 해제된 이후, 비로소 처음 만나는 도배만과 차우인.

도배만	수고 많았어. 나 없이 법무실 지키느라.
차우인	(응수) 수고하셨습니다. 저 없이 법무실 밖에서 도시느라.
도배만	(피식 웃는)
차우인	(보며) 노태남 재판 때, 저 문으로 걸어 들어오던 모습이 생각나는군요.

플래시백_____

4화 62신. 문 열리며 법정으로 걸어 들어오는 도배만의 모습.

도배만	그때, 내가 군검사로 다시 돌아올 걸 예상했었… (하다가) 했지?
차우인	우리가 함께 싸울 운명인 걸 의심한 적 없습니다.

그 말이 오늘따라 도배만의 심장에 꽂힌다!

도배만	그때, 내가 그랬지. 너의 충실한 사냥개가 되어 주겠다고.
차우인	그러셨죠.
도배만	원기춘, 내가 사냥개로서 성공이야? 실패야?
차우인	실패하셨습니다.
도배만	(쩝…) 말로 들으니 여기(가슴)에 콱 박히네.
차우인	(피고인석 의자를 짚으며) 여기에 원기춘을 세웠어야 했습니다. 제가 그 자리(검사석)에 서 있게 했어야 했습니다.
도배만	(피식) 그래서 내가 사냥감을 놓쳤다는 말 해 주려고 이리 오라고 했어?
차우인	첫 번째 사냥이 끝난 걸 같이 나누고 싶었습니다.

두 사람이 시선이 부딪힌다!

차우인	(피고인 팻말 짚는) 이 자리에 세울 인간들 아직 더 남았습니다.

홍무섭. 이재식. 허강인. 용문구. 마지막으로 노화영까지.

도배만   (일부러 고개 숙이며) 앞으로 더 노력하죠, 조련사님.

차우인   (엷게 웃는)

도배만   근데… 원래 사냥개는 말이야… 주인도 함부로 만지지 못할 정
도로 사납다는 거 알아?

차우인   아뇨. 주인이 아니면 손대지 못하는 개가 진짜 사냥갭니다.

서로 엷게 미소 보내는데-

도배만   나더러 원기춘 사냥 실패했다고 했지? 보여 줄 게 있어.

46. 법무실 (낮)

도배만, 철제 캐비닛에서 '원기춘 관사 압수 품목'이라 적힌 상
자를 꺼낸다.

도배만   원기춘은 수색 정찰 나갈 때 방탄조끼까지 껴입는 인간이야. 그
런 쫄보가 보험 하나 없이 노화영한테 충성했을 리 없지. 내 촉
이 그래.

차우인   또 촉 얘깁니까? (그러면서 상자에 시선)

도배만   (피식) 차 검, 역시 경험 부족이군. 나 같은 군검사에게 촉은… 수
많은 범죄자들과 사건을 통해 쌓은 빅데이터 같은 거야.

차우인   (맥이는) 하긴 5년 동안 썩은 군검사였으니… 빅데이터가 아주
쓸모없진 않겠네요.

도배만   (찌리는)

법무실 테이블에 도착한다. 도배만, 압수 품목 상자를 뒤집자 각
종 물품들이 펼쳐지고-

도배만	원기춘 관사를 압수 수색하면서 아주 샅샅이 뒤졌어.
차우인	(보면서) 사냥은 실패했지만… 전리품은 많이 가져왔네요.
도배만	(자신만만) 자, 이 중에 단서가 될 만한 게 뭔지 이번엔 차 검 촉으로 골라 봐. 난 이미 골랐으니까.

차우인, 둘러보다- 자동차 스마트키와 공용 주차장 영수증이 담긴 지퍼 백을 집어 든다.

차우인	(스마트키를 딸깍 눌러 보니 램프 불능) 차 키는 밧데리도 다 나갔고… (영수증 유심히 보며) 차를 장기 주차장에 보관해 놓았고… 아무것도 아닌 것처럼 보이지만 뭔가가 있을 거 같은 느낌.
도배만	(피식) 내 촉을 많이 배웠네? 그동안?

그때, 윤상기와 안유라가 들어온다.

윤상기	노화영 사단장님, 참고인 조사 받으러 오고 계십니다.

47. 조사실 앞 복도 [낮]

조사실로 걸어가는 노화영과 그 옆에 나란히 선 용문구.

48. 조사실 [낮]

오프닝 상황이다. 조사실에 앉아 있는 노화영과 용문구. 잠시 후, 도배만과 차우인이 들어와 맞은편에 착석한다. 처음으로 네 사람이 한자리에 있다. 긴장된 분위기가 조사실을 가득 채우고-

도배만	시작하겠습니다. (잠시) 이름. 계급. 소속.

도발적으로 치고 들어오는 도배만의 태도에 날카롭게 쳐다보는

노화영.

도배만	절차입니다. 대답해 주시죠.
노화영	노화영. 소장. 육군 제4보병사단 사단장.
도배만	확인됐습니다. 원기춘 중령 자살 관련 참고인 조사에 협조해 주셔서 감사합니다, 사단장님.
차우인	단순 조사에 변호사를 대동하고 오셨는데… 이유가 뭐죠?
용문구	무례하군요. 방금 말했듯 이건 단순 조삽니다. 예우를 갖추시죠.
차우인	그저 이유를 물었을 뿐입니다.
용문구	(비소) 두 군검사는 이미 법정에서 상관의 의족을 깬 전력이 있었죠. 과잉 조사를 막기 위해섭니다.
차우인	(여유 있게) 변호사님이야말로 과잉 대응을 하고 있네요.
용문구	(미소) 이쯤 하고 관련 사항 질문하시죠, 두 군검사님들.

팽팽하게 엇갈리는 네 사람의 눈빛. 미러창 너머로- 서주혁이
이 광경을 조마조마한 표정으로 지켜보고 있다.

도배만	원기춘 중령이 죽기 전, 마지막으로 만난 사람이 사단장님이었습니다.
차우인	사단장실에서 어떤 대화를 나눴습니까?
노화영	자기 죄를 자백했어. 법무참모에게 알렸으니 확인해 봐.
도배만	네, 참모님한테 확인했습니다.
차우인	원 중령이 자백했다는 증거는 받아 놓으셨습니까?
노화영	(날카로운) 내 앞에서 죄를 참회하고 속죄하는 부하의 면전에 녹음기를 들이댔어야 했다고?
용문구	애석하게도 그런 증거는 없네요.
노화영	내 덕분에 원기춘 체포 영장이 일찍 나왔어. 고맙다는 말은 기대하지 않았지만… 이런 대접을 받게 될 줄은 몰랐는걸?

도배만	그날 밤 11시경 행적이 어떻게 되십니까?
용문구	그걸 왜 사단장님께 묻는 거죠? 사단장님은 지금 참고인 조사 중입니다.
노화영	(용문구에게) 괜찮아. 대답하지. (도배만 보며) 원기춘 중령 일로 심경이 불편해서 일찍 퇴근을 했어.
차우인	퇴근 뒤로는요?
노화영	관사에 돌아가 바로 취침했어. 왜? 못 믿겠나?
도배만	증명하실 수 있습니까?

영상 조사실에서 미러창 너머로 조마조마하게 보는 서주혁, '살살해라… 살살…'

용문구	사단 나갈 때 위병소에, 관사를 들어갈 때, 출입 기록을 살펴보시죠.
도배만 (E)	위병소 출입 기록 따윈 얼마든지 조작할 수 있다.
차우인	확인하겠습니다.
도배만	원기춘 중령, 자살하는 사람이 권총에 소음기를 끼고 외부에 들리지 않도록 방아쇠를 당겼습니다. 그건 어떻게 생각하십니까?
용문구	(노화영 보며) 대답할 필요 없으십니다.
노화영	아니. (여유로) 군검사들의 궁금증을 풀어 줘야지.

인서트_____

원기춘의 관사. 원기춘 입에 소음기 달린 권총 총구가 물려 있다. 화면 올라가면- 원기춘의 손을 노화영의 장갑 낀 손이 잡고 있다. 바닥에 떨어져 있는 주사기. 약 기운에 초점이 풀린 원기춘의 두 눈에 피 눈물이 흐른다.

노화영 (E)	아마… 방아쇠를 당기고 나서 죽은 모습이 바로 사람들에게 전

시되는 게 싫었겠지. 최대한 늦추고 싶었을 거야.

당겨지는 탕! 노화영 얼굴에 피가 튄다!

다시 조사실. 살짝 눈시울 붉어진 노화영의 모습. 극도로 가증스러운 모습이다.

노화영	(진심인 척) 같은 군인으로서 충분히 이해되는데… 자네들은 안 그런가?
도배만	원기춘 중령의 다리에 대해서는 어떻게 생각하십니까?
용문구	다리를 자른 사람은 이 안에 있습니다.

그 말에 묘한 분위기가 되는 조사실.

차우인	(정면으로 보는) …그게 누굽니까? (용문구, 노화영 보며) 두 분 중에 한 분이란 얘기신데.
용문구	(여유) 바로 거기 앉은 두 사람이죠.
도배만	재밌네요. 그러니까 결국 저희들의 수사가 원기춘 중령으로 하여금…
용문구	(끊고) 다리를 자르게 만들고… 결국 죽게 만들었죠. (강조) 강압 수사가.
노화영	…
용문구	원 중령이 지은 죄가 과연 죽음으로 대신해야 할 무게인지 자문해 보길 바랍니다. (노화영에게) 그만 일어나시죠.

일어나는 노화영과 용문구.

용문구	원 중령의 다리는 자작극 공범이었던, 조수찬 군의관이 잘랐겠지.

조 군의관을 수배해. 선배 검사로서 두 사람한테 주는 팁이야.

49. 조사실 앞 복도 [낮]

노화영과 용문구가 나온다. 차우인과 도배만도 나오는데- 복도
에 양 부관이 서 있다.

용문구　　(노화영에게) 군검사들하고 할 말이 남았습니다. 바로 사단장실
　　　　로 가겠습니다.

노화영　　수고했어, 용 (강조) 대표.

그 말에 조금 더 고개 숙이며 노화영을 보내는 용문구. 차우인
과 도배만 앞에 선다.

용문구　　참고인 조사는 오늘이 마지막이야. 원기춘 중령에 대한 애도 차
　　　　원에서 협조하신 거니까. 수사 명목이라도 더 이상의 결례는 용
　　　　납 못 해.

도배만　　용 대표님이야말로 앞으로 조사실 출입은 삼가 주시길 바랍니
　　　　다. IM 대표로 가시면서 변호사 직업은 버리신 거 아닙니까?

용문구　　마침 잘 말해 줬어. 안 그래도 차 검사님에게 전할 말이 있었는데.

용문구, IM 디펜스 대표이사 직함이 박힌 명함을 건넨다.

용문구　　명함 드린 김에 하나 말씀드린다면, 이제 IM이란 이름은 영원히
　　　　사라지게 될 겁니다. 회사명을 바꿀 생각이라.

차우인　　(멈칫하다가- 뭔가를 감지한) !!

용문구　　선대 회장이었던 차호철 회장은 물론, 노태남 회장까지… IM의
　　　　이미지를 바닥까지 실추시켰습니다. 이제 과거의 그림자는 제
　　　　가 다 바꿀 겁니다. 그럼.

용문구, 여유 있는 미소로 도배만과 차우인 잠시 보더니 돌아서 걸어간다.

차우인   알아냈어요… 용문구…

50. 홍무섭의 공관 [밤]

도배만, 누군가와 대화를 나누고 있다. 도배만이 가져온 와인 박스가 보이고- 화면 빠지면- 맞은편에 홍무섭이 앉아 있다. 옆에 앉은 여동생, 홍경옥(40대 후반).

도배만   징계 선처해 주셔서 감사합니다, 군단장님.
홍무섭   (허허) 겨우 그 얘기하려고 약속까지 잡고 일부러 온 거야?
도배만   군단장님을 이렇게 알현할 기회가 또 있겠습니까?
홍무섭   군검사가 직분에 충실하면 된 거지. 앞으로도 열심히 해 봐.
도배만   군단장님께서도 군검사 출신이셨다고 들었습니다.
홍무섭   (홍경옥 보며) 그게 벌써 20년 전인가?

인서트_____

58사단 조사실. 20년 전의 홍무섭, 광기 어린 얼굴로 수사관을 마구 밟고 있다. 현재의 인자한 모습과는 완전 180도 다른 인간의 모습인데-

홍무섭   (밟으며) 증거 불충분! (밟으며) 혐의 없음! (밟으며) 불기소! 내가 분명히 말했지! 감히 너 따위가 군검사 의견을 거역해? 이 버러지 같은 새끼야! (밟으며)

피투성이가 된 수사관이 대자로 뻗는다. 군복에 보이는 명찰. 도성환(도배만 부). 홍무섭, 땀범벅 된 이마를 닦고 옷매무새 정리하며 표정 바꾼다. 마치 이중인격자와도 같은 놀라운 변신이다.
온화하고 인자한 군검사의 모습.

홍무섭 (지갑에서 수표 꺼내 들며 인자한 목소리) 들어갈 때 약 사서 발라.
(돈 던지며 따뜻한 목소리) 아들놈 먹을 거나 좀 사 주고.

조사실 문 닫고 나가 버리는 홍무섭. 남겨진 도성환의 눈에서
눈물이 흘러내린다.

다시 홍무섭의 공관. 도배만, 예리한 눈으로 홍무섭을 보고 있다.
가져온 와인 박스를 홍무섭 쪽으로 내미는 도배만. 그러더니-

도배만 앞으로 충성을 다하겠습니다, 군단장님.

10화

1. (과거) 보통군사법원 법정 (낮)

자막 - 1년 전

화면 열리면- 군검사석에 도배만과 변호인석의 용문구가 보인다. 한산한 방청석. 피고인 자리에 이 대령(50대 초반)이 여유 있는 얼굴로 앉아 있다. 용문구, 도배만을 보면서 변론을 하고 있다.

용문구 불법으로 취득한 증거는 법적 효력이 없다는 걸 군검사 측이 누구보다 더 잘 알지 않습니까?

도배만 (일부러 당황) 아, 그게 피해자인 오 하사가 녹취물을 불법으로 취득한 건 사실이나 이는 자기 상관의 갑질을 증명하려는 방어적 행동입니다.

용문구 불법은 불법입니다. 헌데 불법을 저지른 피해자를 법을 집행하는 군검사가 감싸고 있네요.

도배만 (오버) 감싸다니요? 지금 군검사를 향해 인격 모독하는 겁니까? (양 군판사 보면서) 변호인의 변론 기록 삭제를 부탁드립니다.

도배만과 용문구, 슬쩍슬쩍 둘만 알아보게 표정 관리 중이고- 피고인인 이 대령, 그 모습 보며 슬며시 미소. 그 모습을 방청석 맨 뒤에서 지켜보고 있는- (군검사 되기 전의) 차우인과 강하준.

강하준 (비소) 손발이 아주 착착인데? 저 두 사람.

차우인 갑질을 증명할 유일한 증거가 녹취물인데, 군검사가 자기 입으로 불법이라고 강조하고 있어. 재판을 일부러 패소하겠다는 거지, 도배만.

강하준 도배만에게 군법정은 법 위에 계급 있고, 또 그 계급 위에 돈이 있는 곳이네.

차우인 (도배만 보는)

강하준	돈에 환장한 저 인간이 20년 전 부모 사고 진실을 알게 된다고 해도 과연 돈 대신 복수를 선택할까?

차우인, 도배만에 이어 변호인석의 용문구로 시선 이동한다.

차우인	도배만은 지금 아무것도 모르고 용문구 무리 속에 있어. 최소한 저 무리에선 빼내 주고 싶어.
강하준	(차우인 보며 질투 섞인) 너… 과한 측은지심이야.
차우인	(잠시) 그럴지도 모르지.
강하준	우인아, 그 사람의 과거는 곧 미래야. 도배만, 지금 저 모습이 반드시 자기 발목을 잡을 날이 오고 말거야. 괜히 너까지 힘들게 될 거라고. 그땐 어쩌려고 그래?

차우인, 도배만 보다가 WI 목걸이 펜던트 어루만지는 데서-

2. (현재) 조사실 앞 복도 (낮)

9화 49신 상황이다. 화면 가득 WI 글자가 보인다. 용문구가 차우인에게 건넨 뒤집힌 IM 명함이다.

용문구	선대 회장이었던 차호철 회장은 물론, 노태남 회장까지… IM의 이미지를 바닥까지 실추시켰습니다. 이제 과거의 그림자는 제가 다 바꿀 겁니다. 그럼.

용문구, 여유 있는 미소로 도배만과 차우인 잠시 보더니 돌아서 걸어간다.

차우인	알아냈어요… 용문구…
도배만	뭘?

| 차우인 | 내가 차호철 회장의 딸이란 걸. |
| 도배만 | (살짝 놀라서) 확실해? |

손에 쥔 명함을 보는 차우인. 약간은 당황한 얼굴인데-

차우인	언젠간 알아낼 거라 예상했지만, 내 계획보다 빠르네요. (잠시) 역시… 완벽히 준비되기 전까지는 발톱을 보이지 않다가… 상대가 예상 못 한 상황에서 목을 낚아채는 용문구답네요.
도배만	용문구가 알고 있다면, 노화영도 알고 있단 얘기고… 이제 곧 나에 대해서도 알게 되겠군.
차우인	시간이 없어요.

도배만, 먼저 앞서 걷다가 차우인이 뒤따라오지 않자-

| 도배만 | 안 오고 뭐 해? (지퍼 백 안의 증거품 흔들며) 급하다며? 원기춘 전리품 확인하러 가자구. 무기를 들고 있어야 이기지! |

차우인, 손에 든 명함 구겨 버리고 도배만 쪽으로 걸어가는 데서-

3. 차우인의 차 안 [낮]

운전석에 차우인, 조수석에 도배만이 앉는다. 원기춘이 남긴 주차증을 보며 내비에 주소를 찍어 넣는 도배만. 그때, 윤상기에게 걸려온 전화에 핸드폰이 울린다. 받아 들면-

| 윤상기 (F) | 사단장님 위병소와 관사 출입 기록 확인됐습니다. 원기춘 수색대대장 사망 추정 시간에 노화영 사단장님은 관사 밖으로 나가지 않았습니다. |

도배만	알았다. 수고.

인서트_____

9화 48신 장면. 노화영이 원기춘의 손을 잡고 방아쇠를 당긴다.
탕! 그 위로-

도배만	권총에서 발견된 원기춘의 지문. 근접거리 총상. 손에 묻은 화약 흔적. 노화영의 알리바이까지. 원기춘은 완벽한 자살이야. 서류 상으로는.
차우인	20년 전에도 노화영은 같은 수법으로 빠져나갔습니다.
도배만	이제 지뢰 영웅 사건에 남은 관련자는 조수찬 군의관 뿐이야.
차우인	용문구가 어딘가에 숨겨 뒀을 겁니다. 노화영에게 알리지 않고 단독으로 군의관을 쫓은 걸 보면 원기춘처럼 보험용으로 말이죠.
도배만	그럴 수 있겠네. (내비 보면서) 일단 여기부터 가 보자고. 뭐가 있는지.
차우인	출발하죠.

차우인, 액셀 밟고 출발한다.

4. 노화영의 사단장실 [낮]

노화영, TV에 시선을 두고 있다.

기자 (E)	이번 달 임기가 끝나는 김세준 육군참모총장의 후임으로 홍무섭 육군 제4군단 군단장이 유력한 것으로 알려졌습니다. 홍무섭 군단장은 국군의 작전 지휘 능력과 군사 전문성을 갖췄으며 국방 개혁 및 전작권 전환 준비를 주도할…

그때, 들어오는 용문구. 노화영이 보고 있는 뉴스를 보게 되고-

노화영, 뉴스를 끄더니 리모컨을 팍 내려놓는다.

용문구   (앉으며) 다음은 장군님 차례겠군요. 그렇게 되면… 창군 이래 여군 최초의 육군참모총장이 되시는 거구요.

노화영   (비소) 그걸 홍무섭 군단장이 두고 볼까?

용문구   네?

노화영   홍무섭이 지나간 자리는 풀 한 포기도 남지 않는다고들 하지. 싹이 되기도 전에 다 밟아 버리니까.

용문구   그럼 홍무섭 군단장이 방탄 천장이 될 수도 있겠네요? 위에서 버티고 있는 한 도저히 뚫을 수 없는.

노화영   (피식) 그건 두고 봐야. 뚫릴지 안 뚫릴지.

용문구   (무슨 의미일까? 슬며시 쳐다보다가) 도배만, 차우인 말입니다. 전출이든 뭐든 조치를 취할 수 있으실 텐데 왜 그냥 두십니까?

노화영   내 사단 일엔 관심 두지 말라고 했을 텐데?

용문구   전 항상 대비를 해야 하니까요.

노화영   (보다가) 내게 앙심과 적의를 품고 있는 것들은 모두 내 감시하에 가둬 둬야지. 사단 밖으로 나가면 더 골치 아파질 수 있어. (용문구 주시하면서 보는데) 그보다 요즘… 용 대표가 내 일에 관심을 두는 느낌이 과거와는 좀 다른데…

용문구   (여유) 그럴 리가요. 부족한 면이 있다면 더 면밀히 주시하겠습니다. (화제 전환) 원기춘 중령 건은 이걸로 마무리된 것 같아 다행입니다.

노화영   날 오래 지켰던 부하야. 마음이 좋지 않아.

용문구 (E)   (노화영의 가식적인 얼굴을 보며) 다리 하나로 끝낼 생각은 없었겠죠. 원기춘 다리를 자른 순간부터.

용문구, 자리에서 일어난다.

용문구	조수찬 군의관은 제가 처리하겠습니다. 다리 관련해서 쓸데없는 말을 하면 안 되니까요.

노화영에게 정중히 인사하고 나가는 용문구, 표정 돌변한다.

5. 폐창고 (낮)

용문구, 폐창고에 들어온다. 굳은 얼굴로 각 잡고 있던 설악과 덩치들. 용문구, 천천히 설악에게 다가가는데- 설악, 90도로 허리 숙이고 덩치들도 숙인다.

용문구	일 처리 제대로 못 한 대가를 어떻게 치를 거지?
설악	(갑자기 품에서 칼을 꺼내들며) 지 스스로 값을 매겨 치르겠습니다. (비장하게 용문구 보면서) 보시는 앞에서 (칼 들고 손목 자르려는 시늉)
용문구	(무서운) 손목? 하려면 할복이라도 해야지.
설악	(공포) 하… 할… (넙죽) 대표님! 죄송합니다. 한 번만 살려…
지리	(같이 엎드리면서) 사… 살려 주십시오!

용문구, 칼 뺏어 집어 들고 설악의 얼굴에 가까이 대는데- 설악, 덜덜 떤다.

설악	기자회견 못 막아서 결국 일이 커졌지만… 한 번만 더 기회를 주십쇼. 군의관은 제 손으로 땅에 묻든, 바다에 버리든 확실히 처리 (하는데)
용문구	(끊는) 그냥 둬.
설악	(의외) 안 죽여두 됩니까? (잠시 생각) 그럼 묵혀 뒀다 잘 익으면 그때 꺼내 쓰실 생각이신가유?
용문구	(표정 날카로워져서) 주제넘게 내 생각을 막 읽으려 하면 안 되고…
설악	(다시 넙죽 엎드리는) 아이구구… 지가 주제넘었습니다. 군만두만

처멕이면서 잘 가둬 놓겠습니다.

용문구, 섬뜩한 미소를 지으며 보면- 설악, 바짝 쫄아 드는데.

6. 장기 주차장 앞 (낮)

장기 주차장으로 차우인의 차가 들어선다.

7. 장기 주차장 (낮)

차에서 내리는 도배만과 차우인. 주차장을 둘러보는데- 차가 너무 많아 난감하다.

도배만   (한숨) 이걸 다 언제 열어 보나?
차우인   주차증에 차 번호 없습니까?
도배만   (주차증 들여다보면서) 숫자가 지워져서 잘 안 보이네. (증거품에서 스마트키 꺼내며) 이것도 방전… 배터리라도 채워 올걸. 일단, 연식 오래된 차들 위주로 찾아보자구.

도배만, 키 열쇠를 들어올린다. 가까운 차부터 꽂아 보는데- 그 때, 삑삑 소리나면서 주차장 어딘가 있던 차량의 헤드라이트가 번쩍인다!

차우인   (복사 스마트키 흔들며) 윤 계장님한테 복사해 달라고 했습니다.
도배만   (허탈) …끙… (괜히 허세) 나도 다 생각한 거야!

장기간 방치되어 녹이 슨, 오래된 연식의 차량. 차우인, 다가가서 트렁크를 연다. 내부 가득 라면 박스들. 그 안에 서류 파일들이 보인다.

| 차우인 | 여기가 원기춘이 숨겨 놓은 비밀 금고였네요! |

눈빛 빛내며 보는 두 사람의 얼굴에서-

8. 강스 솔루션 연구소 [밤]

도배만과 차우인, 원기춘의 차 트렁크에서 가져온 라면 박스를 테이블 위에 탁- 내려놓는다. 정신없이 파일을 열고 그 안에 있는 것들을 꺼낸다. 기대에 찬 두 사람의 얼굴. 그중 파일 하나를 보던 차우인, 표정 환하게 바뀌면서.

| 차우인 | 이거면… (면밀히 보는) 아버지가 군사기밀 유출했다는 혐의는 풀 수 있을 것 같습니다! |
| 도배만 | (차우인 곁으로) 그래? (파일 같이 보면서) 내가 원기춘이 보험 들어 놨을 거라고 했잖아. 위증이 탄로 날 경우를 대비해 준비해 둔 서류일 거야. |

활짝 웃는 얼굴로 도배만을 보는 차우인. 기쁜 얼굴의 두 사람을 보는 시선 따라가면- 강하준이다. 강하준, 표정 관리하면서 연구소에 들어서는데- 손에 들린 캔 커피 3개 보인다.

| 강하준 | (진심으로 기뻐하는) 우인아! 정말 잘됐다~!! |
| 차우인 | (강하준 보고 미소 짧게, 다시 자료들에 눈 돌리는데) |

강하준, 차우인과 도배만에게 커피 나눠 주고- 같이 파일을 분류하면서 두 사람 사이에 끼어든다.

| 강하준 | 이게 전부야? 다른 건? |
| 도배만 | 필요 없는 개인 자료들 빼고 당장 확인해 볼 만한 것들만 추려 |

서 가져왔어.

도배만, 상자에서 뭔가를 꺼내 강하준 쪽으로 뭔가를 휙 민다. 강하준이 탁- 잡으면 SSD 하드다!

도배만   (들뜬) 강 대표는 이거 빨리 복원해 줘.

강하준, 하드 집어 들고 도배만 한 번 힐끔 보는데- 도배만, 상자에서 뭔가를 또 발견하는데- 크고 두툼한 육군 수첩이다.

도배만   (보여 주며) 원기춘이 직접 수기로 기록한 육군 수첩인 거 같아. (펼쳐 보는) 원기춘… 보기와는 다른 면이 있었어. 아주 세세히 일기 같은 기록을 남겨 놨네. (보면서) 우리가 보면 모르는 내용도 염 과장님 불러서 확인하면 뭔가 나올 거 같아.

그때, 연구소 안으로 급하게 들어서는 누군가. 강스 솔루션 부대표다.

부대표   저… 대표님.
강하준   (돌아보는) 무슨 일이죠?
부대표   (강하준에게 다가가며 귓속말로 뭐라고 하는)
강하준   !!

강하준, 잠시 생각에 잠긴 얼굴인데- 도배만과 차우인은 서류 뒤지느라 여념이 없다.

강하준   (억지로 미소) 우인아… 지금 내가 좀 나가 봐야겠다.
차우인   (눈치 못 채는) 급한 일이야?

| 강하준 | (미소) 별일 아니야. (SSD 하드 챙기며) 이건 바로 복원해 볼게. |

강하준, 부대표와 연구소 밖으로 나가는데-

9. 강스 솔루션 활주로 [밤]

연구소에서 나와 활주로를 걷는 도배만과 차우인. 도배만의 품엔 서류가 든 라면 상자가 들려 있다.

도배만	정말 다행이야. 차 회장님 누명을 벗길 수 있는 게 나와서…
차우인	아버지 등에 꽂힌 화살 중에… 이제 겨우 하나를 뽑은 거죠. 노화영과의 접점도 아직은 없구요.
도배만	(연구소 쪽 보며) 그런데… 강 대표는 회사 일로 저렇게 바쁜데도 언제든 도와달라면 도와주고… 어떻게 그렇게 차 검에게 헌신할 수 있지? 가족도 아니고… 친구… (잠시 보는데) 친구 맞지?
차우인	남자는 자신을 알아봐 준 사람을 위해 목숨도 바칠 수 있다고 하던데요.
도배만	(놀라며) 차 검을 위해 목숨까지? 그 정도야?
차우인	우리 아버지요.
도배만	아아… 강 대표가 힘들 때, 차 검 아버지한테 투자를 받았다고 했었지?
차우인	그 이유만으로 절 돕는 게 이해가 안 되시나요?
도배만	안 되는 건 아닌데… 과연 그게 전부일까?
차우인	강 대표는 우리 계획의 중요한 조력잡니다. 앞으론 의심하지 마세요.
도배만	아니… 내 말은…

차우인, 무시하고 먼저 가는데- 도배만, 차우인 째리는 데서-

10. 강스 솔루션 일각 (밤)

강하준과 부대표가 걸으며 대화하고 있다. 둘 다 심각한 얼굴이다.

강하준   (놀라서) 갑자기 주가가 폭락하다니… 대체 무슨 일입니까?

부대표   재무이사 말로는 오늘부터 급락하기 시작했고 VI*까지 발동됐다고 합니다.

강하준   (눈 커지는데) …뭐라구요?

부대표   우리 회사가 군용 모빌리티 관련 산업 기술을 유출했다는 허위 정보가 돌고 있는 것 같습니다.

강하준   (어이없는) 기술 유출이요? 어떻게 그런 말도 안 되는?

부대표   금감원에서 진상 파악에 나설 거란 소문까지 돌면서… 결국 기름을 부은 것 같구요.

강하준   !!

부대표   어떡할까요? 대표님.

강하준   사실무근이라고 보도 자료 내고, 허위 정보 유포한 세력, 찾아내서 대응하세요. 당장!!

늘 밝고 긍정적이던 강하준, 눈앞이 캄캄해지는데-

11. 사단 연병장 (아침)

연병장에서 혼자 구보를 하는 노화영. 입김이 그대로 새어 나온다. 그 위로-

플래시백_____

9화 2신.

_____

* 개별 종목 주가의 급등락을 완화하기 위해 매매를 2~10분 동안 단일가로 진행되도록 만드는 가격 안정화 장치.

용문구   제 밑에서 돈만 좋았던 도배만이 차우인을 만난 뒤부터 완전히 돌변했습니다. 분명 뭔가로 엮여 있을 겁니다.

     - 9화 32신. 원기춘이 발악한다.

원기춘   도배만이 그러대요. 전 사단장님이 까라는 대로 깐 죄밖에 없다고!

     다시 사단 연병장. 노화영, 서서히 멈춰 선다. 수건을 들고 다가오는 양 부관.

노화영   (수건 받아 닦으며) 도배만에 대해서 알아봐. 낱낱이.

12. 법무실 복도 [낮]

법무실 복도에 들어서는 염 과장, 지나가는 병사들이 경례하면 환한 미소로 받아 준다. 핸드폰 꺼내 들더니 차우인에게 연결한다.

염 과장   차 검사, 지금 도착했어.
차우인 (F)   법무실로 바로 들어오시죠.

13. 법무실 [낮]

차우인, 핸드폰 내려놓는다. 차우인의 시선으로 보이는 안유라가 노트북을 쾅쾅 치고 있다.

안유라   (울상) 아우… 제 노트북 해킹된 거 같아요! 자료가 싹 다 사라졌어요.
윤상기   (별일 아닌 듯 계속 일하면서) 너, 또 저번처럼 니가 지워 놓고… 벌써 몇 번째냐…

윤상기, 안유라에게 다가가 신의 손놀림으로 마우스, 키보드 탁탁 만지는데-

안유라	(멀쩡한 화면 보며 감탄) 와, 완전 (엄지 척) 대단하십니다!
윤상기	(이젠 입이 아픈) 이 대체 불가능한 컴맹 같으니라구! 이제 곧 메타버스 시대가 와! 너 나랑 장래 희망이 같은 비혼주의자 아니었어?
안유라	하하하, 그때쯤이면 AI랑 살면 되지 않나요?

차우인, 티격태격하는 둘 보고 미소 짓는다. 그때, 법무실 안으로 들어오는 염 과장.

안유라	(염 과장을 보곤 화들짝 놀라서 군모 벗어 얼굴 가리는) !!
윤상기	(정중하게 경례) 어떻게 오셨습니까?
염 과장	차우인, 도배만 군검사님하고 약속이 있어서 왔습니다.
차우인	(방에서 나오며) 오셨습니까? (상기, 유라에게) 58사단 법무실에 계시는 염상진 과장님이세요.
윤상기	(안유라 군모 손으로 내리는) 왜 얼굴은 가리고 그래? 인사드려야지.
안유라	(아악!! 바로 숙이는) …
염 과장	어! (유심히 보는) 안유라 중사, 여기서 근무하고 있었어?
윤상기	(미소) 안 계장을 아십니까?
염 과장	그럼요. 국방부 사이버 사령부 해킹 부대에 있었잖습니까!
윤상기	(웃음 픽) 네? 해킹 부대요? (피식) 아이고, 완전히 아닙니다. 복구 프로그램도 못 쓰는 4사단 대표 컴맹인데요?
염 과장	그럴 리가 없는데? 용산 전자상가 딸래미라서 한글보다 해킹을 먼저 깨우쳤다는 말이 있을 정도로 (하는데)

안유라	(달려가 염 과장 입을 막는) 아이구, 과장니임!!!
윤상기	(뭔가 수상) 가만있자. 안 계장 너, 본가가 용산이라고 했지?

그때 도배만, 법무실 안으로 들어온다. 우물쭈물 눈치 보며 서 있는 안유라.

도배만	하기야 군대에서 뭐 잘한다고 하면 그 순간부터…
윤상기	(얼 빠져서) 독박 쓰는 거죠. 저처럼…
염 과장	(아!) 이거 내가 큰 비밀을… 발설했네요~
안유라	전 이만 외근 나가 보겠습니다~! 단결!

줄행랑치는 안유라. 윤상기, 분노 가득한 얼굴로 '야!!! 안유라' 부르면서 나가는 데서-

14. 법무실 복도 (낮)

법무실 복도를 걷고 있는 서주혁. 안유라 뛰어가면서 서주혁에게 경례하고, 뒤쫓아 가는 윤상기도 경례하고 계속 쫓는데-

서주혁	뭐야? 니들… 소란스럽게…
윤상기, 안유라	(급하게 멈춰서 경례) 단결! 참모님.

경례 받더니 법무실 쪽으로 향하는 서주혁. 윤상기, 서주혁을 보며 눈 번쩍하는데-

15. 법무실 (낮)

도배만, 테이블에 '원기춘의 육군 수첩'을 꺼낸다.

도배만	(염 과장에게 건네며) 원기춘이 직접 작성한 육군 수첩입니다.

염 과장	(놀라서 받으며) 이걸 어떻게?
도배만	원기춘의 비밀 금고에서 발견했습니다.
염 과장	(기쁨에 수첩 펼쳐 보는데) 하! 이런 게 있었을 줄이야. (감탄) 세세히 적혀 있네, 아주!
도배만	기록을 시작한 시기가 정확히 20년 전입니다.
염 과장	(집중) 자네 부모님 사고가 일어난 해구만!
도배만	네. 그때부터 원기춘은 노화영의 일과를 꼼꼼히 기록했는데, 유독 자주 만난 인물이 홍무섭입니다.
차우인	보급수송대 장교였던 노화영과 법무참모였던 홍무섭은 업무적으로 엮일 일이 전혀 없는 사이였습니다. 그 당시까지만 해도 노화영은 애국회 일원도 아니었는데 말이죠.
염 과장	그러니까… 원기춘도 그게 이상해서 기록을 해 뒀던 거구만? 겉으론 누구보다도 충성스런 심복처럼 보였지만 상관의 모든 걸 기록해 뒀어.
도배만	그렇습니다. 그래서 다음 사냥감은 바로…

어두운 법무실 스크린에 홍무섭의 사진과 자료가 나온다.

차우인	홍무섭 군단장입니다!
도배만	현직 3성 장군이자, 우리에게 징계를 먹여 주신 징계위원장이었지.
차우인	네. 육사 수석 졸업. 복무 도중 사법고시 패스해서 법무병과로 전과. 국방부 고등군사법원 부장판사, 고등검찰부장 등 주요 직위를 거치다 보병으로 다시 옮겨 군단장까지 올랐습니다.
염 과장	군 역사상 최고의 엘리트 군인이지.

그때- 도배만 핸드폰에 문자가 온다. 확인하면- 〈참모님이 법무실로 가고 있습니다!〉 윤상기가 보낸 문자. 도배만, 스크린 딱

끄더니 불 확- 켠다! 바로 문 열리면서 들이닥치는 서주혁!

서주혁   (수상한 눈초리로 염 과장 보는데) 누구…

염 과장   (경례) 단결! 58사단 법무실 군수사관 염상진 과장입니다.

서주혁   (받으며, 의구심 가득) 딴 사단 법무실 사람이 우리 법무실에 어인
           일로?

염 과장   (갑자기 머리 하얘지는데) 그게…

차우인   (침착) 염 과장님께 자문을 좀 구할 일이 있어서 모시게 됐습니다.

서주혁   (더 수상한) 자문? 군검사 선임도 아니고, 수사관에게 무슨 자문?
           그리고 밖에서 듣자 하니 홍무섭 군단장님 얘기 같던데…

차우인, 염 과장   (멈칫) !!

서주혁   (압박) 확실해! 내 귀로 똑똑히 들었어! 군단장님 얘기하고 있었
           잖아!

도배만, 빙그레 웃으며 여유로운 표정으로-

도배만   오늘 뉴스 보니까 군단장님이 참모총장으로 내정되셨다기에 댁
           에 미리 방문을 한번 할까 해서… 뭘 좋아하시는지 몰라서요.

염 과장   아하하… 맞습니다. 오래전에 제가 모셨습니다.

서주혁   (염 과장에게) 아~ (도 검사보고) 도 검사가 직접 만난다고? 군단
           장님이 만나는 주신대?

도배만   (하하) 군단장님이 이번에 저희들 징계 풀어 주셨지 않습니까?
           감사 인사 드릴 겸…

서주혁   (이제 알겠다는) 아~!! 역시 도 검사 순발력은 나보다 한발 빠른
           거 알아줘야겠네~ 가서 내 얘기도 좀 하고. 알았지? (차우인 빤히
           보며) 차우인은 절대 동행하지 마. 절대!

도배만   아이구 (차우인 보며) 거길 어떻게 데려갑니까? 난리 나려구요~

서주혁   그래야지, 암. (염 과장 어깨 두드리면서) 자주 놀러 오구.

염 과장, 경례하고- 서주혁 나간다. 염 과장, 뭔가 생각에 잠겨 있는데-

염 과장   자네 부모님 사고에 홍무섭이 연관된 거라면… 어쩌면 그 일이 관련 있을지 모른다는 생각이 들어.

도배만, 염 과장을 보면- 20년 전 과거가 펼쳐진다.

16. (과거, 교차) 58사단 영상 조사실 + 조사실 (밤)

영상 조사실에서 컴퓨터 영상을 조사하고 있던 염 과장. 그때- 미러창 너머 조사실 문이 벌컥 열리면서 홍무섭이 도성환의 멱살을 잡고 들어온다! 현재의 인자한 모습과는 완전 180도 다른 인간의 모습인데-

염 과장   (갑작스런 상황에 놀라서 몸을 움츠리는) !!

홍무섭, 도성환을 벽에 처박는다. 의자를 집어 들어 도성환을 내리치더니 그걸로 성이 풀리지 않아 군홧발로 도성환을 마구 밟는다.

홍무섭   (밟으며) 증거 불충분! (밟으며) 혐의 없음! (밟으며) 불기소! 내가 분명히 말했지! 감히 너 따위가 군검사 의견을 거역해? 이 버러지 같은 새끼야! (밟으며)

대자로 뻗는 도성환. 홍무섭, 그제야 분을 삭이며 땀범벅 된 이마를 닦고 옷매무새 정리하며 표정 바꾼다. 마치 이중인격자와도 같은 놀라운 변신이다. 온화하고 인자한 군검사의 모습.

| 홍무섭 | (지갑에서 수표 꺼내들며 인자한 목소리) 들어갈 때 약 사서 발라. (돈 던지며 따뜻한 목소리) 아들놈 먹을 거나 좀 사 주고. |

조사실 문 닫고 나가 버리는 홍무섭. 남겨진 도성환의 눈에서 눈물이 흘러내린다. 한편, 미러창 너머에서 덜덜 떨며 그 광경을 지켜만 보고 있던 염 과장의 모습.

17. [현재] 법무실 [낮]

도배만, 분노가 솟구치는 얼굴이다.

염 과장	자기 명령을 안 들으면 이중인격자처럼… 완전히 다른 사람이 튀어나왔어. 누가 진짜 홍무섭인지 모를 정도로.
차우인	그때… 홍무섭이 덮으려던 그 사건은 뭐였죠?
염 과장	법무실에 사건이 너무 많아서 나도 정확히 모르겠어.
도배만	의심이 가거나 실마리가 있었다면 이미 알고 계셨겠죠.
염 과장	그랬을 거야.
차우인	(수첩 건네며) 이 수첩을 염 과장님이 읽어 보면, 저희가 찾지 못한 게 나오지 않을까요?
염 과장	(수첩 받으며 기쁜) 내가 꼼꼼히 읽어 보고, 그때 관련자들 만나 보고 꼭 알아올게.
도배만	부탁드리겠습니다, 과장님.
차우인	(도배만 보며) 도 검사님은 홍무섭을 직접 만나세요.
도배만	그래, 내 아버지가 어떤 일을 당했는지 꼭 밝혀야지. 그러려면 홍무섭이 어떤 두 얼굴을 가진 사람인지 알아내야 하고.
차우인	쉽진 않을 겁니다. 너무 완전무결한 인간이라.

도배만의 얼굴 위로 '땡동' 소리 깔리면서–

18. 홍무섭의 공관 앞 [밤]

군복 차림의 도배만, 한 손엔 와인 상자를 들고 있다. 초인종 다시 누르는 그 위로-

도배만 (E)   완전무결. 그런 인간일수록 뒤집어쓴 탈을 벗겨 내면 검고 썩은 악취가 풀풀 난다는 게… 내 지난 5년간의 경험이야.

잠시 후, 공관관리 하사(신 하사)가 나온다. 도배만을 보자 순간적으로 얼굴이 굳는다!

도배만   (명찰 손으로 툭툭 가리키며) 나 도배만 대위, 신분 확인됐지? (들어가려는데)
신 하사   (도배만 막으며) 군단장님 공관은 핸드폰 반입이 금지되어 있습니다.
도배만   그래서 뭐… 지금 군검사 핸드폰을 달라고?
신 하사   군단장님과 관련된 모든 사항은 군사기밀입니다. 협조 부탁드립니다, 도배만 대위님.
도배만   (피식) 기밀? 이야… 살벌하네, 여기.

도배만, 어쩔 수 없단 얼굴로 핸드폰을 건네면 신 하사는 보관함에 핸드폰을 집어넣는다. 그러고는 도청감지기를 도배만이 들고 온 와인 상자에 가져다 댄다. 이후 검색대까지 통과한 후에야 비로소 공관 안으로 들어서는 도배만.

19. 홍무섭의 공관 [밤]

9화 50신 상황이다. 홍무섭, 홍경옥(홍무섭 여동생)과 마주 앉아 있는 도배만.

도배만	징계 선처해 주셔서 감사합니다, 군단장님.
홍무섭	(허허) 겨우 그 얘기하려고 약속까지 잡고 일부러 온 거야?
도배만	군단장님을 이렇게 알현할 기회가 또 있겠습니까?
홍무섭	군검사가 직분에 충실했으면 된 거지. 앞으로도 열심히 해 봐.
도배만	군단장님께서도 군검사 출신이셨다고 들었습니다.
홍무섭	(홍경옥 보며) 그게 벌써 20년 전인가?
홍경옥	(오빠에게 존경의 눈빛 보내는) 워낙 한결같은 분이시니… 그리 세월이 간지도 모르고 살았네요.

가져온 와인 박스를 홍무섭 쪽으로 미는 도배만. 그러더니-

도배만	앞으로 충성을 다하겠습니다, 군단장님.
홍경옥	(호들갑스러운) 딱 20년 전 (홍무섭 보며) 오빠 같으시네요. 경우 바르시고 상관 모실 줄도 아시고…

하면서- 내심 기대한 홍경옥이 와인 상자를 열어 본다. 그냥 와인만 들어 있다. 순식간에 실망한 기색 지나가는 홍경옥.
그때, 신 하사가 다도 세트 들고 다가온다. 중국 차 다호에 찻잎을 넣고- 물을 붓고- 세 사람 앞에 나란히 잔과 받침을 놓고 차를 따르는 일련의 과정이 매우 숙련되어 있다. 그런 신 하사를 보는 도배만 얼굴 위로-

인서트_____
법무실. 17신에 이어지는 상황이다!

차우인	자기 관리, 주변 관리에 철두철미한 홍무섭이지만, 이상한 점이 하나 있어요. 공관병이 자주 바뀐다는 거죠.
도배만	(피식) 공관병? 벌써부터 냄새가 나네~ 구린 갑질의 냄새가!!

다시 홍무섭의 공관. 도배만, 차를 마시면서 신 하사를 본다.

도배만	공관에서 근무한 지 오래되었나 봅니다?
홍무섭	(부드러운 시선으로 신 하사 보면서) 얼마나 됐지?
신 하사	하사 신민철, 군단장님을 6개월 모셨습니다.
홍경옥	(신 하사 어깨 두드리면서) 워낙 착하고 일머리가 좋아요. 내 아들도 지금 전방에 있어서 고생할 거 아니까 더 아껴 주자 싶고…
도배만	(감탄하는 척) 군단장님 조카가 전방에서요? 이야…

신 하사, 억지로 웃으면서 홍경옥 곁에서 떨어지는데– 그 모습 포착하는 도배만.

홍무섭	사단장이 불편해할 사건을 많이 맡았던데… 노 사단장하곤 어떤가?
도배만	저야… 군인으로서 사단장님에 대한 충심은 늘 그대롭니다. 그런데 또 제가 군검사로서 신념을 가지고 일하다 보니…
홍무섭	(피식) 사단장을 위해 악역을 자처했다는 건가? 도 검사?
도배만	아이구… 제 입으로 말하기 부끄럽습니다, 군단장님.
홍경옥	드세요, 차.
도배만	네! 여사님. (차 마시는)

도배만, 차 마시는 틈틈 예리한 눈빛으로 신 하사를 살펴보는데.

20. 다방 아지트 - 비밀의 방 (밤)

스크린에 신 하사 사진이 떠 있다. 그 옆으로 홍무섭 남매와 조카 이준 사진도 보이고. 차우인, 다소 당황한 얼굴로 신 하사 사진을 보고 있는데.

차우인	신민철 하사가 홍무섭 공관에 있었습니까?
도배만	아는 사람이야?
차우인	(당황하는) …
도배만	가족 대하듯 한다는데 (피식) 오버하는 거 보니까 확신이 들어. 신 하사 얼굴도 그렇고. 일단 내가 공관 밖에서 따로 만나 봐야겠어.
차우인	신 하사는 제가 만나겠습니다.
도배만	아니, 내가 만나야 돼. 지금까지 갑질을 당해 왔는데도 참고 있었잖아. 이건 설득의 기술이 필요하다고.
차우인	(살짝 굳은 얼굴) 아마… 도 검사님에게 협조 안 해 줄 겁니다.
도배만	무슨 소리야? 무조건 협조하게 만들어야지~ 몇 달 전에도 내가 병판의 증언대 앉혔어. 그래서 재판 이겼다고.
차우인	그래서 안 된다는 겁니다. 도 검사님의 그 방식 때문에.
도배만	(그 말에-) 근데, 아까부터 왜 그래?
차우인	(굳은 표정으로 보는)
도배만	하고 싶은 말을 목구멍 밑으로 꽉꽉 눌러 담은 얼굴인데… 무슨 말이 하고 싶은 거야?
차우인	…
도배만	(미소) 걱정하지 마! 나 갑질 사건 재판 많이 했어.
차우인	갑질 피해자 편에서 섰던 적도 있었나요?
도배만	(당황) 뭐?
차우인	(강하게 보는) 계급에 따라 재판하지 않은 적도… 있었습니까?
도배만	(발끈) 옛날 내 어두운 과거 얘긴 지금 뭐 하러 꺼내?
차우인	…
도배만	원기춘 사건은 절반의 성공이었잖아. 이번 홍무섭만큼은 꼭 법정에 세울 거야. 내 아버지를 위해서라도.

도배만을 보는 차우인, 더 이상 말릴 수 없는 표정인데-

21. 마트 (낮)

공관 근처 주부들이 장을 보는 소규모의 마트. 군복 차림의 신하사가 장을 보고 있다. 미나리, 양파, 당면, 갈비찜 재료, 스타킹, 생리대… 빼곡히 적혀 있는 메모대로 장바구니에 넣는다. 산 재료마다 줄이 쳐져 있는데 하나 못 산 게 있다. 석류다.

신 하사	(마트 주인에게) 혹시 석류 있습니까?
마트 주인	석류? 여기 그런 건 없는데… 인터넷으로 사.
신 하사	꼭 눈으로 보고 흠집이 없는 걸로 사야 해서요.
마트 주인	(넘겨짚는) 아이구~ 새신랑인가 보네. 임신한 새댁이 먹고 싶대?
신 하사	(과하게 불안 초조) 아… 꼭 사야 되는데.
도배만 (E)	석류는 왜 찾아? 이 근방에 파는 데 없을 텐데?

신 하사, 돌아보면- 도배만이 아이스크림을 먹으면서 미소 짓고 있다.

신 하사	(표정 바로 굳는) 여긴 어쩐 일이십니까?
도배만	나도 이거(아이스크림) 사러 왔는데?
신 하사	용건 없으시면 가 보겠습니다.
도배만	잠깐 시간 되면 나랑 차나 한잔할까? 내 단골 다방 있는데.
신 하사	(딱딱) 공관에 바로 들어가야 합니다. (가려는)
도배만	내 차 타고 석류 파는 마트도 찾아보고. 어? 흠집 하나 없는 놈으로.

도배만을 보는 신 하사, 더 굳은 얼굴로-

신 하사	여사님께 여쭤보겠습니다.

핸드폰 꺼내는 신 하사, 그 모습 보며 피식 웃는 도배만인데-

22. 다방 아지트 (낮)

장바구니를 내려놓고 테이블에 앉는 신 하사. 도배만이 자판기에서 커피를 가져온다.

도배만   (떠보듯) 신 하사가 장도 보나 봐?

신 하사   (경계) 용건이 뭡니까?

도배만   흠집 하나 없는 석류는 군단장 여동생 미션?

신 하사   일어나겠습니다.

도배만   (신 하사의 손목을 확- 잡아채는)

신 하사   (욱- 하면서 버럭) 지금 뭐 하시는 겁니까?

도배만   (손목 꽉 잡고) 있어 봐.

도배만, 군복 소매를 걷어 올리자 신 하사의 손목에 스마트워치가 채워져 있다!

도배만   스마트워치네. 특별 대우 받나 봐? 이런 것도 차고.

신 하사   (확 뿌리치는) 이거 놓으세요!

도배만   지금 홍무섭 군단장의 갑질 행위를 수사 중이야. 내 질문에 대답해. 공관에서 하인처럼 부려지고 있지?

신 하사   (대답 없이 보는)

도배만   너… 대답 못 하는 것도 대답이야. 인정하는 거라고.

신 하사   (피식) …

도배만   (신 하사가 피식 웃자 약간 이상하지만) 시도 때도 없이 스마트워치 호출해서 온갖 잔심부름 시키고… 신체적, 정신적 학대까지 당했지? (장바구니 집어 물건들 확 쏟으며) 너, 군단장네 가정부 노릇 하려고 직업군인 된 거 아니잖아!

23. 다방 아지트 - 비밀의 방 (낮)

굳은 얼굴로 미러 너머 도배만과 신 하사를 보고 있는 차우인.

24. 다방 아지트 (낮)

장바구니에서 쏟아진 식재료와 물건들이 테이블과 바닥에 널브러져 있다. 미나리, 양파, 당면, 갈비찜 재료, 스타킹, 생리대, 석류… 물끄러미 바라보는 신 하사. 자신의 손목에 채워진 스마트워치도 만져 본다.

신 하사　(마음먹은 얼굴로) 그럼 저도 하나만 물어보죠?

도배만　(협조할 것 같은 느낌에) 잘 생각했어. 그래, 뭐든 물어봐. 너 괴롭힌 군단장, 확실히 보내 버릴 거니까 나한테 다 털어놔.

신 하사　(의미심장) 저, 기억 안 나십니까?

도배만　(생각지 못한) 널? (보더니) 우리… 구면이었어?

신 하사　(비소) 역시, 기억 못 하시네요. 사람마다 기억의 무게는 다르니까. (잠시 더 보더니) 이젠 도 대위님 질문에 분명히 대답해 드리죠.

도배만　(보는)

신 하사　전, 단 한 번도, 단 한 순간도! 군단장님 공관에서 갑질을 당한 적이 없습니다!

도배만　(예상치 못한) 뭐?

신 하사, 벌떡 일어나서 장바구니에 물건 쓸어 담는다. 바닥에 떨어져 있는 석류는 못 보는데- 나가기 직전 도배만 돌아보는 신 하사.

신 하사　(빈정거리며) 도와드리지 못해 유감이군요! 도배만 대위님!

25. 다방 아지트 - 비밀의 방 (낮)

미러 너머로- 나가는 신 하사를 보는 차우인. 도배만은 황당한 얼굴로 일어난다. 차우인, 이 상황을 미리 예상한 얼굴이다. 잠시 후, 도배만이 들어온다.

도배만	갑질을 당하지 않았다고? 날 안다는 건 대체 무슨 말이야? 신 하사가 저러는 거 분명 홍무섭이 두려워서 (하는데)
차우인	(끊고) 홍무섭 때문이 아닙니다.
도배만	뭐?
차우인	도배만 검사님 때문입니다.
도배만	나 때문이라고?
차우인	(대답 대신 보는)
도배만	그래서 만나지 말라는 거였어? 차 검… 뭘 알고 그런 말을 하는 거야?
차우인	(잠시) 1년 전에 했던 재판 혹시 기억나십니까?
도배만	재판? 그걸 어떻게 다 기억해?
차우인	용문구와 짜고 일부러 패소한 그 재판도 갑질 재판이었죠.

그 말에- 당황한 얼굴을 하고 기억을 더듬어 보는 도배만의 얼굴 위로-

양 군판사 (E)	피고인 작전사령부 이도형 대령의 판결을 선고한다!

26. (과거) 보통군사법원 법정 (낮)

오프닝 재판 상황이 이어진다.

양 군판사	군검찰은 이 대령이 자신의 부하에게 갑질 행위, 즉 직권 남용 혐의를 공판을 통해 증명하지 못했으며, 각 증거가 피해자의 증

언만으로 이뤄진 점을 고려하여 다음과 같이 선고한다. 피고인,
무죄!

용문구와 그 옆의 이 대령, 승리의 미소를 짓는다. 도배만, 적당
히 표정 관리하면서 판결을 받아 든다. 화면 넓어지면- 방청석
맨 앞자리에 앉아 있는 신 하사가 보인다.
그 옆에 피해자 오 하사, 눈물을 흘린다. 오 하사의 등을 두드려
주며 위로하는 신 하사. 증오의 눈으로 도배만 본다. (재판 내내
도배만의 불성실한 태도를 봤기 때문)

27. (과거) 보통군사법원 주차장 (낮)

인적 없는 주차장. 도배만과 용문구가 활짝 미소를 짓고 있다.

도배만   군검사가 유죄 입증할 의지가 없으면 판사는 죽었다 깨어나도
        유죄 판결을 할 수 없죠.
용문구   (장단 맞추는) 맞아. 그 '의지'!! 어찌 보면 법정은 검사를 위한 무
        대야. 검사가 주인공이지. 안 그래? 나머지는 다 들러리고~!!
도배만   일부러 띄워 주시는 거죠?
용문구   (피식)
도배만   그래도 오늘 한 번입니다. 다음부터 져 드리는 일은 없습니다.
        제 스타일대로 할 거니까 그리 아십쇼.
용문구   (으이구~) 더 챙겨 줄게. 승소율 떨어진 거 그만 신경 써.
도배만   (고개 숙이며) 어이구. 감사합니다, 용 변호사님.

신 하사가 주차장에 들어서다 용문구한테 넙죽 고개 숙인 도배
만을 보게 된다! 그 모습 보고 분개한 얼굴로 도배만에게 달려
오는 신 하사.

신 하사	당신! 재판 일부러 졌지? 군검사가 그래도 되는 거야?
도배만	(용문구가 신 하사를 막으려 하자 괜찮다는 의미로 손을 드는)
신 하사	(울먹이며) 내 동기가 그 새끼한테 얼마나 고통을 받았는데! 군검사가 이래도 돼?
도배만	도와주지 못해 유감이다!
신 하사	(표현에 더 화가 나) 뭐? …유… 감. (도배만의 멱살을 잡더니) 우리가 못 하니까 당신들이 바로잡아 줘야지! 그러라고 나라에서 검사 자격 준 거잖아?
도배만	(그 말에 일말의 죄책감이 느껴져 표정 굳는) !!
신 하사	(슬픔) 군검사마저 이러면… 우린 누굴 믿어야 돼? 대체 누굴!!
용문구	(보다가 끼어드는) 이거 봐! 군사법원에서 이게 뭐 하는 짓이야? 상급자한테.

그 말에- 도배만, 다시 정신을 차린다. 신 하사에게 잡힌 멱살을 탁 풀어 버리며-

| 도배만 | 그래. 군인인 이상, 선은 지켜라. |

도배만, 신 하사 남겨 두고 돌아서 간다. 용문구도 따라가고- 신 하사, 흐느끼며 그 자리에 주저앉고 만다. 그 모습을 멀리서 (법정에서 나온, 군검사 되기 전) 차우인이 보고 있다.

28. (현재) 다방 아지트 - 비밀의 방 (낮)

차우인	그 재판을 봤어요. (스크린에 뜬 신 하사 사진) 저 사진을 보고 기억했죠.
도배만	(충격) 그러니까… 그 재판 피해자 동기가 신 하사였다고? 차 검도 그 재판을… (봤다고…)
차우인	(도배만 보며 끄덕) 네.

| 도배만 | (눈빛 흔들리는) |
| 차우인 | 이 대령에게 지속적인 폭언과 폭행을 당했던 오 하사는 상관이 면죄부를 얻은 걸 보고… 결국 군대를 완전히 떠났죠. |

29. 홍무섭의 공관 앞 (낮)

신 하사, 핸드폰 반납하고 도청 장치 검색대 통과하고 공관으로 들어간다.

30. 홍무섭의 공관 (낮)

소파에 앉아 신 하사를 기다리던 홍경옥. 신 하사가 들어서자 바로 버럭하는데-

홍경옥	야!!! 너 왜 이제 겨들어 와? 오늘 준이 휴가 나오는 거 알고 일부러 늦은 거지?
신 하사	(고개 숙이며) 석류 찾다가 늦었습니다, 여사님.
홍경옥	그래. 너 얼마나 대단한 석류를 사 왔는지 좀 내봐 봐.
신 하사	(장바구니 뒤적이는데… 석류가 없다. 아지트에 떨어진 것) !!
홍경옥	석류 어딨어? 어딨냐고!! (분노 확) 니가 감히 거짓말을 해?

신 하사의 뺨을 올려붙이는 홍경옥. 벌겋게 부어오른 뺨을 만지는 신 하사의 얼굴 위로-

| 차우인 (E) | 하지만 신 하사는 생계 때문에 군대를 떠날 수 없었고. 군단장 공관으로 발령이 나면서 결국 자기 동기와 같은 처지에 놓이게 된 겁니다. |

| 홍경옥 | 너 석류 사 온다는 핑계로 밖에서 놀다 왔지? |
| 신 하사 | (고개 숙이며) 다시 가서 사 오겠습니다. 죄송합니다. |

홍경옥	(버럭) 준이랑 친구들 금방 도착한다고! 당장 식사 준비해야 할 거 아냐!
신 하사	(연신 굽히며) 죄송합니다. 바로 실시하겠습니다.

부리나케 이동하는 신 하사, 그 모습 불만 가득한 얼굴로 노려 보는 홍경옥에서-

31. 홍무섭의 공관 - 정원 (낮)

공관의 정원에 큰 테이블이 놓여 있고 홍경옥의 아들 이준(20대 초반)- 군복 차림의 일병이다. 친구들 (남녀 섞인) 대여섯 명이 이 준의 휴가를 맞아 왁자지껄하게 모여 있다.
테이블 위엔 맥주, 소주, 와인, 막걸리 등- 대낮부터 종류별로 술이 가득하다. 소맥을 섞어서 쫙 돌리는 이준, 친구들은 사복 차림. '휴가 축하해.' 하며 원샷!

친구 1	(마시며) 전방에서 빼이치느라 고생한다! 이준~
친구 2	(낄낄) 넌 외삼촌이 군단장인데 왜 군대 가서 그 고생이냐…
친구 3	(술만 있는 테이블 보며) 아우, 배고파. 왜 안주가 안 나와? (핸드폰에서 검색) 서울 맛집 레스토랑이랑 똑같이 닭 요리랑 수제 케이크 만들어 준다며?
이준	(공관 쪽으로 시선 주며 짜증 팍) 신 하사… 이 자식 뭐 하는 거야…

32. 홍무섭의 공관 - 부엌 (낮)

오븐 닭 요리, 갈비찜, 수제 케이크 등을 만들기 위해 재료를 다 듬고 씻느라 엉망인 주방이 보이는데- 신 하사가 부엌에서 생 닭을 씻었고 칼로 자르고 있다. 생각보다 잘 안 되는데- 태블릿 PC로 레시피를 틀어 놓고 따라하고 있다. 그 와중에 오븐은 예 열되고 있다고 삑삑 소리나고- 케이크를 만들기 위해 머랭 반죽을 동시에 휘젓고- 혼자 모두 하느라 정신 없는 신 하사.

그때, 신 하사의 손목에서 울리는 스마트워치. 당황하는 신 하사, 급한 마음에 손질된 닭을 뜨거운 오븐에 넣다가 손을 덴다! 아악! 비명이 절로 나오고- 벌겋게 부어오른 손을 찬물을 틀어 식히는데- 계속 울리는 스마트워치 진동. 안절부절못하는 신 하사, 그때 부엌으로 들어오는 이준.

이준   (짜증 팍) 지금 뭐 하는 거야? 왜 빨리빨리 안 나오냐고요?

신 하사   (아픔 참으며 손 식히는데) …잠깐만 이것 좀 식히구 가져가겠습니다.

이준   (오븐 들여다보는) 뭐야? 지금 넣은 거야? (케이크 반죽 보더니) 하… 어이없네. 이건 아직 반죽도 안 했어. (윽박지르는) 휴가 나왔다고 온 내 친구들 다 굶겨서 보낼 거냐고요? 울 외삼촌 집에서 편하게 군 생활 하니까 내가 우스워요?

미친 듯이 울려 대는 스마트워치 진동.

이준   아우, 시끄러. 빨리 안 올라가 보고 뭐 해요? 울 엄마 성미 급한 거 몰라요?

신 하사, 아픔과 수모 참는 얼굴인데- 홍경옥, 그새 부엌으로 들어선다.

홍경옥   너 왜 부르는데 안 튀어 와. (부엌 꼴 보고) 하! 얘가 진짜 정신이 있어, 없어?

신 하사   (당황) 네네… 지금 만들고 있습니다, 여사님.

홍경옥   (버럭) 아니… 너 대체 요새 왜 그래? 빠져 가지고!

이준   맞아. 신 하사 안 본 사이에 많이 빠진 것 같아. 급한 게 없어, 급한 게.

홍경목   휴가 나왔으니까 준이 니가 신 하사 군기 좀 잡아야겠다.

이준   우왕~ 그럴까?

신 하사, 굴욕 억지로 참는데-

이준   대가리 박아~!!

신 하사   !!

홍경목   (하하하) 아이구, 그러니까 너 꼭 병장 같다! (신 하사 보며) 뭐 해?

이준   (명령) 실시!

신 하사   (바닥에 머리를 박으려 하는)

이준   (신 하사 말리며) 장난이야, 장난. 박으란다고 진짜 박아?

33. 다방 아지트 (밤)

불 꺼진 아지트에 혼자 앉아 있는 도배만의 모습. 신 하사 일을 떠올리고 있다.

플래시백_____

20신. 다방 아지트.

차우인   계급에 따라 재판하지 않은 적도… 있었습니까?

27신. 법원 주차장. 절규하는 신 하사.

신 하사   당신들이 바로잡아 줄 줄 알았어. 우리한텐 당신들이 유일한 희
망이었다고. 근데… 군검사마저 이러면… 우린 누굴 믿어야 돼?

다시 다방 아지트. 어두운 표정의 도배만 눈에 바닥에 떨어져

있는 석류가 보인다.

34. 홍무섭의 공관 - 공관하사 방 [밤]

공관에 딸린 작은 골방. 둘둘 말린 이불과 좌식 테이블, 벽에 걸린 옷가지들. 이불 옆 작은 협탁 위에 20대 초반의 앳된 아내, (병원복 입은) 아이(아들, 3세가량)와 찍은 사진 액자 보인다.

작은 스탠드 불만 켜 놓고 상 위에서 '9급 공무원' 참고서를 공부 중인 신 하사. 데인 손에 물집이 올라와 있다. 건드려 보는데 악! 소리가 날 정도로 아프다. 아내와 아들 사진 보면서, 설움과 아픔이 겹쳐서 눈물 흘리는 신 하사의 모습에서-

35. 홍무섭의 공관 앞 [낮]

공관에서 조금 떨어진 곳에 주차되어 있는 차량. 도배만이 운전석에 앉아 있다. 공관 쪽을 계속 보고 있는데- 그때, 공관에서 신 하사가 장바구니를 들고 나온다.

몇 걸음 걸어가다 핸드폰 꺼낸다. 그러다 보니 도배만 차 앞에서 통화하게 된다. 바탕화면에 아들 사진 보이고- 수신자 목록에 가득한 '혜영이'라고 저장된 이름.

신 하사   (애절한) …혜영아… 응… 나야. 전화 많이 했네. (잠시) 병원이야? (잠시 듣는) …응… (어두운 얼굴) 그래. 검사할 때 많이 울었다고? 지금 마트 가고 있어… 핸드폰 반납 전에 다시 전화할게.

통화 내용, 차 안에서 듣게 되는 도배만. 신 하사, 전화를 끊고 걸어가는데 도배만, 차에서 나와 신 하사에게 다가간다. 신 하사, 도배만 보고도 못 본 척 지나쳐 가려는데-

도배만   역시… 핸드폰을 밖에 나올 때만 할 수 있는 게 맞구나.

신 하사	(못 들은 척 지나가는데)
도배만	잠깐만! 신 하사! (잡으며) 나 기억났어. 니가 누군지.
신 하사	(피식) 그동안 스타 군검사가 되셨더군요. 황제복무, 의료사고, 지뢰 영웅… 이젠 정의의 가면까지 쓰시고… 혼자 많이 웃었습니다.
도배만	1년 전 재판, 입이 열 개라도 할 말이 없다.
신 하사	지금 나한테 이러는 거. 1년 전 내 동기한테 한 것처럼 군단장님 면죄부 주려고 이중 플레이 하는 거죠? 난 안 속습니다.
도배만	(놀라서) 아니야. 절대 아니야.
신 하사	(냉소) 당신은 군검사도 아니고 인간도 아니야.

신 하사, 도배만을 완전 개무시하며 가 버리는데. 도배만, 어떻게 해야 할지 모르겠다. 그저 제자리에 서 있다. 머리끝까지 열받은 신 하사, 가다가 돌아보고 도배만에게 다시 다가온다.

신 하사	(분노) 내 동기, 당신이 진실을 밝혀 줄 거라고 철석같이 믿었어. 하지만 당신에게 철저하게 배신당했지.
도배만	(마음 아픈) 그래… 군대를 완전히 떠났다고 들었어.
신 하사	죽었어, 내 동기. 불쌍한 자식…
도배만	(머리를 망치로 맞은 듯한 충격) !!!
신 하사	(소리치는) 당신이 죽인 거야!
도배만	(멍한) …
신 하사	(분노 올라오는) 군대가 왜 안 변하는 줄 알아? 당신 같은 썩어 빠진 군검사 때문이야! (울분 터지는)
도배만	(눈빛 흔들리는) …미안… 하다… 정말…
신 하사	(눈시울 붉어지며) 갑질 같은 거 차라리 참고 말지. 당신 같은 쓰레기한테 나도 속을 거 같애?
도배만	신 하사…

신 하사	(분노로) 당신이 한 번이라도 피해자가 돼 봤으면 좋겠어.
도배만	(심장이 아프다) …
신 하사	두 번 다신 내 앞에 나타나지 마.

가 버리는 신 하사. 홀로 남은 도배만, 신 하사의 뒷모습을 바라
보는 데서-

36. 홍무섭의 공관 - 욕실 [낮]

신 하사, 욕조에 담긴 이불을 발로 밟으면서 이불 빨래를 하고
있다. 또다시 울리는 스마트워치. 신 하사, 급한 마음에 욕조에
서 나오면서 발을 닦으려고 하는데- 욕실 벌컥 열리면서 홍경
옥, 커다란 바구니에 담긴 빨랫감을 신 하사에게 던진다.

홍경옥	(표독) 너… 귓구멍이 막혔어? 워치 진동 울리면 10초 안에 오라
	고 했잖아.
신 하사	(발 닦다가) 지금 가려고 했습니다… 죄송합니다.

신 하사, 얼른 재빠르게 바닥에 떨어진 빨래들 주워 담는데-

홍경옥	(버럭) 손으로 박박 문질러서 깨끗이 빨고 최소한 열 번 이상 헹
	궈! 알았어?
신 하사	네.
홍경옥	(따로 가져온 실크 브라와 팬티 두세 장 주면서) 이건 조물조물 세면
	대에서 빨고!
신 하사	(민망해서 못 받는데) …네? …이걸… 요?
홍경옥	그럼 나더러 빨라는 얘기야?
신 하사	(겨우 받는) …아… 아닙니다.

얼굴 가득- 굴욕감을 참아 내는 신 하사인데.

37. (시간 경과) 홍무섭의 공관 - 부엌 (낮)

홍경옥과 이준의 식사가 끝나고- 식탁을 치우고 있는 신 하사.
남은 음식들을 접시에 따로 담는다. 부엌으로 들어오는 홍경옥
이 그걸 본다.

홍경옥   (쏘아보는) 설마 너··· 그거 버리려는 건 아니지? 그거 다 군단장
        님 월급으로 산 거잖아! 나라에서 월급 받는 군인이면 음식 귀
        한 줄 알아야지. 니가 다 먹어 치워!! 얼른!!

홍경옥, 부엌에서 나가자 신 하사, 굴욕에 주먹을 쥔다. 잠시 후,
다시 부엌으로 들어오는 홍경옥, 물에 젖은 실크 속옷을 냅다
신 하사 얼굴에 던진다. 형태가 다 망가진 속옷.

홍경옥   (신경질 작렬하는) 야!! 너 이게 뭐야?
신 하사   (영문 모르는) ···네?
홍경옥   이게 걸레야? 걸레냐고? 힘 줘서 빨면 어떡해? 다 망가졌잖아!
        이 새꺄!
신 하사   (고개 숙이는) 죄··· 죄송합니다.
홍경옥   (젖은 속옷으로 찰싹찰싹) 너, 이게 얼마짜린데! 내가 아끼고 아껴
        서 입는 건데 이걸 이렇게 걸레 조각을 만들어 놔?

신 하사, 굴욕감 가득한 얼굴로 계속 맞는 데서-

38. 법무실 (낮)

차우인, 자기 방에 들어가 가방을 내려놓으면- 맞은편 도배만
자리가 비어 있다.

차우인	(시계 보면 11시) 도 검사님 아직 출근 안 하셨어요?
윤상기	(한숨) 무단결근 같아요.
안유라	(걱정스런) 무슨 일 있으신 거 아닙니까? 도 검사님 결근하시는 거 지금까지 한 번도 못 봤는데…
윤상기	나도 걱정이다. 대체 뭔 일인지.
안유라	차 검사님도 모르세요?

차우인, 도배만에게 전화를 걸어 보는데 꺼져 있다.

39. 술집 (밤)

꺼져 있는 핸드폰. 5화에 나왔던 그 술집이다. 혼자서 술잔을 기울이고 있는 도배만. 그 어느 때보다도 절망과 어둠이 깃들어 있다. 한 잔 더 따르려고 하는데- 누군가의 손이 대신 따라 준다. 차우인이다. 올려다보는 도배만.

차우인	무단결근에… 전화기도 꺼 놓고… (맞은편 앉는) 고작 여깁니까?
도배만	(술잔 원샷 하면서 낮은 목소리로) 여긴 어떻게 알고 왔어?

차우인, 잔 내밀자- 도배만, 따라 주지 않는다. 차우인, 도배만 보다가- 혼자 자작하려 하면 도배만이 술병 잡아서 내려놓는다.

도배만	가. 혼자 있고 싶어. 아무에게도 내 모습을 보여 주기 싫어.
차우인	(보는)

도배만, 자기 잔에 따르려다가- 괴로움에 아예 병째 들고 마시는데.

도배만	(슬픔과 취기 올라오는) 혹시나 해서 더 조사해 봤어. 그때 나한테

면죄부 받은 이 대령, 그러고도 계속 같은 피해자를 만들어 냈어. 신 하사 동기는 죽었고…

차우인   (죽었단 말에 놀라는)

도배만   난 군검사로서… 틀린 일만 골라서 하던 쓰레기였어… 돈을 위해서… (차우인 보는) 널 만나기 전까지…

도배만, 취기가 완전히 올라온 얼굴이지만 형형한 눈으로 차우인 보는데-

도배만   (차우인 보면서) …너…

차우인   (보는)

도배만   (눈시울 붉어지는) 1년 전부터 날 보고 있었으면… 좀 빨리 말해 주지 그랬어? 하나라도 죄를 덜 짓게… 그때라도… 말해 주지… 그랬냐고…

도배만, 괴로움 더해져서 술잔 입에 가져가려는데- 차우인이 그 술잔 뺏어서 한 잔 마신다.

차우인   …그러고 싶었습니다.

도배만   (고개 들어 보는)

차우인   …멀리서 지켜만 보는 게 힘들었습니다. 하지만 먼저 군검사가 되어야 했으니까… 기다렸습니다.

도배만   (차우인과 시선이 얽힌다) !!

차우인   노화영의 정체를 알게 된 날도 여기에 왔었죠.

플래시백

5화 28신. 술집에서 나온 피투성이 도배만이 거리에서 소리 내지 못하고 울고 있다. 그 모습, 차 안에서 지켜보고 있는 차우인.

차우인	그날… 도배만 검사님 인생의 큰 결심을 한 것처럼 오늘도… 커다란 마음의 결심을 하세요.
도배만	(고개 드는)
차우인	도 검사님 부모님… 아마 불의에 맞서다 사고를 당하셨을 겁니다.
도배만	(차우인 보는)
차우인	신 하사가 홍무섭에게 당하고 있는 일들 밝혀내요. 그리고… 진심으로 용서를 빌어요.
도배만	(되뇌는) 용서를 빌라고…
차우인	(도배만의 마음을 어루만지듯 진심 다해서) 네. 그리고 과거에 썩은 군검사로 했던 악행들, 그 짐들은 평생 짊어지고 가셔야 할 겁니다. 과거는 미래를 바꿀 수 있는 답이 되어 주는 거니까요.

40. 도배만의 관사 [밤]

문 열리면서- 술에 잔뜩 취한 도배만을 낑낑대고 부축하는 차우인이 들어선다. 축 늘어진 도배만을 옮기며 진땀을 흘리는 차우인. 들어오자마자 침대에 쓰러지다시피 눕는 도배만. 술에 취해 신음을 내는데- 차우인, 그 바람에 바닥에 떨어지는 IM 목걸이를 알아채지 못한다.

도배만, 술과 아픈 마음으로 정신이 몽롱하다. 그 모습 보고 서 있는 차우인. 도배만의 시선으로 자신을 보고 있는 차우인이 보이는데- (3화 72신) 사고 난 도배만 앞에 나타난 빨간 머리 차우인과 오버랩되고…

도배만, 눈을 감고 생각에 잠긴다. 마치 자는 것처럼 보이는데- 차우인, 잠시 바라보다가- 이불을 덮어 준다. 차우인. 나가려고 하는데- 도배만, 차우인의 손목을 확- 잡는다. 들려오는 도배만의 목소리. 술 취한 목소리지만 진심이 가득 담겨 있다.

도배만 (E)   …넌?

차우인, 천천히 돌아보면-

도배만   …넌… 날 용서할 수 있어?

도배만, 후회와 애절함을 담은 눈으로 차우인을 보고 있다.

도배만   말해 줘. 차우인, 너부터.
차우인   (보는) …

차우인, 자신의 손목을 잡은 도배만 손을 가만히 내려놓으며-

차우인   (깊은 눈으로) 도 검사님은 해낼 수 있을 겁니다. 제가 선택한 사
         람이니.

그 말에- 도배만, 차우인을 바라보고 차우인도 도배만을 바라본
다. 차우인, 나가려다-

차우인   내일은 정시 출근하십쇼.

41. (시간 경과) 도배만의 관사 (아침)

도배만, 천천히 눈을 뜬다. 술이 깨자 머리가 아프다. 침대에서
일어서는데. 바닥에 떨어진 차우인의 IM 목걸이가 보인다. 주워
들고 보는 도배만의 모습에서-

42. 고급 한식집 외경 (낮)

43. 고급 한식집 룸 (낮)

이재식이 상석에 앉고 오른쪽에 노화영이, 왼쪽에 홍무섭과 허
강인이 붙어 앉아 있다. 대낮부터 거나하게 술자리를 벌이는 애
국회.

홍무섭 (목례하면서 잔 따르는) 장관님, 이번 인선 감사드립니다.

이재식 (받으며) 지금 앉아 있는 김 총장이 툭하면 내 심기를 건드려서
좀 일찍 밀어붙였다.

홍무섭 (깊이 숙이며) 충성을 다하겠습니다.

이재식 아직 국무회의 심의가 남았으니까 행여 흠 잡힐 일은 없게 각별
히 조심하고.

허강인 (아부 작렬) 그럼요. 그럼요. 홍 군단장님이 누굽니까? 저희끼리
는 녹색 피가 흐를 거라는 얘기를 할 정도로 이 나라의 참군인
이신데~ 국무회의 정도야 프리패스죠! (하하하)

이재식 (미소) 그래. 어련하겠나. 다른 사람도 아닌 홍무섭인데.

허강인 (일부러) 사단장은 한마디 안 합니까? 아까부터 기색이 별로 좋
지 않으신데… (허허허)

노화영 (형식적) 축하드립니다, 군단장님.

모두가 잔 들고 건배하는데- 이재식, 노화영 옆 빈자리에 시선
이 간다.

이재식 기춘이 자리가 휑하다. 사람 난 자리는 뭘로도 안 채워져. 내 팔
한쪽이 잘려 나간 기분이니… 넌 오죽하겠냐.

노화영 (목례) 그렇습니다, 장관님.

그때, 방문이 열리고 들어오는 용문구. 이재식에게 허리를 살짝
숙이더니 원기춘 자리에 가서 앉는다.

허강인   (눈치 없이) 아이구, 기춘이 자리 바로 채워졌네요, 장관님.

홍무섭이 살짝 눈치 주면, 허강인이 바로 표정 바로잡는다. 용문구, 핸드폰 꺼내 설악에게 문자를 넣는데-

44. 고급 한식집 주차장 [낮]

띠릭- 설악 핸드폰에 문자가 들어온다. 〈계급에 맞게 상자 개수 정확히 맞춰. 실수 금물〉 지리가 별 박힌 번호판이 달린 차 트렁크를 연다.

설악   별 개수만큼 정확히 넣고! 실수하면 바로 죽음이여, 죽음.

지리   (이재식 차량 보고) 이 차는 별이 없는데요?

설악   이재식 장관은 별 다섯 개로 쳐!

지리   (우와~) 다… 다섯…

지리, 돈다발이 담긴 와인 박스를 숫자에 맞게 부지런히 집어넣는다. (보안이 필요한 일이라 설악과 지리 단둘만 동원된 것)

지리   (상자 나르면서) 이거 한 상자에 얼마나 들었을까요?

설악   (피식) 왜 궁금혀? 하기사 나도 궁금하다.

지리   (무게 가늠해 보며) 못해도… 한 상자에 억은 들었겠죠?

설악   이거 다 싹 가지고 쥐도 새도 모르게 사라져 부러? (잠시) 에이… 내 스케일이 있지. 나쁜 짓도 정도를 걸어야 탈이 안 나는 거여. (하면서도 입맛 다시는)

지리   저 높은 군바리 양반들… 대체 이걸로 뭘 하시는 걸까요? 나라 지키는 데 쓰시나?

설악   (버럭) 나라는 내가 내는 세금으로 지키는 거고!! 설악천지 법인세가 얼만데!! (허세 가득한 표정으로 지리 보면서) 어디다 쓰는지 알고 싶냐?

인서트_____

조금 전 상황. 설악의 SUV 트렁크에 쌓여 있는 와인 박스들. 용문구가 와인 박스를 확인하며 설악과 지리를 본다.

용문구   (피식) 저 노회한 군바리들은 이 돈을 권력을 보존하는 데 쓰지…

45. 고급 한식집 룸 [낮]

애국회 사람들 서로 웃고 떠들고 마신다. 용문구, 그들의 가식적이고 위선적인 얼굴을 간간이 비웃는 눈빛으로 보면서-

용문구 (E)   권력은 마약이거든. 돈보다도 훨씬 강력한 마약. 돈과 세상의 관심이야말로 타락한 군인들이 가장 목말라하는 거니까.

자기에게 술잔이 들어오자 적당히 웃어 주며 장단 맞춰 주는 용문구의 모습.

이재식   (취한) 다 모인 김에… 기춘이가 진행하려던 방산 프로젝트. 그걸 원점에서 다시 시작해야 할 것 같다. 그래서 고민인데…

그 말에 매의 눈으로 이재식을 보는 용문구의 모습에서-

46. 고급 한식집 앞 [낮]

이재식을 필두로 애국회 일원들과 용문구가 걸어 나온다.

허강인   (과하게 허리 굽히며) 장관님, 살펴 가십쇼.
홍무섭   안녕히 가십시오, 장관님.

노화영	(고개 숙이는) 또 뵙겠습니다.
이재식	(두루두루 보며) 그래. (용문구 보며) 또 봐, 용 대표.

이재식이 차에 오르자, 기라성 같은 장군들이 일제히 경례를 한
다. 차가 시야에서 벗어날 때까지 손을 내리지 않는 홍무섭, 노
화영, 허강인.
용문구는 목례로 대신하면서 표정 당당하게 서 있다. 홍무섭이
먼저 내리고서야 순차적으로 노화영과 허강인이 손을 내린다.

홍무섭	사단장, 나랑 차 한잔 더 어떻습니까?
노화영	지금 말입니까? (속으론 무슨 일이지 하면서) 그러시죠.
용문구	두 분만 가시는 거죠? (여유) 다음에 뵙겠습니다.
홍무섭	그러지. (허강인 보며) 부군단장도 조심히 들어가고.
허강인	네, 군단장님.

홍무섭과 노화영, 한 차에 가고- 용문구도 가고- 모두가 떠나고
외톨이처럼 혼자 남은 허강인. 한편, 거리 두고 주차된 차에 차
우인이 타고 있다. 혼자 남은 허강인을 보는 차우인인데.

47. 노화영의 사단장실 [낮]

노화영과 홍무섭이 앉아 있다. 양 부관이 차를 들고 들어온다.
홍무섭 앞에 차를 내놓으면서 의미 있는 눈으로 홍무섭을 보는
양 부관.

홍무섭	(온화한 미소) 고마워, 양 부관. 언제 봐도 묵묵하니… 맡은 일에 충실하고 좋아. 아주.

노화영 앞에도 차를 놓고- 조용히 목례하고 사단장실을 나가는

양 부관. 둘만 남게 되자 본론을 꺼내는 홍무섭.

홍무섭   기춘이가 모두 끌어안고 가 준 덕분에 너나 나나 불똥이 튀지
        않았지? 군인 같지 않던 놈인데… 마지막에 큰일 하고 갔다. 좋
        은 데 가기나 빌어 줘야지.

노화영   듣기에 썩 좋은 말이 아닙니다.

홍무섭   (엷은 미소로) 그러냐? (보다가) 혹시 니가 처리해서 그런 건 아
        니고?

노화영   (거슬린다는 눈빛으로 받는)

홍무섭   (노화영 보며) 그 자식이 참회를 하며 스스로 목구멍에 당겼다…?

노화영   (여유) 그 총구를 제가 당겼다는 말씀이라도 하고 싶으신 겁니까?

홍무섭   불가능한 것도 아니지 노화영한텐… 게다가 이번이 처음도 아
        니고.

노화영   (표정 차갑게 굳는) !!

홍무섭   20년 전. 난 그저 이재식 장관님 지시대로 사건을 덮었을 뿐인
        데… 바로 이어서… 내 밑에 있던 수사관 부부가 죽었었잖아.

홍무섭, 의미심장한 눈으로 노화영을 보면- 그대로 태연하게 앉
아 있다.

홍무섭   니 손으로 수사관 부부를 죽이고 그 아들을 구했던 거. 너도 기
        억하지? (피식) 원래 포장 하난 노화영이가 기가 막히니까.

표정 변화 없이 차를 한 모금 들이키는 노화영. 천천히 테이블
위에 차를 내려놓는다.

노화영   (비소) 그 포장… 손수 리본 묶어서 마무리한 건 (홍무섭 강하게
        보며) 군단장님 아니셨습니까?

118

홍무섭	(황당) …뭐?
노화영	군단장님은 존경받는 상관이죠. 참모총장에 오르시면 더 그럴 겁니다. 그러니 하시던 대로 쭉 가세요. 본색 드러내지 말고.
홍무섭	(비꼬는) 내가 너한테 하나 배운 게 있어. 부하들에겐 존경의 대상이 되는 것보다 두려움의 대상이 되는 게 낫다는 거. 너처럼.
노화영	(엷은 미소 머금으며 차 음미)
홍무섭	넌 모두가 널 두려워하도록 만들었어. 그래서 난 니가 싫은 거야.

홍무섭, 일어선다. 표정, 다른 사람처럼 변하는데-

홍무섭	(노화영 내려다보면서) 내가 참모총장이 되면 너도 선택을 해야 할 거다. 내 아군이 될 건지, 적군이 될 건지. (비소) 물론 네 선택이 다는 아니지. 널 받아들이는 것도 나고, 널 내치는 것도 나니까.

홍무섭, 나가고- 노화영, 그 모습 보는 데서-

48. [시간 경과] 노화영의 사단장실 [밤]

어두운 사단장실에서 노화영이 생각에 잠겨 있다.

홍무섭 [E]	니 손으로 수사관 부부를 죽이고 그 아들을 구했던 거.

플래시백_____

- 4화 63신. 도배만 부모 코밑에 검지를 갖다 대고 숨이 끊어진 걸 확인하는 노화영.
- 4화 57신. 도배만의 목울대 잡는 노화영. 검지를 인식하는 도배만의 모습.
- 6화 5신. 군검사로 돌아온 도배만이 복귀 신고를 한다.

| 노화영 | 다시 돌아온 진짜 이유가 뭐야? |
| 도배만 | 제가 있어야 할 곳은… 오직 여기 군대라는 걸 깨달았습니다. |

다시 사단장실. 노화영, 뭔가를 깨달은 얼굴이다. 그때- 양 부관이 서류를 들고 들어온다.

| 양 부관 | 지시하신 도배만 신상 기록 가져왔습니다. |
| 노화영 | (잠시) 필요 없어. 이제 도배만이 누군지 확실히 알게 됐으니까. |

노화영, 예의 그 섬뜩한 입꼬리가 올라가는데-

49. GOP 경계초소 (밤)

어둠이 내려앉은 해안가 경계초소. 노태남과 안 병장이 경계 근무를 서고 있다. 방탄모 쓴 노태남이 소총을 들고 전방을 보고 있다. 안 병장, 노태남의 자세를 고쳐 준다.

안 병장	(노태남의 몸을 반대로 틀며) 경계는… 전방이 아니라 후방.
노태남	네?
안 병장	소초장 순찰 도는 거 감시하라고. 난 밀조* 오기 전까지 눈 좀 붙여야겠다. 여기선 자다 걸리면 바로 영창이야. 최전방이잖아.
노태남	아, 네. 그러세요.
안 병장	(친절) 그 말투 바꾸는 게 좋아. 여기 애들이 벼르고 있더라.
노태남	(그러거나 말거나) 예.

안 병장, 방탄모를 벗어 바닥에 놓고 방석처럼 깔고 앉는다. 그

---

* '밀어내기조'의 준말. 야간 경계 근무(전반야, 후반야) 때 복수의 초소들을 약 1시간 단위로 서로 밀어내면서 로테이션 한다.

러다 탄약 박스 쪽으로 시선이 간다. 탄약 박스를 열자 보이는 수류탄! 수류탄 한 발 꺼내더니 노태남에게 건네준다. 수류탄을 만지자 숨이 확 막혀 오고- 손이 떨려 오는 노태남.

안 병장   수류탄 처음 만져 봐? 신교대에서 투척 훈련 안 했어?
노태남   (덜덜) …던지기 싫다고 하니까 열외됐습니다.
안 병장   (피식) 그럼 처음 만져 본 거야? 하긴 첨엔 다 그래. 너처럼.
노태남   아뇨… (공포심 더 느끼면서) 나보다 더 수류탄을 확실히 만져 본 사람은 없을 겁니다.

플래시백_____

3화 11신 상황이다. 고딩 노태남 손에 수류탄 쥐여 주는 노화영.

노태남, 그때의 기억이 살아나자 고개 흔들면서 정신을 집중하려 애쓰는데-

50. GOP 생활관 (밤)

병사들, 각자 침낭을 깔고 있는 모습들. 노태남도 침낭을 펼쳐 든다.

편 일병   (크게) 취침수 뿌리겠습니다.

생활관 바닥에 주전자로 물을 쭉 뿌리는 편 일병. 끝나면-

편 일병   취침 소등하겠습니다.

취침등 들어오며- 노태남, 침낭에 들어간다. 바로 옆은 편 일병 자리. 헌데, 편 일병은 펼친 침낭을 그대로 둔 채 다른 침상으로 건너간다.

노태남   (뭐지?) ??

보면- 편 일병, 마 병장이 들어가 있는 침낭 속으로 쏙 들어간
다. 눈동자 확 커지면서- 황당한 눈으로 그 모습 보는 노태남.
마 병장, 노태남과 눈이 마주친다. 화들짝 놀라 고개를 돌리는
노태남.
마 병장, 편 일병을 안더니 침낭 지퍼를 쭉 올린다. 마침 지나가
던 소초장, 그 광경을 보고서도 아무렇지 않게 그냥 생활관을
나가고- 생활관의 어느 누구도 이상하게 느끼지 않는 모습에
경악하는 노태남.

노태남 (E)   여기… 왜 이래?… 나만… 나만 이상한 거야?

생활관 불이 꺼지면서, 아무 일 없듯이 모두 잠든다. 노태남, 미
쳐 버릴 듯 공포에 떠는데-

노태남 (E)   군대가 감옥이라구? …아니야… 여긴 생지옥이야.

51. IM 디펜스 주차장 (밤)

차에서 내리는 용문구. 그때- 핸드폰이 울린다.

비서 (F)   대표님, 지금 집무실에 손님이 와 계십니다.
용문구   이 시간에? (잠시) 누군데?

비서의 대답을 듣는 용문구. 표정이 점점 묘하게 변해 가는데-

52. 용문구의 IM 집무실 (밤)

집무실에 들어서는 용문구. 자신의 체어에 앉아 있는 누군가의 뒷모습이 보인다. 용문구, 여유 잃지 않고 소파에 다리 꼬고 앉는다.

용문구   이렇게 스스로 정체를 드러낼 줄은 몰랐는데… 놀랍네요. 아버지의 회사가 사라진다고 하니까… 나타난 겁니까?

차우인 (E)   (돌아선 채로) 어차피 끝까지 숨길 생각은 없었어. 내가 정한 타이밍에 나타나 주려고 했거든.

체어가 천천히 돌아가면- 군복 차림의 차우인이 앉아 있는데!

53. 법무실 (밤)

앞 장면의 차우인이 서서히 도배만으로 바뀌고- 혼자 법무실에서 홍무섭 관련 자료를 보고 있던 도배만. 그러다 고개를 든다.

플래시백_____

39신. 차우인이 도배만에게 말한다.

차우인   신 하사가 홍무섭에게 당하고 있는 일들 밝혀내요. 그리고… 진심으로 용서를 빌어요.

그때- 법무실 밖으로 누군가의 군홧발 소리가 들린다. 잠시 후- 노화영이 법무실에 들어서는데! 도배만, 뭔가 심상치 않음을 예감한 듯 - 노화영 앞에 경례도 하지 않고 선다.

노화영   (비소) 가장 군인 같지 않은 니가 군인의 자식이었다니… 도배만, 니가 그 아이였구나. 내가 살려 냈던 그 아이.

도배만	(멈칫) !!

노화영, 도배만을 보면서- 입꼬리를 당겨 웃는다.

<u>플래시백</u>

4화 63신. 어린 도배만의 눈동자에 악마 같은 미소를 짓는 노화영이 담긴다. 20년 전, 노화영의 미소가 현재의 노화영과 겹쳐지면.

도배만	!!!

54. (교차) GOP 생활관 + 용문구의 IM 집무실 + 법무실 (밤)

- 어두운 생활관. 마 병장의 꿈틀거리는 침낭을 보는 노태남의 두려운 눈빛.
- IM 집무실에서 대치 중인 차우인과 용문구.
- 법무실에서 대치 중인 도배만과 노화영.
- 다섯 사람을 분할로 나눈 화면에서 엔드.

11화

1. [과거] 부대 주차장 [밤]

자막 - 20년 전

어둑한 주차장, 육공트럭이 다가와 멈춘다. (20년 전 사고 직후) 노화영이 운전석에서 내리는데- 핸드폰이 울린다. '이재식 군수 참모'라고 찍힌 액정. 연결하면- 스피커 밖으로 터져 나오는 이 재식의 분노에 찬 목소리.

이재식 (F)	(흥분) 감히 내 명령을 거역해!
노화영	(태연) 거역하지 않았습니다. 주신 명령 완벽히 수행했습니다!
이재식 (F)	(더 흥분) 그 수사관 부부, 알아듣게 만들 방법을 찾으라고 했지, 내가 언제 죽이라고 했어?
노화영	문제가 될 만한 건 밑동까지 잘라 버리는 게 제가 찾은 방법입니다. 그래야 뒤탈이 없습니다.
이재식 (F)	(말문 막히는) …너 정말…
노화영	대령님은 이제 저와 함께 가셔야 합니다. 제가 군대에 있는 한… 끝까지.

서늘한 얼굴의 노화영. 그 위로-

노화영 (E) 이재식, 언젠간 이 일로 날 밑동까지 잘라 내겠지. 하지만 난 절대 당하지 않아. 난 괴물이 되어 남자들을 밟고 가장 높은 곳으로 올라갈 거야.

노화영의 군복 칼라에 박힌 소령 계급장이 서서히 두 개의 별로 바뀌면서-

2. (현재) **법무실** (밤)

자막 - 현재

별 두 개의 계급장을 단 노화영. 그 앞에 도배만이 서 있다. 10화 53신 상황이다.

노화영 (비소) 가장 군인 같지 않은 니가 군인의 자식이었다니… 도배만, 니가 그 아이였구나. 내가 살려 냈던 그 아이.

도배만 (멈칫) !!

노화영, 도배만을 보면서- 사고 당시의 악마의 미소를 짓는다.

플래시백_____

4화 63신. 어린 도배만의 눈동자에 악마 같은 미소를 짓는 노화영이 담긴다.

도배만, 그 미소를 보고 가슴부터 분노가 끓어오르는데-

도배만 노! 화! 영!

노화영 (감정 억누르면서 겨우) 너…

도배만 당신은 내 부모님을 죽였어.

노화영 (가식적) 그건… 사고였어. 비극적이고 가슴 아프지만… 우연히 일어난 교통사고일 뿐이야. 난 니 부모를 죽일 아무런 이유가 없어.

도배만 (노려보는) 증거가 있지.

노화영 (당황하지만 숨기고) 증거가… 있다고?

도배만 증거는 바로 노화영 당신이야!

도배만, 무서운 얼굴로 노화영의 손목을 잡아챈다. 잘린 검지를

똑똑히 보여 주는데-

도배만　이 손으로 부모님의 생사를 확인하던 모습. 이젠 똑똑히 기억나. (노화영의 멱살을 잡더니) 지금 이 순간만을 기다렸어.

노화영, 도배만 밀쳐 내고 즉시 품에서 권총을 꺼내 든다. 도배만의 얼굴에 겨누는데-

노화영　하극상은 즉결 처분이야.

그대로 도배만을 향해 방아쇠를 당긴다. '타앙'- 소리 슬로우로 걸리면서- 잦아드는 화면. 이제부터 리얼 상황이다.

도배만　(표정 부드럽게 돌변하며) 사단장님, 그 사실을 이제 아신 거군요.
노화영　그럼⋯ 넌 알고 있었다? (의심쩍은) 왜 지금까지 내색을 하지 않았지?
도배만　이젠 세월이 많이 흘렀으니까요. 사고가 난 후 저도 한동안 기억을 잃고 지냈습니다. 하지만 지금은 어제 일처럼 생생합니다.
노화영　(보는)
도배만　(속을 알 수 없는) 그때, 절 구해 주신 거. 감사드립니다.

고개 숙인 도배만의 표정이 날카롭게 변한다. 노화영, 의구심 떨치지 못한 얼굴로 도배만을 본다.

3. 용문구의 IM 집무실 [밤]

10화 52신 상황이다. 체어가 천천히 돌아가면- 군복 차림의 차우인이 앉아 있는데.

용문구	겁 없고 무모한 거… 아버지를 많이 닮았네요. 아버지의 회사가 사라진다고 하니까 (여기) 온 겁니까?
차우인	아버지의 IM은 절대 사라지지 않아.

차우인, 체어에서 일어선다. 용문구에게 다가간다.

차우인	용문구, 당신은 이 방에 세 번이나 얼굴을 바꿔서 들어왔어. 내 아버지에게 누명을 씌워 칼을 댄 검사로… 노태남의 하인 같은 변호사로… 지금은 노화영의 껍데기뿐인 바지 사장으로… 늘 가면을 쓰고 살아왔지.
용문구	(피식) 가면이라… 말이 나온 김에 우리 차우인 군검사님이 쓰고 있는 가면에 대해서도 얘기해 볼까요?

용문구, 서랍에서 뭔가를 꺼내 차우인에게 보여 준다. 빨간 머리 사진이다!

용문구	차 검사님이 직접 하긴 힘들 테니까 (미소) 그 가면 내가 벗겨 드리죠.
차우인	(멈칫) !!
용문구	내일 아침 기사로 나갈 내용이지만 (피식) 미리 알면 더 좋겠죠? 여기까지 방문한 수고도 있으니. (차우인 보면서 기사 읽듯이) 현직 육군 군검사가 자경단 행세를 해 온 것으로 알려졌다.
차우인	(표정 굳는) !!
용문구	법을 수호해야 할 군검사가 불법 납치, 감금, 폭행을 일삼았다는 점에서 사회적 파장과… 아울러 큰 처벌이 따를 것으로 예상된다!

용문구, 차우인에게 눈 고정한 채- 인터폰을 연결한다.

용문구	(인터폰에) 작성해 둔 그 기사, 그거 지금 바로 언론에 뿌려!
비서 (F)	바로 배포하겠습니다, 대표님.

용문구, 이제 어떡할 거지? 하는 여유로운 표정으로 차우인을 바라본다. 차우인, 굳었던 표정에 미소가 스며드는데-

4. IM 디펜스 로비 (밤)

거대한 캐리어와 함께 엘리베이터 앞에 서 있는 IM 디펜스 최 전무(여, 40대 초반). 그 옆에 비서와 수행원들 두서넛 보이고- 잠시 후- 엘리베이터 내려와 문 열리면 차우인이 내린다.

최 전무	(차우인 알아보고 표정이 확 굳는) !!

차우인, 인파 속 최 전무를 발견하지 못한 채- 그대로 지나친다.

비서	(엘리베이터에 타지 않자) 전무님?

그대로 꼿꼿이 선 채, 시선을 고정시키고 차우인의 뒷모습 보는 최 전무. 마치 귀신이라도 본 얼굴이다!

5. 용문구의 IM 집무실 (밤)

용문구, 책상 위에 놓인 빨간 머리 사진을 박박 찢어 버리고 있다. 그때, 캐리어 끌고 들어오는 최 전무.

최 전무	(정중하게 허리를 숙이더니) 대표님, 공항에서 바로 오는 길입니다. 예상보다 출장이 길어져서 취임식도 보지 못했네요. 죄송합니다.
용문구	취임식은 생략했어. 그동안 밖에서 고생 많았어.

소파에 앉는 두 사람. 용문구의 표정, 어딘가 굳어 있는데- 그 모습 캐치하는 최 전무.

최 전무   어수선했던 회사가 이제 용 대표님 덕에 정상을 찾은 것 같습니다.

용문구   (다른 생각 중) 이 방의 주인이 세 명이나 바뀌는 동안에도 끄덕 없는 최 전무야말로 IM의 터줏대감이지… 안 그래?

최 전무   과찬이십니다. (잠시) 이제 본격적으로 대표님의 계획… 시작하시는 겁니까?

용문구   (무서운 표정) 시작? 그건 이미 6년 전이었지. 내가 이 방에 노화영 장군과 처음 들어왔던 그날.

최 전무   (보는) …

용문구   (의미심장) 오래 숨긴 발톱이 항상 유리한 법이니까.

최 전무   (잠시) …헌데… 방금 로비에서… (하다가)

플래시백_____

전 신, 엘리베이터에서 내리는 차우인 모습.

최 전무   … (잠시) 아닙니다. 제가 착각을 했던 것 같습니다.

뭔가 생각에 잠긴 용문구 보는 최 전무의 얼굴에서-

6. 관사 앞 [밤]

관사 앞에서 차우인을 기다리는 도배만. 맞은편에서 걸어오는 차우인이 보인다. 도배만, 주머니에서 IM 목걸이를 꺼내 차우인에게 건넨다.

도배만   내 관사에 떨어져 있더라고. (머쓱) 그날 내가 너무 취했지…?

차우인   (바로 받으며) 아! …한참 찾았는데 거기 있었군요! (기쁜 얼굴)

도배만	(목걸이 보면서) 되게 소중한 건가 봐?
차우인	6살 때 아빠가 주신 겁니다. (보여 주면서) IM 이름을 따서…
도배만	아… 보통 목걸이가 아니네. (차우인 보며) 근데 어디 다녀오는 길이야?
차우인	…6년 만에 아버지 회사에 다녀오는 길입니다.
도배만	!!

7. (과거) 용문구의 IM 집무실 (밤)

비서의 안내를 받아 집무실에 들어서는 차우인. 용문구가 오기 전 상황이다. 담담한 얼굴로 둘러보는데- 빈 공간이 아버지와 어린 차우인으로 채워지는 비주얼.

플래시백

1화 65신. 차호철은 업무를 보고 있고 어린 차우인은 그림을 그리고 있다. 검은 의자에 앉아서 어린 우인을 보는 차호철의 미소.

다시 현재. 차우인, 아버지가 앉았던 검은 의자를 손으로 매만진다. 붉어지는 눈시울.

8. (현재) 관사 앞 (밤)

도배만	그럼 용문구에게 밝혔어? 차 검이 누군지?
차우인	이미 알고 있었습니다. 예상대로.
도배만	…역시…
차우인	그리고… 빨간 머리로 한 일들을 세상에 알리겠다고 협박을 하더군요.
도배만	(예상 못 한) 뭐?
차우인	저도 되돌려 주고 왔습니다.

9. (과거) 용문구의 IM 집무실 (밤)

조금 전 3신 다음 상황이다.

용문구   (인터폰에) 작성해 둔 그 기사, 그거 지금 바로 언론에 뿌려!

비서 (F)   바로 배포하겠습니다, 대표님.

차우인   (미소로) 내게 총구를 겨누겠다면… 나도 어쩔 수 없이 쏴 줄 수 밖에. 당신이 이 방에 들어오기까지 한 일들 말이야.

용문구   (보는데)

차우인   세나를 자극해서 노태남 동영상을 풀게 만들고 노태남의 오너 리스크로 IM이 흔들렸을 때를 기다렸다가 작전세력 동원해서 주가를 더 폭락시켰지.

용문구   (표정 굳는) !!

차우인   그리고 노태남은 군대로 도망치게 만들고 대표 자리를 차지한 거고.

용문구   추측이 너무 과하군요, 차우인 검사님.

차우인   (핸드폰 보여 주며) 여기에 그간 내가 모아 온 증거가 있어.

용문구   (여유 유지하며 보는)

차우인   난 이 자료를 언론에 뿌릴 생각 없어. 딱 한 사람한테만 보내면 되니까.

용문구   (멈칫) !!

차우인   (핸드폰 눌러 노화영 번호 띄우며) 노화영.

용문구   (피식) 노 장군이 당신 말을 믿을까요?

차우인   상관없어. 난 그저 알리기만 하면 되니까. 노화영은 일단 진상을 파악해 볼 테고… 사실을 알게 되면 당신은 날아갈 거야. 어때, 자신 있어?

차우인, 노화영 번호에 전송 버튼을 누르려고 한다. 용문구, 음흉한 미소로 차우인 보는데.

용문구	우리 둘 다 칼을 가졌네요.
차우인	(보는)
용문구	(음흉한 미소) 칼엔 눈이 없단 말이 있죠. 함부로 휘두르다간 누가 다칠지 모르니… 잠시 내려놓는 건 어떻겠습니까? 우리 둘을 위해.
차우인	(여유 있는 미소로 그러자는 대답 보내는)
용문구	(인터폰에 대고) 기사 배포 취소해!
비서 (F)	네, 대표님.
차우인	(다시 미소로 받는)
용문구	(피식) 내 입을 틀어막으려 온 거였다니… 그래요. 괜히 차호철의 딸이 아니겠죠.

그 위로-

| 도배만 (E) | 용문구를 협박하러 간 거였어? |

10. 관사 앞 (밤)

대단하다는 표정으로 차우인 보고 있는 도배만.

차우인	군검사는 협박이란 걸 하면 안 됩니다. 무기를 쥐고 있을 순 있겠지만… 작전상 위태로운 휴전이라고 해 두죠.
도배만	우연의 일치인가? 여기 오기 전… 노화영도 법무실로 날 찾아왔어.
차우인	그럼 이제 노화영도 우리의 존재를 모두 알았단 거네요.
도배만	내 부모님 얘기를 하는 노화영의 그 가식적인 입을 틀어막고 싶었지만 (차우인 보는) 차 검에게 먼저 말하고 싶어서… 하지 않았어.
차우인	(도배만 보는데) …뭡니까, 그게?
도배만	차 검이 그랬지? 신 하사에게 용서를 받으라고. 난 누구보다 악

랄한 방식으로 용서받을 거야.

차우인   (깊은 눈빛으로 듣는)

도배만   (진심 가득) 복수보다 훨씬 더 악랄하게…

차우인   (도배만 보는)

도배만   …내 피해자들에게 용서를 받을 거야. 지난 5년 동안 했던 일들
          을 모두 지워 버릴 때까지…

          눈빛 마주 보는 도배만과 차우인.

차우인   (감탄) 역시 도 검사님을 선택한 건 탁월한 결정이었네요. 그런
          결심을 할 줄은 몰랐습니다.

도배만   나… 잘 해낼 수 있을 거 같아… 차 검이랑 사냥한 덕에 나도 두
          려움을 잊은 걸까? (약간 쑥스럽지만) 아님 길들여… 진 거? (머
          쓱) (잠시 보다가) 차 검이 법무실에 온 첫 날이 생각나네. 두려움
          이라고는 없어 보였지. 용문구 만나고 온 지금도 마찬가지고…

차우인   두려움이 없는 사람도 있습니까? (혼잣말처럼) 이 싸움이 끝나면
          그때 알게 되겠죠. 제 두려움의 크기. 아… 내가 이 정도의 두려
          움을 이긴 거구나. 꼭 이겨서 그걸 느껴 볼 겁니다.

도배만   (곱씹는) 끝나고 나서… 느끼겠다…

          차우인, 도배만 보는데- 그때 들어오는 문자. '염 과장님'이다.
          〈차 검사, 내가 알아낸 게 있어〉

11. 다방 아지트 - 비밀의 방 [낮]

          다음 날이다. 도배만, 차우인, 염 과장이 모여 있다. 염 과장이 스
          크린에 오래된 신문 기사 하나를 띄운다. '신교대에서 수류탄 폭
          발 사고! 신병과 조교 포함 3명 사망.' 타이틀 보이고-

염 과장	20년 전 신병교육대에서 수류탄 투척 훈련을 하다가 인명 사고가 났어.
도배만	(보는)
염 과장	(도배만 보며) 자네 아버지는 훈련병의 잘못이 아니라고 판단했어!

12. (과거) 58사단 일각 (밤)

앞서서 빠른 걸음으로 걸어가는 홍무섭을 따라잡으며 설명하는 도성환. 그 모습을 도배만이 지켜보는 비주얼이다.

도성환	절대 훈련병의 과실이 아닙니다!
홍무섭	(무시하고 계속 걷는)
도성환	(따라 붙으며) 수류탄이 터지면 약 천여 개의 쇠구슬 파편이 튑니다. 탄착군이 사망한 조교의 상반신에 300여 개가 몰려 있었습니다. 만약 훈련병의 단순 과실이라면… 각도가 설명되지 않습니다. 게다가, 증언까지 확보했습니다!
홍무섭	(걸음 멈추며) 증언?
도성환	훈련병이 수류탄을 던지기 전에 폭발하는 걸 봤다는 증언입니다. 이건 수류탄에 치명적인 결함이 있었다는 거구요!
홍무섭	수류탄에 결함이 없다는 국방기술품질원 보고서가 나왔어.
도성환	(그 말 나올 줄 알았다!) 그 보고서도 조사 마쳤습니다. 실험 날짜에 실시된 실험은 없었습니다. 조작된 문섭니다.

그 말에 날카로운 눈빛으로 변하는 홍무섭. 뒤에서 도배만이 숨죽이며 지켜본다.

홍무섭	내 수사 지침을 어기고 마음대로 조사를 하고 다니셨다?
도성환	그에 대한 처벌은 받겠습니다. 하지만 불량 수류탄 문제를 우리가 밝혀내지 않으면, 아무 잘못 없는 병사들이 계속 죽어 나갑니다.

홍무섭	서류 줘 봐.
도성환	불량 수류탄 제조한 방산업체들 조사 들어가야 됩니다.
홍무섭	(폭발) 서류 처달라고, 이 새끼야!

도성환이 들고 있던 서류를 확- 잡아채는 홍무섭.

홍무섭	(서류를 북북 찢으며) 감히 상급자의 수사 지휘를 거역해?
도성환	서류를 찢어 버린다고 진실이 사라집니까?
홍무섭	(피식) 진실? 너 경거망동하지 마. 마지막 경고다!

가 버리는 홍무섭. 남겨진 도성환을 안타까운 얼굴로 보는 도배만인데-

13. (현재) 다방 아지트 - 비밀의 방 (낮)

과거의 도배만이 현재의 도배만으로 바뀐다. 스크린에 뜬 기사 보고 있다. 차우인도 염 과장의 말에 귀 기울이는데-

염 과장	당시… 나는 저 불량 수류탄 사고를 알지 못했어. 원기춘이 남긴 육군 수첩에 적혀 있던 퇴임한 군경찰을 만나 보고 알게 된 사실이야. 아마 나까지 끌어들이면 위험할 거라고 판단해서 (가슴 아픈) 자네 아버지 혼자 처리하신 거였어.
도배만	사건의 결론은 어떻게 났습니까?

염 과장이 다음 사진을 넘기자 스크린에 다른 기사가 뜬다. '신교대 수류탄 사고, 훈련병 과실로 최종 결론!'

염 과장	홍무섭이 조작한 대로 결론 났지. 훈련병이 실수한 걸로. 불량 수류탄을 제조한 방산업체 수사는 전혀 이루어지지 않았고. 그

런데도… 자네 아버님은 멈추지 않았어.

도배만   (보는)

염 과장   수류탄 사고가 계속 나서 병사들이 죽어 나갔거든. 결국 자네 아버지는 불량 수류탄 문제를 군대 밖으로 터트릴 계획이었어. 그때, 도움을 받으려던 사람이… 차호철 회장 (차우인 보며) 그러니까 차 검사 아버지였어.

차우인, 사진을 띄운다. 4화에 나왔던 도배만 부모와 차호철이 같이 찍은 사진이다.

차우인   그래서 아빠랑 같이 찍은 사진이 있었고.

도배만   …사고 직전에 차 회장님 연락이 왔던 거군요.

염 과장   그래.

차우인   그럼… 노화영은요?

홍무섭 사진 옆으로 노화영 사진이 뜬다. 1신에 나왔던 소령 시절 모습.

도배만   원기춘 육군수첩에 홍무섭과 노화영의 회동 기록이 잦았던 이유가 여기 있었어.

염 과장   그 외 불량 수류탄과 엮인 사람이 한 명 더 있지. 바로 이재식 대령!

홍무섭과 노화영 사이에 이재식 사진이 뜨면서 세 사람이 비로소 연결된다.

차우인   저 당시 이재식은 방산업체들을 상대하는 군수참모였으니까요.

도배만   정리하면… 이재식이 홍무섭에게 불량 수류탄 문제를 덮도록 지시하고…

플래시백_____

1신 상황이다. 이재식과 전화 통화하는 소령 시절의 노화영의
모습.

차우인 (E) 노화영에게 도 검사님 부모님을 해결하도록 지시했을 겁니다.

스크린에 떠 있는 홍무섭과 이재식을 보는 도배만. 이재식 사진
클로즈업되면-

14. 고급 한식집 복도 (낮)

한식집 복도를 걷고 있는 이재식의 얼굴 위로-

도배만 (E) 역시… 군대의 먹이사슬은 결국 이재식까지 거슬러 올라가게
되는군.

15. 고급 한식집 룸 (낮)

직원이 에스코트하고 문을 열어 주자- 이재식이 들어선다. 안
에서 기다리던 사람은 다름 아닌 용문구다! 일어나서 예를 다해
이재식을 맞이한다.

이재식 화영이는 늦나?
용문구 (이재식 상의 받아 걸으며) 우선 앉으시죠, 장관님.

이재식이 상석에 앉자- 맞은편에 앉는 용문구. 이재식의 밥그릇
을 조심스레 가져와 밥을 비우고 그 안에 술을 따른다. 그 모습
보는 이재식.

이재식	(술 받는) 화영이는 안 오는 자린가 보군.
용문구	(미소) 사단장이 온단 말씀은 드리지 않았는데 와 주신 거 아니십니까?
이재식	(보면서) 대표가 되더니 자신감이 더 하군. 상관을 따돌릴 줄도 알고 말이야. 군인이 아니라 그런가?

용문구, 그 말을 인정하는 듯한 미소. 곧바로 이어서-

용문구	국방부에서 이번에 신무기 도입을 위한 업체를 선정 중이라 들었습니다. 죽은 원기춘 중령이 중간에서 다리를 놓을 계획이었구요.
이재식	이유 없는 술상은 없다더니… 이번에 IM은 끼워 줄 수가 없어.
용문구	압니다. 인사 청문회 때 IM과의 유착 관계를 묻는 질문에 곤욕을 치르셨죠. 모른다, 모른다… 이 대답을 여든 번이나…
이재식	(넌더리) 내 평생 가장 치욕적인 자리였어. 그때 받은 울화 때문에 자다가도 화장실 가러 세 번은 깨야 하는 몸이 됐다고.
용문구	하지만 IM과 장관님은 불가분의 관계입니다. 잘 아시겠지만…
이재식	(흐음) …
용문구	그래서 제가 은밀하게 방법을 마련했습니다. (의미심장) 노화영 사단장은 모르는 프로젝톱니다.
이재식	지금 자네가 앉은 그 자리 화영이가 앉힌 걸로 아는데… 이러면 내가 자넬 어찌 믿어?
용문구	(바로 받는) 노 사단장은 얼마나 믿으십니까?
이재식	(어쭈, 이놈 봐라?)
용문구	이제부터는 제가 장관님의 정치 전쟁을 물심양면으로 지원하겠습니다. 전 군인은 아니지만 누구에게 충성해야 하는지 잘 압니다. 제가 이 자리까지 오게 된 이유죠.

이재식, 굳은 얼굴로 용문구를 보다 확 풀린다.

이재식   (맘에 드는) 화영이가 왜 용 대표를 끼고 있었는지 알겠군. 정치
          는 나보다 용 대표가 잘하겠는데?

이재식, 용문구의 밥 그릇에 술을 따라 준다. 밥 그릇째 술을 비
우는 용문구의 모습에서-

16. 노화영의 사단장실 (낮)
같은 시각. 예비역 대여섯이 노화영에게 경례를 한다.

노화영   (제대 병장들 둘러보며) 1년 6개월 동안 복무하느라 고생 많았다.
          군대는 전쟁을 가르치는 곳이지만, 너희들이 돌아가는 사회는
          실제 전쟁을 치르는 곳이다. 너희들의 소중한 가족을 지키기 위
          한 그 전쟁에서 결코 지지 않기를 바란다! 이상.

울컥 차오르는 예비역들. 노화영에게 일제히 경례를 한 뒤, 나간
다. 제대 장병들 보자 문득 태남이가 생각난 노화영.

노화영   (양 부관에게) 태남이는 어떻게 지내고 있지?
양 부관   바로 알아보겠습니다.
노화영   (잠시) 됐어. 무소식이 희소식인 거니까.

17. GOP 생활관 (낮)
커다란 소포 박스를 가지고 들어와 바닥에 쏟는 안 병장. 각종
값비싼 물건들이 침상에 즐비하다. 와아아아- 병사들의 탄성.
안 병장, 잡히는 대로 병사들한테 막 뿌린다. 새 핸드폰부터 향
수, 지갑, 스킨케어 화장품, 무선 이어폰까지… 받아 든 병사들,

기뻐하며 '단결! 안 병장님 최고!' 연발한다. 침상에 앉아 그 모습 한심하다는 듯 보고 있는 노태남. 그때- 막 근무를 마치고 마 병장과 편 일병이 들어온다. 마 병장, 편 일병에게 소총을 던지듯 주면- 안 병장이 다가와 고급 시계를 준다.

마 병장	(생각지도 않은 선물에) 이야~ 이거 뭐냐?
안 병장	그냥 주는 거야.
마 병장	근데 기스 날까 봐 근무 나갈 때 (시계 차 보는) 차고 나가겠냐?
안 병장	(미소) 이거 기스 안 나. 막 굴려도 돼.
마 병장	그래? 완전 땡큐.

그러더니- 노태남 옆에 쓰윽 앉는다. 총기대에 소총을 거취하면서 슬쩍슬쩍 보는 편 일병.

마 병장	피카피카. (노태남 반응하지 않자) 피카피카. 모르겠냐?
노태남	(정말 모르는) 모르겠습니다.

둘의 모습을 묘한 표정으로 보고 있는 안 병장. 마 병장, 핸드폰 꺼내더니 TV에 핸드폰 화면을 띄운다. 6화 60신, 공항에서 노태남이 테이저 건에 쓰러져 자지러지는 모습이 재생된다. 병사들. 킬킬거리며 본다. 노태남, 입술 깨물고 참는데-

마 병장	(웃겨 죽는) 피카추잖아. 피카피카. 노태남. 너 이제부터 노카추다. (반응 없자) 대답 안 하냐?
노태남	(욱- 올라오려고 하는데 애써 참는) 네, 알겠습니다.
마 병장	노카추로 복명복창. 파닥파닥거리면서 실시!
노태남	(아우… 이 미친 새끼가!) …
마 병장	까라는데 안 까시겠다? (편 일병에게) 야! 편! 니가 시범 보여 줘.

편 일병	네! 이병 노카추!

편 일병, 동영상처럼 테이저 건에 맞아 바닥에 쓰러져 온몸을
부들부들 떤다. 병사들, 그 모습 보고 박장대소하고 킥킥댄다.

편 일병	피카피카!! 피카피카!! (부들부들 떠는)
노태남	(더 못 참고 일어나서) 그만하시죠!
마 병장	이 새끼 봐라… 니 엄마가 사단장이라 그거지?
노태남	(욱!) 거기서… (수그러드는) 어머니가 왜 나옵니까?
마 병장	그러게~ 왜 나올까? 내 눈엔 각이 딱 나오는데~ 사단장이 아들을 왜 여기다 처박아 놨겠냐?
노태남	(노려보는)
마 병장	자기한테 피해 안 가게 사고 치지 말라는 거지. 넌 내가 하란 대로 뭐든 해야 한다는 거고. (실실 웃으며) 야! 편! 막내 개념 탑재 안 시키냐? 방탄모 착용!
편 일병	(복명복창) 일병 편상호, 방탄모 착용! (방탄모 쓰는)
마 병장	(주먹으로 방탄모를 팍팍 치며) 니 대가리는 호두 보관함이야? 어?
편 일병	(참으며) 일병 편상호, 아닙니다.
마 병장	(팍팍) 대가리 뚜껑 확 까서 (버럭) 호두 빠개 줘? 어?
안 병장	(선한 얼굴로 끼어드는) 마 병장, 내가 또 줄 게 있는데…
마 병장	(확 기분 좋아져서) 그래? 뭔데 뭔데?

마 병장 데리고 나가며, 노태남에게 이제 안심하라는 의미로 윙
크하는 안 병장.

18. GOP 생활관 연병장 일각 [낮]

쓰린 얼굴로 담배를 꺼내 입에 무는 노태남. 라이터를 켜는데
불이 붙지 않는다. 짜증나서 확 라이터를 던져 버리는데- 라이

터 주워서 불 다시 켜 주는 편 일병. 노태남, 라이터 받아서 다시 피우려다- 담배 버린다.

노태남　　(편 일병에겐 다소 고분한) 죄송합니다, 저 때문에.
편 일병　　잘했어. 나처럼 한 번 굽히면 계속 굽혀야 돼. 너 잘한 거야.
노태남　　머리는… 괜찮으십니까?
편 일병　　원래… 때리고 싶어서 때리는 게 아니라, 때릴 수 있으니까 때리는 거야. (하늘 보면서 허밍으로 음음~) 무슨 노래 가산데… 날 죽이지 않는 한, 고통은 날 강하게 만들 뿐이다. 이 말 멋있지 않냐?

막상 그렇게 허세를 부렸지만 편 일병의 눈빛이 슬프게 떨린다. 그 위로-

인서트＿＿＿＿＿＿＿

- 편 일병의 양팔을 붙잡고 낄낄거리는 병사들. 마 병장이 입에 치약을 짜 넣는다.
- 취침 중인 생활관. 혼자 어둠 속에서 땀을 뻘뻘 흘리며 기마자세로 방탄모에 소총을 들고 얼차려 받는 편 일병. 지나가던 불침번 고참이 방탄모를 툭 치고 간다.

가혹 행위 당했던 모습이 떠올라 눈시울 붉어지는 편 일병.

편 일병　　(눈물 닦으며) 울 엄마 보고 싶다. 엄마 밥 먹고 싶다.

'엄마' 라는 단어에 노태남. 얼굴 복잡해진다.

19. [교차] GOP 생활관 다른 일각 + 용문구의 IM 집무실 [낮]
노태남, 안 병장에게 스윽 다가온다.

안 병장	쫌만 참아. 마 병장 금방 제대해. 내가 왕고 잡으면 편하게 해 줄게.
노태남	(보다가) 저… 부탁이 하나 있는데요. 전화 한 통만 할 수 있을까요?
안 병장	진작 말하지. (주위 둘러보고 아무도 없자 핸드폰 주며) 자!
노태남	고맙습니다, 안 병장님.

슬쩍 몇 걸음 떨어져서 핸드폰 연결하는 노태남. 뒤에서 그 모습 보는 안 병장. 그 위로-

플래시백_____

7화 11신. 영창 상황이다.

| 도배만 | 노태남… 그놈을 니 개로 만들어. |

통화하는 노태남을 보며 음흉한 미소 짓는 안 병장. 그 돌변한 표정이 슬쩍 나온다!

노태남	용 변호사, 나예요.
용문구	(놀라서) 회장님?
노태남	통화 오래 못 해요. (체면 구기면서 작게) 나 소포 좀 보내 줘요. 비싼 걸로 이것저것 꽉꽉 채워서.
용문구	(이해 안 되는) 네?
노태남	(짜증 팍) 아이! 어머니가 내 돈줄 다 막아 놨잖아요. 카드고 뭐고 싹 다!
용문구	(알아듣고) 아! 바로 조치하죠. 필요한 거 더 없습니까? (하다가) …몸 건강히 잘 지내고 계시죠?
노태남	저기… 엄마… (잠시) 아니… 어머니가… 혹시…

용문구	장군님이 왜요?
노태남	(짜증) 아이, 자꾸 왜 못 알아들어요? 왜? (순수하게 엄마를 보고 싶은 마음) 어머니는 여기 한번 안 오냐구요.
용문구	장군님 방문하면 일주일 전부터 거기 초비상 걸립니다. 거기뿐만 아니라 중대 대대까지 싹 다 (하는데)
노태남	(에이 짜증!) 됐어요, 됐어. 그냥 소포나 보내요.! (전화 끊는)

노태남, 전화기 들고 서러운 마음에 눈물 찍- 나오는데… 짜증
나서 팔로 훔친다.

20. 법무실 (낮)

도배만과 차우인이 들어온다. 업무를 보고 있던 윤상기와 안유
라, 돌아보면-

도배만	자, 집중! 이제부터 우리는 홍무섭 군단장 갑질 사건 수사를 시작한다.
윤상기	(놀라서) 헉! 네? 구… 구… 군단장님이요? (침 꿀꺽) 하아…
안유라	(화들짝 놀라며) 구… 군단장님이요?
윤상기	(안유라 보며) 그래. 별이 무려 세 개. 이제 곧 네 개 되실 분이지. 두 분… 대체 어디까지 가실 겁니까? 알고 보니 정말 무서운 분들이셔.
차우인, 도배만	(미소 씩)
윤상기	(심장 부여잡고) 하아, 두 검사님 덕분에 제 군 생활이 아주 조마조마 스펙타클합니다. 헌데, 군단장님 사건이 우리 법무실로 떨어지진 않을 텐데요.
안유라	그쵸~ 군단 법무실로 가겠죠?
차우인	이미 김한용 때 경험했잖아요. 김한용도 군단 법무실에 자기 형 사건을 문제 제기했지만 묵살당했죠.

윤상기	그러니까요. 그러니까 다른 사건을 하시는 게…
도배만	(끊고) 상기야, 내가 누구냐?
윤상기	(하아… 내 말이 먹히지 않겠지) …
도배만	내가 도베르만이잖아. (차우인 보며) 사냥개.
차우인	(도배만 보며 미소 짓는)
도배만	내가 편한 길로 간 적이 있었냐?
윤상기	어, 없죠. 그래서 제가 이 고생 (한숨) 그래서 뭘로! 대체! 어떻게! 길을 내시려구요?

21. 민간 골프장 외경 (낮)

민간 골프장 외경이 보인다.

22. 민간 골프장 (낮)

대낮부터 라운딩을 돌고 있는 군단 군법무관들 대여섯이 보인다. 그들 중에 보이는 두 사람의 얼굴을 걸고-

플래시백_____

- 7화 56신의 아바타 군변호사 모습.
- 8화 22신에서 용문구와 통화하는 군검사 모습.

사복 차림 병사들이 각 잡고- 골프백을 들쳐 메고 캐디 노릇을 하고 있다. 골프 삼매경에 빠져 있는 군단 군법무관들 위로-

차우인 (E)	군단 법무실을 날려 버릴 겁니다!

23. (과거) 법무실 (낮)

20신의 연속된 상황이다. 법무실 스크린에 아바타 군변호사와 군검사 사진이 떠 있다.

도배만	군단 군법무관들이 홍무섭 군단장을 봐주지 못하도록 하고…
차우인	군단장 수사도 가져오고… 군단의 썩은 군법무관들 비리도 들 춰내야죠.
도배만	(차우인 보며) 그리고… 신 하사 반드시 설득할 거다. 내 진심을 보여 줘서.

도배만, 다시 화면 속 아바타 군변호사 보며-

도배만	그때, 나한테 혼나고도 근무 중 골프를 못 끊으셨네.
차우인	한 번 넘어가 주니까 죄질이 더 심해졌어요. 이젠 군 골프장 피해서 민간 골프장만 이용하고 있으니.
도배만	자~! 그럼 군단의 썩은 군법무관들부터 먼저 날려 볼까?

도배만, 윤상기와 안유라 쪽으로 고개 돌려 보는데-

윤상기, 안유라	(겁내면서) 저희요? 뭐… 뭡니까? …뭘 바라시는 겁니까? 네?

윤상기의 얼굴에 두꺼운 뿔테 안경이 씌워지고- 안유라의 뽀로로 안경이 벗겨지는 비주얼.

24. 민간 골프장 (낮)

뿔테 안경에 가발, 카메라 가방까지 들고- 제대로 탐사 보도 기자로 변신한 윤상기. 옆에는 안유라가 안경을 벗은 모습으로- 정장에 예리하고 신경질적인 여기자로 변신했다. 두 사람, 당당하게 풀 샷으로 걸어가는데-
멀리, 군단 군법무관들이 골프를 치고 있다. 군법무관들이 티샷을 날린 뒤에 걷는데- 바로 뒤에 골프병들이 하인처럼 골프백을 양어깨에 하나씩 메고 힘겹게 따라오고 있다. 사병 하나가

따라오다 발을 헛디뎌 넘어지고 주르르 미끄러진다. 촤르륵 쏟아지는 골프채들. 그걸 본 군변호사, 짜증 이빠이-

군변호사   놀고들 있다. 너 그 채 하나가 얼만지 알아? 니들이 1년 6개월 받는 월급 싹 모아도 못 사. 알겠냐? (들고 있던 채로 때릴 듯 확 위협하면)

윤상기 [E]   그럼 사병들 월급 좀 올라가게 군단에서 총대 좀 메 주시죠.

그 말에 고개 돌리면- 윤상기와 안유라가 다가온다.

윤상기   황금 같은 젊은 시간을 2년씩이나 고스란히 바치는데…
안유라   골프채 하나보다 못하다면… 거 문제 있는 거 아닙니까?
군검사   (거들먹) 니들 뭐야?
안유라   (윤상기 옆에서 카메라로 찰칵찰칵 찍는다.)
군변호사   (버럭) 야! 안 들려? 뭐냐니까? 왜 함부로 사진을 찍냐고?

윤상기와 안유라, 무시하고 넘어진 골프병에게 다가가 일으켜준다. 그러면서 목에 걸린 군번줄 꺼내 확인하더니-

안유라   우리 예상대로네요, 윤 기자님.
윤상기   (병사에게) 캐디 아니시죠? 복무 중인 군인 맞죠?
골프병   (눈치 보며 쩔쩔매는) 그게…

윤상기, 군검사와 군변호사들에게 다가간다.

윤상기   (버럭) 이것들 보세요!!! 군단 군법무관님들!! (시계 보는) 지금 재판 있지 않으십니까?
안유라   세상에~ 사병들한테 골프채 들게 하고, 골프공 줍게 하고…

| 윤상기 | (매서운) 아까 보니까 골프채로 뭘 하시려고 했죠? |
| 안유라 | (신경질) 나랏밥 드시는 분들이 이래도 되는 겁니까? |

당황하는 군법무관들 향해 플래시 연발하는 윤상기와 안유라. 찰칵찰칵-

25. 군단 법무실 앞 (낮)

전 신에 이어 플래시 세례 쏟아지면- 기자들 사이를 힘겹게 빠져나오는 군단 군법무관들.

기자1	근무 시간에 민간 골프장에서 단체로 골프 치고…
기자2	사병에게 캐디 일을 시킨 것도 모자라 폭행까지 하려고 했다는데…
기자1	골프장 사진이 찍힌 당일, 담당 재판엔 개인 사유로 참석하지 않으셨습니다. 어떻게 된 겁니까?

기자들의 질문에 아무런 대답도 하지 못하고, 사방에서 쏟아지는 손길들을 뿌리치며 도망치듯 군단 법무실로 우르르 들어가는데-

| 기자 (E) | 4군단 군법무관들이 근무 시간에 민간 골프장에서 골프를 쳤다는 사실이 밝혀지면서 근무 태만 의혹이 제기됐습니다. 뿐만 아니라 일반 사병들에게 캐디 일을 시켰으며, 활동 수당을 불법 수령했다는 증언들까지 이어져 논란은 더욱 커질 것으로 예상됩니다. |

26. 법무실 (낮)

전 신에 이어- 한껏 고무된 표정으로 자신들의 취재(?) 결과인

군단 법무관들의 비리 뉴스를 핸드폰으로 보고 있는 윤상기와
안유라. 기쁨의 하이 파이브!

| 윤상기 | (한껏 느끼며) 아우~ 나쁜 놈들 잡는 쾌감이 이런 거네! 쾌변보다 더 시원한 거네!! 이거!! |
| 안유라 | 저두요! 이래서 두 검사님이 자꾸 붙어다니면서 일을 벌이시나 봐요~ |

윤상기, 안유라의 말에 도배만과 차우인의 비어 있는 방을 보는
데- 픽! 웃음 터진다.

윤상기	(혼자 흐뭇한) 하하하하… 음~ (몸 꼬이고) 우헤헤헤~
안유라	(왜 저러나 싶은) 그렇게 좋으세요? 몇 번 더하면 군검사 되시겠네~
윤상기	안 계장, 넌 뭐 느낀 거 없어?
안유라	저도 좋다니깐요~!
윤상기	아니~ 그거 말고! 그날 두 검사님 말이야.

플래시백_____
20신 법무실이다.

| 도배만 | 내가 도베르만이잖아. (차우인 보며) 사냥개. |
| 차우인 | (도배만 보며 웃는) |

다시 법무실.

| 윤상기 | (회상하며) 그때 두 사람의 눈빛! 그건 분명 썸? 아니면… 이미 럽? |
| 안유라 | (생각나는데) 오… 그리고 보니 차 검사님이 그렇게 웃는 거 첨 봤네요! (곰곰) 두 분… 언제부터… 일까요? (슬퍼지는) |

두 사람, 동시에 도배만과 차우인의 빈 방 다시 보는데-

윤상기   (상상) 두 검사님⋯ 지금⋯ 어디서⋯ 무엇을⋯

안유라   (도배만을 짝사랑하는 맘에 가슴 아픈) 하고 있을까요⋯

윤상기   (안유라 어깨 두드리며) 짝사랑은 깨져야 비로소 완성되는 거야.
              나도 (차 검사님에 대한 마음) 그 아픔을 이겨 내고 있거든.

안유라   (그 말에 놀라서) 그럼 그동안 차 검사님을?

윤상기, 안유라- 서로의 아픔을 안다는 눈빛으로 (슬픈) 하이 파
이브!!

27. 마트 (낮)

장바구니 든 신 하사, 핸드폰 열고 메모장에 있는 장보기 리스
트를 켜는데- 포털 앱 팝업으로 '군단 군법무관들 상습 근무 태
만 의혹' 뉴스가 뜬다. 눌러서 유심히 보는 신 하사.

도배만 (E)   어때? 널 위해 한 거야. 군단 군법무관들 날린 거.

신 하사, 고개 들면- 도배만이 지난번처럼 서 있다. 하지만, 달
라진 표정이다.

도배만   니가 겪은 일들이 군단으로 가면 또 묻히니까 내가 직접 하려고.

신 하사   (비소) 꺼지시죠.

그 말 남기고 나가 버리는 신 하사. 멋쩍은 웃음 짓는 도배만.

28. 마트 앞 (낮)

빈 장바구니를 움켜쥐고 화난 표정으로 나오는 신 하사. 도배만

이 급하게 따라 나온다.

도배만	(신 하사 뒤에서) 내 죗값, 치를 수 있게 기회를 줘, 신 하사.
신 하사	(멈춰 서는)
도배만	난 썩어 빠진 군검사였어. 내가 가진 힘을 돈을 벌기 위해 이용했어. 나도 죄인이야. (무릎을 꿇어앉으며) 용서를 빈다. 날 용서해 줘.
신 하사	(고개를 돌려 도배만 보는데) …
도배만	(간절한) 너와 니 동기가 당한 일 다시는 벌어지지 않게 할게.
신 하사	(분노 터지며) 그러면요? 그런다고 내 동기가 살아 돌아와요? 왜 갑자기 사람이 바뀐 거죠? 도대체 무슨 속셈으로 이러는 거냐구요?
도배만	내가 직접 보여 줄게. 반드시… 내 진심을 보여 줄게.

그때- 신 하사의 핸드폰 진동이 울린다. 그 소리를 듣는 도배만과 신 하사. 계속 울리자, 핸드폰을 들고 전화를 하려는데- 끊기고 바로 다시 걸려온 전화. 신 하사, 받아 들면- 핸드폰 밖으로 튀어 나오는 목소리!

| 홍경목 (F) | (버럭) 너 왜 전화 안 받아? 벨소리 울리면 5초 안에 받으라고 했어, 안 했어? |
| 신 하사 | (굳은 얼굴로) 죄송합니다, 여사님. 금방 들어가겠습니다. |

전화 끊고 가는 신 하사. 도배만이 일어나 신 하사를 붙잡는다.

| 도배만 | (주머니에서 명함 건네며) 내가 싫으면 여기라도 찾아가. 그리고… 언제든… 와. 날 용서할 마음이 생길 때까지 기다릴게. |

신 하사, 명함까지는 뿌리치지 못하고 받아 든다. 그러고는 도망

치듯 가 버리는데- 남겨진 도배만의 모습에서-

29. 홍무섭의 공관 - 골방 [낮]

신 하사, 일과를 끝내고 골방으로 들어온다. 피곤하고 굳은 얼굴
이다. 좁은 바닥에 드러눕는데- 다시 몸을 일으켜 공무원 수험
서를 펼치고 공부를 시작한다. 집중이 되지 않는다. 도배만의 말
이 떠오른다.

도배만 [E]   내가 직접 보여 줄게. 반드시… 내 진심을 보여 줄게.

마음이 복잡해 책을 확 덮어 버리는 신 하사. 그때- 책상에 올려
둔 스마트워치가 드르륵 드르륵 책상 위에서 진동한다. 반사적으
로 고개를 돌려 벽시계를 확인하는 신 하사. 정확히 밤 12시다!

신 하사   (눈빛 급격히 흔들리는) !!

잦아드는 진동음. 그러다 다시 크게 책상 위에서 진동한다. 드르
륵- 무슨 이유인지 신 하사, 양손까지 덜덜 떠는데-

30. [시간 경과] 홍무섭의 공관 - 골방 [새벽]

창문 사이로 들어오는 새벽빛. 신 하사, 영혼이 빠져나간 얼굴로
벽에 기대 우두커니 앉아 있다. 멍한 눈으로 협탁 위 아내와 아
들의 사진 액자를 바라본다. 액자를 만지작거린다.
그러다 협탁의 서랍을 열어 본다. 동기들과 찍은 몇 장의 사진
들, 그중에 죽은 오 하사와 찍은 사진이 있다. 오 하사와 찍은 사
진을 뒤집어 본다. 오 하사가 쓴 문구가 보인다. 'Your Time is
limited' '시간은 한정되어 있다. 다른 사람의 삶을 위해 인생을
낭비하지 마라 - 〈스티브잡스〉' '내 동기 신민철에게' 울컥 감정

올라오는 신 하사.

시선 돌리면- 책상 위에 놓인 스마트워치가 보인다. 그리고 옆에 놓인 명함. 도배만이 주고 간 '군인권지키미' 명함이다. 명함을 들고 바라본다. 신 하사, 뭔가 결심이 선 얼굴이다. 방에 있는 자기 물건들을 닥치는 대로 더플백에 쏟아 담는다.

31. 홍무섭의 공관 (낮)

더플백 메고 나오는 신 하사. 아예 다른 사람 같은 얼굴과 눈빛이다. 마침, 공관 거실로 들어오던 홍경옥. 신 하사 보는데- 뭔가 느낌이 이상하다.

홍경옥　　너 밥 안 하고 어디 가? (더플백 보고) 짐은 왜 쌌어? 니 맘대로 지금 뭐 하는 거냐구!!

대꾸하지 않고 나가려고 하는 신 하사. 급기야 홍경옥이 신 하사를 잡아챘다.

신 하사　　(강하게) 이거 놓으시죠!

홍경옥　　너 미쳤어? 너, 이대로 나가면 무단이탈이야! (무섭게) 내 직권으로 너 영창 보낼 거야!

신 하사　　(피식) 무단이탈? 직권? 당신이 뭔데? 민간인 홍경옥 씨!! 당신 그런 권한 없습니다.

팔 뿌리치며 신 하사, 스마트워치를 빼려고 하는데- 그 모습 보는 홍경옥. 바로 손이 올라가려고 하자, 신 하사가 그 팔 완력으로 막는다.

홍경옥　　(분노) 근데 이 자식이 식전 댓바람부터 돌았나…

156

신 하사   (잠시 생각하는) …아니지.

다시 스마트워치를 팔에 착착 끼더니 벨트를 꽉 조인다!

신 하사   (비웃는) 중요한 증거물을 여기에 놓고 갈 순 없지.
홍경목   (멈칫) 뭐? 너 지금 뭐라고 했어?
신 하사   병사들 노예처럼 부리는 것도 제가 마지막입니다.

공관 문을 나서는 신 하사의 얼굴 위로-

기자 (E)   군인권지키미는 홍무섭 군단장과 그의 가족들의 갑질에 대해
제보받았다고 발표했습니다. 공개된 제보 내용에는 군단장 공
관에서 6개월간 근무해 온…

32. (몽타주) 군단장 갑질 사건

기자 멘트 깔리며 이어지는 몽타주.

기자 (E)   신 모 하사가 군단장 가족에게 지속적인 폭언과 폭행을 당해 왔
다는 사실이 포함되어 있었습니다. 군검찰의 신속하고 공정한
수사를 요청했지만, 군 당국은 사실 여부를 확인하고 있다며 입
장 발표를 미루고 있는 상태입니다.

- 도심 전광판에 '차기 육군참모총장 홍무섭 내정자 갑질 논란
파문' 뉴스가 나오고.
- GOP 생활관. 마 병장이 핸드폰으로 뉴스를 보면, 노태남도 슬
쩍 본다.
- SNS에 빠르게 퍼지는 뉴스. '대박! 군단장 갑질', '저 사람 참모
총장 내정자 아님?', '갑질 군단장 당장 처벌해라!' 등등.

- 공관에서 뉴스를 보는 홍무섭. 홍경옥은 분을 터트리며 닥치는 대로 물건을 던진다.
- 뉴스를 보는 노화영, 속을 알 수 없는 의미심장한 얼굴.

33. 국방부 앞 [낮]

군은 얼굴의 이재식, 비서진과 함께 국방부 건물 로비로 나온다. 우르르 몰려드는 기자들.

기자1   육군참모총장 국무회의 심의는 일정대로 진행되는 겁니까?

기자2   홍무섭 군단장 갑질 논란 수사는 어디서 맡는 겁니까?

기자3   이번 군단 군법무관들 골프 논란까지 장관 책임론이 일고 있는데, 책임을 통감하십니까?

쏟아지는 질문 세례에 꾹 다문 입으로 차에 올라 출발하는 이재식. 그 모습을 뒤에서 보고 있는 도배만과 차우인.

차우인   (피식) 이재식 장관, 혈압 제대로 올랐네요.

도배만   (고소한) 애국회 인간들, 홍무섭 공관에 다 모이는 중이겠지? 대책 회의 해 봐야… 뭐… 뾰족한 게 나오겠어?

차우인   군단 군법무관들을 날리긴 했지만… 홍무섭 사건이 우리한테 온다는 보장은 없죠. (도배만 보며) 감이 어떻습니까?

도배만   (생각 중) 이번엔… 감보다 짬밥으로 굴려 보는 중인데…

차우인   감 없습니까? 감 떨어진 겁니까?

도배만   우리 좀 걸을까?

생각하는 표정으로 걸어가는 도배만, 피식하며 따르는 차우인에서-

34. 홍무섭의 공관 (낮)

와장창!!! 비싸고 커다란 백 도자기가 벽에 부딪혀 산산조각이
나고- 성난 이재식이 보인다. 그 앞에 모두 고개 숙인 노화영,
홍무섭, 허강인이 앉아 있다.

홍무섭　　(죄인 심정) 장관님… 심려를 끼쳐 드려서 죄송합니다.

이재식　　(분노 작렬) 니가 내 얼굴에 침을 뱉어? 그 누구보다 군인인 니가?

홍무섭　　육군참모총장 인사를 앞두고 저에 대해 흠잡을 게 없었나 봅니
　　　　　다. 공관하사한테 심부름 몇 번 시킨 것까지 끄집어낸 것 보면
　　　　　말이죠.

이재식　　(분노 가라앉지 않는)

그때- 홍경옥이 주방에서 차를 가지고 나오려고 하는데- 홍무
섭, 홍경옥 매섭게 노려보고 홍경옥, 쥐 죽은 듯 다시 들어간다.

홍무섭　　장관님, 제 조카 녀석도 전방에서 복무 중입니다. 신 하사를 남
　　　　　같지 않은 마음으로 대하는 과정에서 소통의 문제가 있었던 것
　　　　　같습니다. 하지만 문제 될 일은 없었습니다.

홍무섭의 강경한 태도에 그제야 조금 누그러지는 이재식. 그 모
습 찬찬히 보고 있는 노화영. 허강인, 슬쩍 눈치 보며 끼어든다.

허강인　　사실 장관님… 말이 나와서 하는 말이지만… 요즘 군대가 아주
　　　　　개판입니다. 지 자식 힘든 일 시키지 말라고 부대에 전화하는
　　　　　부모에… 뭐만 했다면 갑질이네, 폭행이네… 아주… 군대가 무
　　　　　슨 학교인 줄 압니다! 세상이 아주 이상해졌습니다!

이재식　　(노화영 보며) 화영이 니 생각은…?

노화영　　수사 주체를 어디로 하느냐가 중요해 보입니다.

이재식	(귀 기울이는)
노화영	군단 법무실은 골프 사건으로 국민적 신뢰가 바닥으로 떨어졌습니다. 군단에서 수사를 무리하게 진행하면 역풍을 맞을 겁니다. 그렇다고 검찰단이나 육본에 맡기기엔…

35. 국방부 산책로 (낮)

같은 시각, 산책로를 걷고 있는 도배만과 차우인.

도배만	검찰단이나 육본으로 가면 이재식 장관에게 적대적인 육참총장님이 영향력을 발휘할 거야. 임기도 다 채우지 못하고 떠나게 생겼으니까.
차우인	홍무섭의 바닥까지 탈탈 털겠죠.
도배만	그렇다면 이재식 장관이 선택할 수 있는 길은 하나!

36. 홍무섭의 공관 (낮)

모두 노화영의 말에 귀 기울이며 듣는데-

노화영	(이재식 보며) 저희 사단 군검사들로 특별수사팀을 구성해서 진행하는 건 어떻겠습니까?
홍무섭	(표정 굳는) !!
이재식	니 애들로?
허강인	(아무 생각 없는) 도배만하고 차우인. 하기사 걔들이 국민적 이미지는 좋긴 합니다. 근데 (비꼬는) 사단장이 그 검사들 컨트롤할 수 있습니까?
노화영	(홍무섭 보며) 굳이 그럴 필요가 있을까요? 군단장님 말대로 그저 심부름 몇 번 시킨 게 전부라면…
이재식	(홍무섭에게) 마지막으로 묻는다. 문제없는 거 맞냐?
홍무섭	(강경) 없습니다.

이재식	(자르고) 당장 노 사단장 말대로 가!
노화영	명색이 재판인데… 대비는 해 둬야죠. 창과 방패 모두 제 사람들로 채우겠습니다.
이재식	창이 군검사들이라면, 방패는?
노화영	용문구 대표가 적임잡니다.
이재식	(호의적인) 용 대표라… 거! 아주 묘안이다!
노화영	법정에 서지 않겠다고 했지만 (홍무섭 보며) 제가 시키면 할 겁니다.
홍무섭	(마지못해) 그래, 사단장. 상관을 위해 못 할 게 뭐가 있냐. 고맙다.
허강인	(노화영 중심으로 돌아가자 고깝지만) 다 좋은데… 티 안 나게… 하십쇼.

37. 국방부 산책로 [낮]

걷고 있는 도배만과 차우인. 그때- 도배만의 핸드폰이 울린다. 액정에 찍혀 있는 '서주혁 참모님' 피식 웃으면서 차우인에게 보여 주는 도배만.

도배만	(허세) 들어가야겠다. 오랜만에 밖에 나와서 (산책하고) 좋았는데…
차우인	(엷은 미소로) 빨리 받으시죠.

도배만, 핸드폰 스피커폰으로 바꿔 받으면-

| 서주혁 (F) | (호들갑) 도배만!! 당장 법무실 복귀해! 당장!! 초비상이다! 역대급 초비상사태다!! 차우인도 찾아서 같이 튀어 와! |

도배만과 차우인, 서로 보며 미소 짓는데-

38. 법무참모실 [낮]

초긴장한 서주혁의 시선으로- TV에서 이재식이 공식 입장을 발표하고 있다. 국방부 앞에서 기자들을 향해 서 있는데- 여유 있는 모습을 찾은 모습이다.

이재식 (E)   국방부에서는 국민 여러분의 의혹을 풀어 드리기 위해 특별수사팀을 꾸려 홍무섭 군단장에게 제기된 의혹들을 철저히 조사할 것입니다. 특별수사는 육군 4사단의 도배만과 차우인 군검사, 서주혁 법무참모가 수행하도록 하겠습니다.

덜덜 떨리는 손으로 TV를 끄는 서주혁. 이게 꿈인지 생신지…

서주혁   하아, 장관님 입에서 내 이름 석 자가 나오다니! 이건… 가문의 영광!!

그때- 타이밍에 맞게 법무실에 들어오는 차우인.

서주혁   (차우인 딱 보며 표정 돌변) 아니야! 자칫 잘못하면 가문의 위기지. 그것도 국가 재난급 위기야.
차우인   국방부 장관님이 대국민 성명까지 하신 건데 설마 거부하실 겁니까?
서주혁   (눈 질끈 감으며) 사단장님 아들부터 수색대대장, 군단장님 건까지… 이 모든 게 정말 우연인 건가? 대한민국 군이 대체 이 서주혁에게 왜 자꾸 이런 시련을 안겨 주는 거지? 내 군인 앞날이 어찌 되려고…
차우인   (표정 관리하며 보는)
서주혁   (차우인 쩨리며) 근데, 도배만은 왜 안 와?
차우인   군인권지키미에서 자료 받고 (잠시) 저희 특별수사팀에 합류할

귀한 분을 모시고 온다고 합니다.

서주혁　　뭐? 내 허락도 없이 누구 맘대로 사람을 들여?

그 순간, 문 열고 들어서는 도배만. 그리고- 그 뒤로 도수경이 들어선다! 도수경 보고 앉은 자리에서 벌떡 일어나는 서주혁.

도수경　　(널널하게) 단결! 도수경 형삽니다.

차우인　　(도수경과 반갑게 눈인사 나누는)

도수경　　(사무적) 기자회견 날엔 서로 못 알아본 거니까 퉁치는 걸로 하시고…

서주혁　　(표정 가다듬고) 도 검사 고모님… 아니 도 형사님이 여긴 어떻게?

도배만　　언론의 관심이 많아 군검경 합동수사로 진행할 생각입니다.

도수경　　저희 경찰 협조 없으면, 군단장 여동생은 처벌하기 어려울 겁니다. 민간인이니까. 미꾸라지처럼 빠져나가기 딱 좋죠.

서주혁　　아, 네. 민간인은 군법정에서 다루기 힘들긴 하죠.

도수경　　(서주혁에게 악수 청하면서) 배만이 말로는 싸나이 중에 싸나이라고 들었는데 일 한번 시원하게 해 봅시다! 요즘 세상에 갑질이 말이 됩니까? 안 그래요?

떨떠름한 얼굴로 손 빼는 서주혁의 모습에서-

39. 도배만의 관사 [밤]

관사로 들어오는 도배만, 문을 닫지 않고 열어 둔다. 잠시 후 더플백을 멘 신 하사가 쭈뼛거리며 문 앞에서 망설이고 있다. 도배만, 신 하사의 더플백을 뺏어 들며 데리고 들어온다.

도배만　　따로 지낼 데가 마땅치 않을 테니까 재판 끝날 때까지 여기서 지내.

신 하사　　(불편한)

도배만	(마음 알겠는) 걱정 마. 나 여기 없을 거니까. 혼자 지내도 돼.
신 하사	…그럼… 대위님은…
도배만	어? (미소) 지금 내 걱정해 준 거야?
신 하사	(냉랭하게) 저, 대위님 때문에 마음 정한 거 아닙니다. 착각하지 마시라고 말하는 겁니다.

도배만, 씨익- 웃으며 재판 관련 서류들과 개인물품 챙기는데-

| 도배만 | (신 하사 보며) 그래. 어떤 이유든 마음 정해 줘서 고맙다. |

40. 다방 아지트 [밤]

차우인, 쌍화차를 마시면서 서류를 보고 있다. 손님 없는 다방 아지트, 팽 여사가 차우인에게 손 인사 하고 퇴근한다. 차우인, 서류 좀 더 보다가- 시계 보고 '늦었구나' 하며 가방 챙겨 나가려는데- 불쑥 도배만이 서류 뭉치와 개인물품이 든 가방 들고 들어온다.

도배만	(놀란) 어?
차우인	(역시 놀란) 이 시간에 여긴 왜 오신 겁니까?
도배만	신 하사한테 내 관사에서 자라고 했어. 기자들도 찾아오고… 뭣보다도 안정이 필요할 거 같길래. 그동안 갑질에 많이 시달렸잖아.
차우인	…그럼 여기서 지낼 겁니까?
도배만	그래야지, 뭐… (서류 뭉치 들며) 일도 해야 하는데 고모 집은 멀기도 하고 집중이 안 돼서.

도배만, 소파들 끌어와서 붙이면- 차우인도 도와준다. 그러다 테이블 위에 내려놓은 서류 보는 도배만.

도배만	차 검도 야근한 거야? (계란 쌍화차 보며) 저녁은?
차우인	아직입니다.
도배만	나도 아직 안 먹었는데…

41. (시간 경과) **다방 아지트** (밤)

도배만, 주방에서 물을 끓여서 컵라면에 붓는다. 테이블 위에 컵라면 두 개를 놓는다. 라면이 익기를 기다리는 도배만. 차우인, 다방 아지트 주방 어딘가 보관해 둔 와인과 유리컵을 가져온다. 무심히 테이블에 놓는데- 도배만, 와인 보면 한눈에 봐도 유명한 고급 와인이다.

도배만	(눈 휘둥그레) 이거…!!
차우인	(와인을 콸콸 따르는) 왜 그러십니까?
도배만	(놀라운) 이걸 물처럼… 이거 엄청 비싼 와인인데!
차우인	(무심히 마시는) 여기서 야근할 때 가끔 먹습니다. (컵라면 뚜껑 열면서) 라면하고 먹는 건 첨이지만… 군대에선 뭐든 적응되는 거니까요.
도배만	(벌어진 입) …역시… 돈 많은 건 뭘로도 숨겨지지가 않는구나.
차우인	(도배만 컵에도 와인 따라 주는) 드십쇼.

유리컵에 든 와인을 보는 도배만.

도배만	용문구랑 와인 참 많이 마셨지…
차우인	뿐입니까? 와인 상자 받은 돈 다 합치면 와이너리 농장을 샀겠죠.
도배만	(와인 마시는) 와… 아무 대가를 치르지 않아도 되는 와인이라 그런가? 진짜 속이 편하네~

차우인, 배가 고팠는지- 라면을 맛있게 먹는다. 그 모습 보는 도

배만.

차우인	안 드십니까?
도배만	응? (잠시) 응… 나 원래 밤에 야식 안 먹어. 군복 핏 안 나오거든.
차우인	그럼 왜 두 개 끓인 겁니까? 진짜 안 먹을 겁니까?

차우인, 도배만 라면까지 가져오며 -

차우인	(계속 먹는) 먹는 만큼 운동하면 안 찝니다.
도배만	(보는) 잘 먹네… 차우인.

피식 웃는 도배만. 문득 시선 돌려 보면 볼트가 한쪽 구석에서
잠들어 있다. 그러다- 시선 돌리면, 차우인과 눈이 마주친다. 잠
시 보는 두 사람.

도배만	(어색함 감추며) 내가 너한테 사냥감을 가져다 바치지만, 넌 검사
로는 아직 멀었어. 나한테 많이 배워야 돼. 특히 법정에선.
차우인	(보다가 픽-) 둘만 있으니 어색합니까? 갑자기 웬 일 얘깁니까?
도배만	(괜한 허세) 법정에선 너처럼 돌직구만 날리면 못 이겨. 상대 봐
가면서 변화구도 던지고 그래야 이기는 거지.
차우인	허를 찌르라는 거죠? 이번 홍무섭 재판 때, 한번 던져 보죠, 변
화구.

그때, 차우인에게 걸려 오는 전화. '강하준'이다. 스피커폰으로
연결하는데-

강하준 (F)	(진심 어린) 우인아, 미안해. 요즘 회사에 문제가 좀 생겨서 연락
을 못 했어.

차우인	(걱정스런) 안 그래도 기사 보고 전화하려고 했는데… 괜찮은 거야?
도배만	(끼어들어) 무슨 기산데? 강 대표 뭔 일 있어?
강하준 (F)	(도배만 목소리 듣고) 지금 도 검사랑… 같이 있는 거야?
차우인	응, 그렇게 됐어.
도배만	강 대표! 원기춘 하드 복원은 어떻게 돼 가?
강하준 (F)	(잠시) 응… 그게 좀 시간이 걸릴 거 같네.
차우인	회사 일부터 처리해. 이번 재판은 도 검사하고 내가 잘 해결할 테니까.

42. 강스 솔루션 연구소 [밤]

굳은 얼굴로 핸드폰 끊는 강하준, 표정이 좋지 않다. 그때, 들어오는 부대표.

부대표	대표님, 보고드릴 게 있습니다.
강하준	(방금 전 통화 생각) …네.
부대표	일전에 말씀드린 허위 정보 퍼트린 세력에 거의 접근했습니다.

멍한 얼굴의 강하준, 부대표의 말이 귀에 들어오지 않는다.

43. 다방 아지트 [밤]

소파 위에 도배만이 잠들어 있다. 그 밑에서 자고 있는 볼트. 차우인, 테이블 위 라면과 와인 먹고 남은 유리컵 대충 치우고- 보던 자료 챙기면서 불을 끈다. 다방 아지트 나가는 차우인의 모습에서-

44. [몽타주] 군단장 갑질 사건 재판 준비

- 법무실. 도배만과 차우인, 도수경의 동료 형사들과 합동수사

팀 브리핑 진행한다.

- 조사실. 안유라, 공관병들을 소환 조사하는 모습. 공관병들, 일관되게 고개 젓는다.

- 법무실. 도배만과 차우인, 늦은 시간까지 재판 준비를 위해 서류를 확인하고-

- 용문구의 IM 집무실. 용문구와 전략을 짜는 홍무섭과 홍경옥 모습.

- 마트. 도수경, 동료 형사들과 함께 마트로 들어와 CCTV를 확보한다.

- 기자회견장. 도배만, 기자들 앞에서 중간 수사 발표하는 모습 이어지고.

45. 강스 솔루션 연구소 [밤]

틀어 놓은 TV에 도배만의 기자회견 모습 보이고- 원기춘의 SSD 하드가 연결된 본체. 화면에 '100% 복원 완료' 뜨면서 안에 있던 각종 파일들이 쫘르륵 뜬다. 강하준, 그중에 '노 사단장 관련'이라고 붙여진 파일을 클릭! 핸드폰으로 몰래 녹음한 음성 파일이다. (9화 32신)

원기춘 [E]　차호철 회장 몰아낼 때도 총대 메고 법정에서 거짓말했어요! 오직 사단장님을 위해서! 그뿐입니까? 20년 전 사단장님이 냈던 트럭 사고! 그 젊은 군인 수사관 부부를 차로 들이받았던 사고 말입니다. 뻔뻔하게 모른 척하지 마십쇼! 내가 똑똑히 기억하니까!

듣고 있던 강하준.

강하준　이 정도면 노화영 법정에 세울 수 있겠는데? (바로 핸드폰 꺼내 차우인 번호 누르며) 바로 알려 줘야지.

그때- 밖에서 소란스러운 소리 들리더니 부대표가 급하게 들어온다.

부대표   대표님, 큰일 났습니다!!

뒤이어 박스를 들고 우르르 들어오는 검찰수사관들.

수사관1   강하준 대표님?

강하준   (놀라서 일어서는) 뭡니까? 지금 뭐 하는 거예요?

수사관1   (영장 보여 주며) 산업 기술 유출 혐의로 압수 수색 나왔습니다. 협조해 주시죠.

수사관들, 나눠져 박스에 사무실 물건들을 닥치는 대로 집어넣는다. 강하준, 당황하며 그 모습 보다가- 재빨리 원기춘의 SSD에 시선이 머문다. 수사관들의 눈을 피해 본체에 연결된 선을 빼고, 조심조심 주머니에 챙기려는데- 수사관 1이 강하준의 팔을 딱 잡는다.

수사관1   주시죠, 그거. 혐의 가중되고 싶으십니까?

수사관 1, 강하준에게 SSD 하드를 강제로 뺏어 바로 상자에 넣는다. 속수무책으로 두고 볼 수밖에 없는 강하준, 패닉에 빠지는 얼굴에서-

46. [시간 경과] **강스 솔루션 연구소** [밤]

압수 수색이 쓸고 지나간 자리에 멍한 얼굴로 앉아 있는 강하준. 부대표가 들어온다. 엉망인 연구소 상황 보는데-

부대표	(한숨) …대표님…
강하준	(괴롭고 힘든 얼굴) …
부대표	(강하준 보면서 조심스럽게) 이 와중에 이 말씀을 드려야 할지… 허위 정보 퍼뜨린 세력 말입니다. 의심되는 곳이 한 군데 있습니다.

강하준, 부대표의 답을 기다리는데- 그때 부대표 뒤편으로 누군가 천천히 들어선다. 용문구다! 생각지도 못한 용문구의 등장에 뒤통수를 맞은 듯한 강하준의 표정.

강하준	(용문구 보며) 범인이 누군지 알 것 같네요. 부대표님은 퇴근하세요.
부대표	(분위기 직감) 네, 대표님.

부대표 나가고- 용문구, 마치 자신의 작품을 감상하듯 주위를 둘러보며 강하준 앞에 선다.

강하준	(분노 일어나는) 당신, 역시 당신이었어.
용문구	나 혼자만의 작품은 아닙니다. 나와 긴밀하게 협조하는 사람들의 도움을 받았죠. 마치, 당신과 차우인의 관계처럼.
강하준	(분노로 보는)
용문구	바닥에 처박힌 당신 회사 주식을 다 사들인 것도 우립니다. 그게 뭘 의미하는지 알죠? 차호철 회장 때 차우인 옆에서 봤을 테니까.
강하준	(버럭) 나가! 당장 여기서 나가!
용문구	아니 아니… 조만간 이 방에서 나가야 할 사람은 강 대표 당신이 될 겁니다. (잠시 보며) 그래서 말인데…
강하준	(분노로 보는)
용문구	내가 5년 전에 도배만 처음 만났을 때 했던 말이 있는데… (미소) 오늘은 그걸 강 대표한테 할게요.

강하준	(분노로 보는)
용문구	거절할 수 없는 제안이라고 들어 봤어요?
강하준	(멈칫) !!

47. 보통군사법원 외경 (낮)

자막 – 며칠 후

화면, 밝아지면– 보통군사법원 건물이 보인다.

48. 보통군사법원 법정 (낮)

재판 시작 전의 법정. 방청객들이 들어오고 긴장감이 돌기 시작한다. 검사석의 도배만과 차우인이 보인다. 차우인, 눈에 띄게 표정이 굳어 있다.

차우인	(무겁게) 도 검사님.
도배만	얼굴이 왜 그렇게 심각해?
차우인	증인을 찾았습니다. 이 재판을 이길 수 있는 결정적인 증인.
도배만	(입꼬리 올라가며) 뭐? 그게 누군데? 왜 말 안 했어?
차우인	반대할까 봐 미리 말을 안 했습니다.
도배만	내가 왜 반대를 해?
차우인	(대답 없이 보는)
도배만	(엄지 척) 역시 차우인. 비장의 카드가 있었구만.

그때– 법정 안으로 들어오는 용문구와 홍무섭, 피고인석에 착석한다. 그 모습 보는 도배만과 차우인.

49. 보통군사법원 복도 (낮)

(정체 최대한 드러나지 않게) 법원 복도를 걷고 있는 누군가의 군

횃불. 그 위로-

양 군판사 (E)   재판 시작하겠습니다.

50. 보통군사법원 법정 (낮)

차우인이 자리에서 일어난다.

차우인   재판장님, 증인 신청하겠습니다.

양 군판사   증인이요? 오늘 공판에 검사측이 신청한 증인이 없다고 알고 있는데요?

차우인   증인의 출석 여부를 결정하는 데 시간이 좀 필요했습니다.

양 군판사   변호인 측 의견은 어떤가요?

용문구   (피식) 당연히 인정할 수 없습니다. 이 자리에서 확실히 말해 두죠. 앞으로도 저희는 사전에 협의된 증인만 받겠습니다.

양 군판사   (편파적인 느낌) 변호인이 저리 강경하니 어쩔 수 없군요.

차우인, 마침내 일어난다. 앞으로 나가며 홍무섭과 용문구, 신하사를 차례로 본다.

차우인   (눈빛 돌변하며) 이 증인의 증언을 막으면, 역풍이 크게 불 겁니다.

용문구   (일어나며) 매우 위험한 발언을 입에 담는군요. 증인이 대체 누굽니까?

증인의 정체를 모르는 도배만도 긴장된 얼굴로 차우인과 용문구의 공방을 지켜본다.

용문구   또 오래전 공관 근무자 데려와서 뻔한 증언이나 하려면 (하는데)

바로 그 순간- 정병에 의해 법정 문이 활짝 열리면서 들어서는 군인! 다름 아닌, 노화영이다! 용문구, 머리를 맞은 듯- 하얗게 질린 얼굴로 보는데. 도배만도 놀란 얼굴이다. 방청석에 있던 강하준은 물론 법정 내 모든 사람들이 충격에 휩싸이는데-

용문구   이… 이게 무슨…

도배만   (차우인과 눈 마주치자 나지막이) 차우인!!

위엄 있게 걸어 들어오는 노화영. 방청석 맨 앞에 선다. 노화영, 천천히 고개를 돌려 똑바로 홍무섭을 본다. 그 위로- 오프닝 상황이 끼어든다.

플래시백_____

1신 상황이다.

노화영 (E)   난 괴물이 되어 남자들을 밟고 가장 높은 곳으로 올라갈 거야.

다시 법정. 노화영, 양 군판사를 똑바로 본다.

노화영   재판장님, 육군 제4사단 사단장 노화영 소장입니다. 피해자 신민철 하사는 제 사단의 소중한 부사관입니다. 제 부하를 도울 수 있게 허락해 주십시오.

온화하면서 위엄이 느껴지는 음성에 양 군판사도 당황한 얼굴. 홍무섭, 노화영을 보고 있다. 고개 돌려 도배만과 차우인, 그리고 용문구를 보는 노화영의 서늘한 모습. 비로소 법정에서 모인 도배만, 차우인, 노화영, 용문구- 네 사람 얼굴 걸고 엔딩.

12화

1. 강스 솔루션 연구소 (밤)

11화 46신 이어지는 상황이다. 압수 수색이 쓸고 지나간 연구소. 강하준 앞에 선 용문구.

용문구   5년 전, 도배만을 처음 만났을 때 했던 말이 있는데… 오늘은 그걸 강 대표한테 할게요. 거절할 수 없는 제안이라고 들어 봤어요?

강하준   거절할 수 없는 제안? 말장난하지 마시죠. 그건 협박이나 마찬가지입니다. (소리치는) 당장 꺼지세요!

용문구   참 아이러니하죠? 차우인 아니었으면 당신 회사가 이렇게 커지지 못했을 텐데… 지금은 차우인 때문에 회사가 이 꼴이 됐고.

강하준   내 회사가 당신 먹잇감이 된 게 우인이 때문이라는 겁니까?

용문구   차호철 회장이 당신에게 기회를 준 것처럼 이번엔 내가 기회를 주죠.

강하준   (분노 어린) …

용문구   내 손을 잡지 않으면… 강스 솔루션은 먼지처럼 사라질 겁니다. 당신을 위해, 회사를 위해 헌신한 사원들을 먼저 생각해요. 차 씨 집안에 그동안 할 만큼 했잖아요? (잠시) 그럼 답을 기다릴게요.

강하준 남겨 두고 몇걸음 걸어가는 용문구. 그러더니-

용문구   (비릿한) 전쟁은 군인들이나 하라고 하고… 우리 같은 기업인들은 전쟁 통에도 돈을 벌어야 하는 겁니다.

그 말 남기고 사라지는 용문구. 남겨진 강하준의 좌절한 모습에서-

2. 강스 솔루션 활주로 (밤)

활주로로 나오는 용문구. 바로 핸드폰 꺼내 홍무섭에게 건다.

용문구　(핸드폰에 대고) 군단장님, 지금 바로 공관으로 가겠습니다. 이제
　　　곧 재판이니 최종 점검을 해야죠.

3. 홍무섭의 공관 앞 (밤)

공관으로 들어서는 용문구. 검색대를 통과하자 띠띠- 경고음이
울린다. 후다닥 뛰어나오는 홍경옥.

홍경옥　아이고, 어서 오세요, 변호사님. 핸드폰 좀 제게 맡겨 주시겠어
　　　요? 아무리 변호사님이라도 예외를 두지 말라고 하셔서…
용문구　(짜증 섞인 표정)
홍경옥　여기가 군사시설이라 이해 부탁드립니다.
용문구　군단장님 방침이니 따르도록 하죠.
홍경옥　(표정 확 펴져서 핸드폰 받으며) 얼른 들어오세요.

4. 홍무섭의 공관 (밤)

홍무섭. 소파에 앉아 있다.

홍무섭　와서 앉게나.
용문구　(고개 살짝 숙이며) 네, 군단장님.

홍무섭 맞은편에 앉는 용문구. 홍경옥, 과일과 차를 내온다.

용문구　지난번에 말씀드린 대로 갑질 관련 혐의들은 (하는데)
홍무섭　(민감한 얼굴로 끊으며) 거… 갑질 말고 다른 용어를 쓸 수 없나?
　　　국민들 정서도 안 좋고, 무엇보다 우리는 갑질을 한 적이 없어.

홍경옥	그럼요. 하늘 같은 오빠가 계신데 제가 어떻게 그런 짓을 했겠어요?
용문구	그러죠. (잠시) 업무 관련성으로 방어하면 문제 없습니다. 업무 범위를 넘어선 혐의들은 (하는데)
홍무섭	(끊고) 강제된 상황이 아니라는 것만 증명하면 되겠지.
용문구	(자꾸 말을 끊자 감정이 살짝 드러나는) 그럼 마지막으로 재판과 관련해 제가 더 대비할 사항이 있을까요?
홍무섭	대비?
용문구	제가 모르는 혐의가 더 있느냐는 질문이었습니다.
홍무섭	(발끈) 혐의? 용 변호사, 단어를 잘 골라야겠어. (잠시 보다가) 없어.
용문구	(밀리지 않고) 확실하십니까?
홍무섭	설령 뭐가 더 있다 한들… 자네는 내 무죄를 증명해야지. 안 그래?
용문구	일단 알겠습니다. 곤란한 질문, 더는 하지 않겠습니다.

용문구, 일어나서 인사하고 가려는데-

홍무섭	자네가 쌓아 온 변호사 경험과 철통 같은 내 군 인맥이 합쳐졌으니, 이번 재판은 절대 질 수 없는 판이겠지?
용문구	그럼요. 이번 재판에 제 모든 힘을 쏟겠습니다.
홍무섭	(맘에 드는) 사단장 사람인 줄로만 알고 있었는데 요 며칠 자네를 겪다 보니 생각이 좀 달라지는군.
용문구	(엷은 미소) 제대로 보셨습니다. 이번 일로 어떠한 타격도 입지 않게 해 드리겠습니다. 참모총장에 오르실 준비만 하십시오.

돌아서서 나가는 용문구, 표정이 확 돌변한다.

5. 홍무섭의 공관 앞 (밤)

용문구가 나오자 근처에서 대기하던 차가 다가온다.

용문구 (E)   홍무섭 군단장… 별거 아닌 쉬운 재판이라면서 상당히 신경 쓰고 있어. 뭔가 숨기고 있는 치명타가 있다는 건데…

용문구, 의구심 가득 가진 채 차량에 탄다.

6. 도배만의 관사 앞 (밤)

도배만, 신 하사와 함께 관사 앞에 도착한다.

도배만   오늘 조사받느라 수고 많았어.

신 하사   저 말고 증언할 사람, 있습니까?

도배만   …아직 없어. 한 명 남았는데 연락 두절 상태야.

신 하사   그럼 법정에 설 사람이 저밖에 없는 거네요? (잠시) 도배만 대위님, 정말… 이 재판 이길 수 있는 겁니까?

도배만   (신 하사의 두려움이 느껴진다) !!

신 하사   상대는 홍무섭 군단장입니다. 우리는 조약돌일 뿐이고… 조약돌이 바위를 깰 수 있습니까?

도배만   돌도끼도 돌을 깨지만 처음엔 돌이잖아? 우리가 포기만 하지 않는다면 분명 이길 수 있어.

신 하사   막상 싸움을 시작하고 나니 더 두렵습니다. 정말 군단장님을 상대할 수 있을지…

말을 끝내지 못하고 망설이는 신 하사, 손을 덜덜 떤다. 그 모습을 보는 도배만.

도배만   (뭔가를 직감하고) 혹시, 갑질 외에 뭐가 더… 있는 거야? 뭐든 좋으니까 다 말해.

신 하사   (떨리는 눈빛으로) 너무 두려워서… 못 한 말이 있습니다.

179

7. 법무실 [밤]

늦게까지 서류를 보며 야근을 하고 있던 차우인. 도배만에게 전화가 온다. 받아 들면-

차우인   (핸드폰 너머 조금 듣다가) 네, 지금 바로 갈게요.

차우인, 급히 가방을 챙겨서 법무실을 나간다.

8. 다방 아지트 [밤]

차우인, 급히 들어서면 신 하사와 도배만이 테이블에 앉아 있다. 다가가 도배만 옆에 앉는 차우인.

도배만   (신 하사 보며) 자… 이제 차 검사도 왔으니까 얘기해 봐.

신 하사   (차우인 보더니 다시 주저하는)

차우인   괜찮으니까 천천히 말해도 돼요.

도배만   미리 두려워하지 마. 두려움의 크기는 모든 게 끝나고 느끼는 거라고 (차우인 보는) 누가 그러더군.

차우인   (진정성 담은 눈빛) 우리가 알아야 도와줄 수 있어요. 그리고 이번 재판… (도배만 보며) 도 검사님을 믿어 봐요.

신 하사, 잠시 눈을 감더니- 이내 다시 뜨면, 뭔가를 결심한 얼굴이다. 고개 돌리면 테이블에 없던 '스마트워치'가 스르륵 나타난다. 그러더니 드르륵 드르륵 진동하는데- 그 환영에 눈물이 흘러내리는 신 하사.

9. [과거] 홍무섭의 공관 - 골방 [밤]

11화 29신 상황이다. 책상에 올려 둔 '스마트워치'가 진동하고 있다. 반사적으로 고개를 돌려 벽시계를 확인하는 신 하사. 정확히 밤 12시다!

신 하사   (눈빛 급격히 흔들리는) !!

무슨 이유인지 신 하사, 양손까지 덜덜 떤다.

10. [과거] 홍무섭의 공관 [밤]

어둠에 묻힌 공관 내부. 방문 열리면서 신 하사가 거실로 들어
선다. 힘겹게 한 걸음 한 걸음 내딛는 맨발. 안방 문틈 사이로 가
늘게 빛이 새어 나오고 있다.
방문 손잡이를 돌려 열면- 가는 스탠드 빛이 보이는 찰나의 틈
으로 군복을 갖춰 입은 홍무섭이 보인다. 손에 쥐고 있는 각목
이 보이고- 전체가 헝겊으로 칭칭 동여매어 있다. 신 하사, 안에
들어서더니 안방 문을 닫는다. 잠시 후. 들려오는 퍽퍽- 매 맞는
소리.

11. [현재] 다방 아지트 [밤]

눈물이 주르륵 흘러내리는 신 하사. 도배만과 차우인의 충격에
빠진 얼굴.

차우인   (믿기지 않는) 그런 구타를 지속적으로 당했다는 겁니까?
신 하사   (눈물 흘러 내리는데) …
도배만   (충격으로 말을 겨우 잇는) 그게 언제부터지?
신 하사   제가 공관에서 근무한 지 한 달 뒤부터였습니다. 매주 일요일
                자정마다 반복되었죠.

다시, 과거를 회상하는 신 하사의 두려운 얼굴.

12. (과거) 홍무섭의 공관 - 체벌 방 (밤)

헝겊을 덧댄 몽둥이로 신 하사를 때리는 홍무섭. 구타를 끝낸 홍무섭이 몽둥이를 바닥에 탁 내려놓으면- 신 하사가 벌레처럼 웅크린 채 덜덜 떨고 있다.

13. (현재) 다방 아지트 (밤)

신 하사는 가고- 도배만과 차우인이 남아 앉아 있다.

도배만   무자비한 폭행… (분노 어린) 홍무섭, 반드시 죗값 치르게 만들어야 돼.

차우인   관련 진단서들 바로 준비할게요.

도배만   연락 안 된다던 증인은?

차우인   직접 가서 만나 보겠습니다. 우리에게 남은 증인은 이 병사밖에 없으니까요.

14. 차우인의 차 안 (낮)

차우인이 운전석에서 운전 중이고, 조수석의 윤상기는 서류를 보고 있다. 한 병사의 사진이 부착된 신상 서류다.

윤상기   (읽는) 이름 한삼수. 보직은 운전병. 9개월 전에 제대한 병사네요?

차우인   홍무섭 군단장 운전병이었는데 갑자기 전방 포병부대로 전출 됐죠.

윤상기   군단장 운전병이 운전대가 아니라 포를 들었다? 이거 다분히 징계성 전출인 것 같은데요.

15. 홍대 주택가 (낮)

다세대 주택이 즐비한 홍대 골목. 집에서 한삼수가 나온다. 거꾸로 쓴 캡. 굵은 금목걸이에 헤드폰을 쓰고 음악을 들으며 스웩을 느끼는 전형적인 힙합 홀릭 스타일. 차 안에서 대기 중이던 차우인과 윤상기가 나온다. 한삼수, 둘을 보고 휙 지나치려고 하는데- 한삼수 앞으로 다가서는 윤상기.

윤상기 육군 법무실에서 나왔습니다. 한삼수 씨 되시죠?

한삼수 (스웩 가득한 말투) 군법무실이요? (스웩) 저한테 무슨 일로요?

차우인 홍무섭 군단장 공관에서 근무하셨죠?

한삼수 (아! 갑자기 떠오르는 나쁜 기억) 오! 쉣, 갓댐, 왓더헬. (삐- 처리)

차우인 한삼수 씨 증언이 필요해서 찾아왔어요.

한삼수, 차우인과 윤상기 바라보더니- 피식 웃고 랩을 시작한다. (가사는 약간씩 바꿔 불러도 무방합니다)

한삼수 (랩) 왓? 왓? 증언? 증언이라구? 대체 무슨 증언? 어떤 증언? 나는 이제 민간인! 당신들은 법군인! 난 증언할 이유가 없고 당신들은 나한테 이럴 자격이 없고… 유 노?

협조할 의사가 없는 한삼수. 그냥 지나쳐 간다. 바로 그때-

윤상기 (랩 말투로) 헤이! 힙합 삼수! 난 니가 공관에서 당한 일을 알고 있어!

한삼수 (놀라서 무서운 얼굴로 다가온다) 안다구? 당신이? 뭘 안다구? 거기서 내가 당한 일? 지옥 같은 일? 그걸 안다구?

윤상기 (소리치는데) 니가 공관을 나간 뒤에도 계속 병사들이… 부사관들이 거기서 고통을 겪고 있다구! 헤이! 힙합 삼수! 힙합 정신 한번 발휘해 주라구!

한삼수 (윤상기 얼굴 대고 과격한 말투) 생각하기조차 싫다구! 악몽 같다구! 나는 18개월마다 바뀌는 소모품이었다구! 군대는 안 바뀐다구! 그러니까 돌아가라구!

윤상기   (스윽) 이제 아니라구! 아니리구! 세상이 바뀌었다구! 그러니까 우리 힘들었던 거 말 좀 하자구! 사람들이 좀 알게 알려 주자구! 말해 주자구!! 너 혼자만 알지 말구!! 군대를 바꿀 수 없을지 몰라도, 조금은 바뀌게 만들 수 있다구! 힙합 삼수!

16. GOP 생활관 연병장 (낮)

소대원들, 족구도 하고 삼삼오오 담배도 피우며 개인 정비를 하고 있다. 소대원들의 침낭을 건조하려고 빨랫줄에 걸어 널고 있는 노태남과 편 일병. 노태남, 침낭 보니까 갑자기 생각이 났다!

노태남   저 근데… 마 병장 혹시 남자 좋아합니까?
편 일병   아니, 여친 있다고 했는데… 왜?
노태남   그럼 며칠 전에 취침할 때… (힐끔) 두 분이서 왜 한 침낭에?

플래시백_____

10화 50신 상황이다. 마 병장, 침낭 속으로 들어온 편 일병을 안더니 지퍼를 쭉 올린다.

그때 일을 떠올리는 노태남. 그러다 편 일병 보면- 처음 보는 무서운 얼굴을 하고 노태남을 보고 있다! 흠칫 놀라는 노태남.

편 일병   앞으로 그 질문 절대 하지 마라.
노태남   …네.
편 일병   (잠시 후, 다시 표정 돌아오는) 마 병장, 말년이야. 나가는 날까지만 참으면 돼. 난… 끝까지 참을 거야.
노태남   참아요? (이해 안 되는) 왜요? 그런 걸 왜 참아요?
편 일병   (다시 무서운 얼굴로) 내가 방금 묻지 말라고 했지?

노태남	(쫄아 드는) …
편 일병	(감정 가라앉히며) 군대에선 말야. 어지간한 문제는 다 대책이 있어. 아프면 의무실을 가고, 배고프면 취사장을 가면 돼. 근데, 딱 하나는… 딱 하나는 (굳으며) 대책이 없어.
노태남	그게 뭔데요?
편 일병	나중에… 나중에 말해 줄게.

편 일병, 고개 돌리면- 그 모습 보는 노태남. 편 일병 시선으로 멀리, 연병장에서 마 병장과 족구를 하는 안 병장이 보인다.

편 일병	그래도 넌… 안 병장님이 잘해 주잖아.
노태남	(안 병장 보며) 편 일병님 다음으로 잘해 주긴… 하죠.
편 일병	안 병장님… 황제복무 했던 것치곤 특별 대우 원하지도 않고…
노태남	(눈 커지는) 황제복무요?
편 일병	몰랐어? 너만큼 유명하잖아. 구산은행 은행장 아들.

노태남, 머리 한 대 맞은 듯한 얼굴로 안 병장을 쳐다보는데-

플래시백_____

1화 35신 상황이다. 필드에서 클레이 사격을 하고 있는 노태남.

노태남	나 5천억 갚기 싫은데 어떡하죠?

1화 46신 상황이다. 카르텔 밀실에서 술을 마시고 있는 노태남과 용문구.

노태남	은행장 아들, 얼마나 억울할까? 죄 없는 애를 영창 보냈잖아요.

다시 연병장. 노태남, 동공 커지며 연병장의 안 병장을 쳐다보는데-

17. GOP 생활관 (낮)

노태남, 그리운 얼굴로 볼트 사진을 보고 있다. 그때 쓱 얼굴 들이미는 안 병장. 노태남, '아악' 하면서 과하게 놀란다!

안 병장	왜 그래? 너 나한테 죄 지은거 있나?
노태남	(당황) 아… 아닙니다.
안 병장	(볼트 사진 다시 보는) 얘 종이 뭐더라?
노태남	(순간 당황해서) 도배만.
안 병장	뭐? 도배만?
노태남	(눈 질끈 감으며 아뿔싸!) 아니 아니 도베르만. 도베르만 핀셔.
안 병장	이름이 뭐야?
노태남	볼트요.
안 병장	멋지다. (선크림 꺼내 짜서 바르면서) 이거 필수다. 선임들 몰래 발라라.
노태남	아닙니다. 괜찮습니다. 안 병장님 바르십쇼.
안 병장	싫어?

침상에 선크림 그대로 두고, 안 병장 눈치 보면서 생활관 나가는 노태남. 안 병장, 의미심장한 얼굴로 노태남을 쳐다보는데.

18. 보통군사법원 복도 (낮)

다른 날이다. 재판을 위해 복도에 들어서는 도배만과 차우인. 그 위로 기자 멘트 깔린다.

기자 (E)	이른바 '군단장 갑질 논란'으로 기소된 4군단 홍무섭 군단장의

공판이 오늘 오후 보통군사법원에서 진행됩니다. 이재식 국방
부 장관의 특별 지시로 군검경 합동수사팀이 꾸려지고, 피의자
로 소환된 민간인 신분의 여동생 홍 모씨 조사도 동시에 이뤄질
예정이라 관심이 집중되고 있습니다.

19. 보통군사법원 로비 (낮)

로비에 가득한 기자들. 홍무섭과 용문구가 들어선다. 반대편에
서 들어서는 도배만과 차우인, 그 모습을 보게 된다.

기자   홍무섭 군단장님, 재판 앞두고 소감 한 말씀 부탁드립니다.
홍무섭   (온화한) 법정은 누군가에게 처벌을 내리는 곳이기도 하지만 거
         짓된 선동을 밝히는 곳이기도 합니다. 부디 제 공관에서 근무한
         부사관이 이번 재판으로 상처받지 않기를 바라며 저도 제게 쌓
         인 오해와 실추된 명예를 회복하겠습니다.

         자리를 뜨는 홍무섭과 용문구. 도배만과 차우인을 스쳐 지나가
         며 냉랭한 시선 주고받는다. 신 하사와 20대 초반의 앳된 얼굴
         의 아내가 다가온다.

신 하사   와이프예요. (아내 보면서) 인사드려.
신 하사 아내 (수줍게 고개 숙이고) 안녕하세요, 군검사님.
차우인   (미소 보내는) 잘 왔어요.
신 하사 아내 (간절한) 잘 좀 부탁드립니다.

         차우인, 아내의 손을 잡아 준다. 그 모습 보는 도배만. 군판사실
         로 향하는 도배만과 차우인의 모습에서-

20. 군판사실 [낮]

양 군판사(10화 1신의 군판사)와 홍무섭, 용문구가 소파에 앉아
있다. 재판을 앞둔 것치고 화기애애한 분위기다!

양 군판사   군단장님, 참모총장되시기 전에 액땜 한번 치른다 여기십시오.
　　　　　　이 고비만 넘기시면 요샛말로 꽃길만 걸으시지 않겠습니까? (용
　　　　　　문구 보며) 변호사도 든든하시구…

용문구   (하하 웃으며) 전 원래 군법정이 민간법정보다 편했습니다. 재판
　　　　　　과정도 복잡하지 않고 판결도 빠르니까요.

홍무섭   어제만 해도 내가 이 꼴을 보려고 군인이 됐나 싶어서 어찌나
　　　　　　허망하던지… (미소 짓는) 자네들을 보니 힘이 나는군.

그때- 문 열리면서 도배만과 차우인이 들어서자 찬물을 끼얹은
것처럼 웃음을 멈춘다. 도배만과 차우인, 그 묘한 분위기를 감지
한다.

양 군판사   (사무적으로) 어서 와, 군검사들.

도배만, 차우인   …네.

양 군판사   (권위적) 재판 들어가기 전 관례상 이렇게 군검사들, 변호인 상
　　　　　　견례 한번 해 본 거고… 모두 알다시피 이번 재판, 전 국민적인
　　　　　　이목이 쏠려 있으니 (강조) 발언 한 마디 한 마디 신중하게 해 주
　　　　　　시기 바랍니다.

고개 숙이는 것으로 대답을 대신하는 세 사람. 도배만, 차우인,
용문구. 반면, 거만한 표정으로 고개를 빳빳하게 쳐들고 있는 홍
무섭.

양 군판사   그럼 재판 들어갑시다! (홍무섭에게만 살짝 부드럽게) 재판 시작하

겠습니다.

홍무섭   (일어나며) 빨리 끝내 주게.

그 꼴, 차우인이 굳은 얼굴로 본다. 모두가 움직이는 그때- 도배
만을 불러 세우는 양 군판사.

양 군판사   도 군검사, 잠깐 얘기 좀 할까?

도배만   (차우인에게) 먼저 가 있어. 금방 갈게.

차우인   (짧게 목례하고 나가는)

양 군판사   (차우인 간 거 슬쩍 확인하고) 옛날처럼 할 거지?

도배만   뭘 말입니까?

플래시백_____

10화 1신. 슬쩍슬쩍 둘만 알아보게 표정 관리하는 도배만과 용
문구. 양 군판사, 둘의 작당을 힐끔 보며 웃는다.

양 군판사   그때 그 재판처럼… 알아서 잘할 거지? 도 검사?

도배만   (얼굴 확 굳어져서) 법정에서 뵙죠.

인사도 없이 그대로 나가 버리는 도배만.

21. 보통군사법원 법정 (낮)

군검사석에 앉아 있는 차우인. 도배만, 들어오면- 노화영과 허
강인도 특별석에 들어선다.

도배만   (차우인 앞에 서며) 완벽하게 기울어진 운동장에서 달리게 생겼군.

차우인   무슨 말입니까?

도배만   들으면 재판할 맛 싹 사라질 텐데 괜찮겠어?

차우인 빨리 말하시죠.

도배만의 시선으로 보이는 특별석의 노화영과 허강인.

도배만 노화영, 허강인. 모두 홍무섭에게 재판 참석을 지시받았겠지.

차우인 군인들의 전관예우 같은 거겠죠.

도배만 그래서인지 군판사는 이 법정에 들어오기 전에 이미 판결을 끝
냈어.

차우인 네?

도배만 군판사가 나한테 대놓고 말하더라고. 1년 전처럼 재판 대충 하
라고.

차우인 (벌떡 일어나며) 당장 법관 기피 신청 하겠습니다.

도배만 (잡으며) 소용없어. 법관 기피 사유가 아직 안 돼. 그리고 (홍무섭
보며) 저 자리에 홍무섭이 앉아 있는 한 마찬가지일 거야.

차우인 (열이 오르려 하는데) …

도배만 군판사가 올바른 판결을 내릴 수밖에 없게 만들자구, 우리가.

차우인, 도배만을 올려다보는데- 도배만의 달라진 눈빛과 심경
의 변화를 느낀다.

차우인 도 검사님을 조련한 결과가 이 재판으로 나오길 기대하겠습니다.

차우인에게 미소로 답해 준 뒤, 뚜벅뚜벅 걸어가 용문구 앞에
서는 도배만.

용문구 (반가운 척 웃으며) 이렇게 같은 법정에 서게 되니, 옛날 기분 나네.

도배만 그러게요. 그때는 제가 (강조) 져 드렸었죠.

용문구 제대로 붙었어도 결과는 마찬가지였을 거야.

도배만	옛날얘기 하신 김에 한 말씀 드리면… 그때 이런 생각을 했었습니다.
용문구	무슨?
도배만	당신하고 일하면서, 당신을 법정에서 박살 내 주면 어떤 기분일까…
용문구	(비열한 미소) 그랬나?
도배만	용 변호사님은 법으로 싸우십쇼. 저는 이번엔 진실로 싸워 볼 테니.

도배만과 용문구 보던 차우인. 그때, 도수경에게 전화가 온다.

차우인	(전화 받는) 지금 시작합니다. 도수경 형사님은요?
도수경 (F)	(자신감 뿜뿜) 네~!! 여기도 이제 시작입니다.
차우인	도 형사님! 잘 부탁드립니다.
도수경 (F)	나도 배만이처럼 한번 물면 절대 안 놓는 거 아시죠? 우리 집안 내력입니다. 울 오빠 때부터…
차우인	(피식)

22. (교차) 조사실 + 영상 조사실 (낮)

핸드폰 내리고 시계를 확인하는 도수경. 책상에는 취조를 위한 서류가 있다.

도수경	(미러창에 대고) 군단장 여동생 아직 안 왔어요? 시간 넘었는데?

영상 조사실의 안유라, 핸드폰 통화 끝낸 후 마이크에 대고-

안유라	(곤란) 그게… 영내 들어오셨는데… 바로 법무참모실로 가셨다고 합니다.

도수경	(엥?) 법무참모실이요? 조사실은 여긴데 거길 왜 갑니까?
안유라	조사실이 답답하시다면서… 도 형사님께서 그리로 오시라고…
도수경	(테이블 팍- 치며 일어나는) 하! 초장부터 기선 제압 하시겠다 그 거지?

서류 챙겨 들고 분노 오르는 얼굴로 나가는 도수경인데-

23. 법무참모실 [낮]

도수경, 문을 벌컥 열고 들어오면- 홍경옥과 박 변호사(남, 40대), 서주혁이 환담하고 있다.

서주혁	(최대한 부드럽게 분위기 만들려고 노력하면서) 도 형사님, 취조 (하 려다) 아니… 관련 대화는 여기서 나누시죠.
도수경	(버럭) 대화? 내가 지금 범죄 피의자하고 대화하러 온 줄 아십 니까?
홍경옥	(표독스런) 뭐라구요? (버럭) 범죄피의자? 당신 말 다 했어?
도수경	(홍경옥 보면서) 하~! 이분 형사 우습게 보시네. (털썩 앉으며) 그 래요! 장소가 뭐가 중요해? 시작합시다!! (강조) 취~조!

도수경, 책상 위에 탁- 녹음기 올려놓자, 보다 못한 서주혁이 도 수경의 팔을 잡아챈다.

서주혁	도 형사님… 저 좀 잠깐… 보시죠.
도수경	(팔 잡힌 채) 뭐 하자는 겁니까? 이거?
서주혁	(부탁하는) 잠깐… 아주 잠깐이면 됩니다.

서주혁에게 이끌려 억지로 밖으로 따라 나가는 도수경.

24. 법무참모실 앞 복도 [낮]

서주혁에게 잡힌 팔 확 빼면서- 서주혁을 노려본다.

서주혁   (안에 들릴까 노심초사) 도 검사 고모님! 아무리 군검경 합동이라
         해도 여긴 제 관할이잖습니까? 언행과 행동을 조금만 주의해 주
         세요.

도수경   여기서 배만이 고모가 왜 나와요? 나 도수경 형사예요!

서주혁   (사정하는) 일부러 그렇게 불렀어요! 고모님 가슴에 가서 박히
         라고!

도수경   뭐요?

서주혁   다 좋은 게 좋은 거 아닙니까? 군단장님 잘못 건드리면 도배만
         검사도 좋을 거 없잖아요…

도수경   (하… 온몸 꼬이고) 이 사람, 협박을 참 간지럽게 하시네. 배만이
         랑 나는 아닌 거 서로 봐주고 그런 거 없어! (표정 무서워져서) 내
         가 묻는 말에 당장 대답해, 당신.

서주혁   (어이없는) 다… 당신? (하…) 반말까지?

         도수경, 서슬 퍼런 눈빛으로 서주혁의 명찰을 손가락으로 툭툭-
         짚는다.

도수경   (일갈) 서주혁 법무참모! 당신은 군인입니까? 검삽니까?

플래시백_____

         1화 38신 상황이다. 서주혁, 시선 돌려 차우인 본다.

서주혁   자넨 군인인가? 검사인가?

         다시 법무참모실 앞 복도, 자신에게 되돌아온 그 질문에 얼떨떨

한 서주혁.

도수경	(소리치는) 대답해요!
서주혁	(열받는) 내가 왜 그걸 형사님한테 대답해요?
도수경	내가 이 부대에 들어오는 동안 만난 사람이 죄다 군인이지만!! (가까이 다가가 무섭게) 당신은 검사여야 돼. 정확하게 죄를 묻고, 진실을 밝히는 검사 말이야! 군검사!
서주혁	(할 말 없는데 화나는) …
도수경	군단장 여동생이라고 봐줄 생각 요만큼이라도 하고 있으면 당신은 나한테 죽어. 알았어?

먼저 들어가는 도수경. 서주혁, 곤란 난감 그 자체인데-

서주혁	올해 내 사주에 여자가 많다더니… 이거였어… 사단장, 차우인 도 모자라서… 도 형사까지…

25. 보통군사법원 법정 (낮)

자막 - 군단장 공관 갑질 사건 제1차 공판

도배만	증거 제출합니다. 공관에서 근무할 때 착용 지시한 스마트워치입니다.

도배만, 비닐에 담긴 스마트워치를 법정 서기에게 제출한다.

도배만	홍무섭 군단장은 신 하사에게 스마트워치를 채워서 하루에도 수십여 차례 호출을 했습니다. 인권 침해 소지가 (하는데)
용문구	(끊고) 확인되지 않은 사실입니다, 재판장님.
양 군판사	인정합니다. 군검찰 측은 증명 가능한 사실만 말씀하세요.

도배만	(용문구에게) 그렇다면 신 하사에게 스마트워치를 채운 이유는 무엇입니까? 업무 지시 용도 아닙니까?
용문구	(여유) 업무 지시 목적으로는 하루 딱 세 차례 호출했을 뿐입니다.
도배만	하루 세 번 호출하려고 스마트워치를 채웠다는 겁니까?
홍무섭	(양 군판사 보며) 재판장님, 이 질문엔 제가 대답해도 되겠습니까?
양 군판사	물론입니다.
홍무섭	(도배만 보며) 군검사! 내 부하에게 스마트워치를 채운 이유가 궁금합니까? 신 하사를 (강조) 소중하게 아꼈기 때문입니다!

그 대답에 어이없어 하는 도배만과 차우인의 표정 위로- 홍경옥의 목소리가 깔린다!

| 홍경옥 (E) | 소중하게 아껴서 그런 거라니까요!! 신 하사를! |

26. 법무참모실 (낮)

화면 가득- 도수경을 노려보는 홍경옥의 얼굴.

| 도수경 | (황당한) 뭐요? 소중? (어이없는) 그렇게 소중한 사람한테 마트에서 때릴 듯이 손을 치켜들고, 과일을 얼굴에 집어 던진 겁니까? |

테이블에 놓인 태블릿 PC를 재생하는 도수경. 마트 CCTV 영상이다. (무음 영상) 장바구니를 들고 있는 신 하사, 홍경옥이 때릴 듯 손을 치켜들더니 과일을 집어 던진다.

| 홍경옥 | 형사님, 아직 혼자죠? 역시 비혼주의자들은 이기적이야! 오직 자기밖에 모른다니까! 이건 이타심에서 비롯된 거잖아요? 잘못한 거 혼내서 가르치고 다음에 같은 실수 저지르지 않게! |
| 도수경 | 말도 안 되는 변명하지 마세요! 왜 신 하사한테 다 큰 성인 아들 |

밥상 차리게 하고 속옷이며, 방 청소까지 다 시켰습니까?

박 변호사   그건 말이죠…

홍경목   (콱 무시하며) 내가 답할 거니까 박 변호사는 끼어들지 마세요.

박 변호사   (계속 되는 무시에) …여사님! (참는데)

홍경목   막말로 내가 개한테 욕을 했어요? 때리기를 했어요? 소중한 마음에 좀 더 생각하고 아껴 준 게 다예요. 이타심, 측은지심으로요. 아시겠어요?

뻔뻔하게 나오자 더 열받는 도수경. 옆에서 조마조마한 얼굴로 지켜보는 서주혁.

27. 보통군사법원 법정 (낮)

같은 시각. 이어지는 법정 상황.

용문구   신 하사를 위해 스마트워치를 지급했습니다. 아시겠지만… 스마트워치에는 건강 체크 기능이 있습니다.

차우인   (어이없어서) 건강 체크요?

용문구   신 하사는 가족력 때문에 부정맥 의심 소견을 받았습니다. 심박수 체크를 위해 피고인이 건넨 (강조) 선물이었습니다.

차우인   (황당한 표정으로 보는)

용문구   어느 누가 인권을 침해하겠다고 고가의 스마트워치를 선물하겠습니까?

허강인이 좋다고 웃는다. 반면, 노화영은 포커페이스를 유지하며 차우인을 본다.

용문구   선물한 스마트워치에는 위치 확인 기능이 있어서 근무지 이탈을 사전에 방지하려는 목적도 있습니다.

차우인	근무지 이탈이라구요?
용문구	군인에게 근무지 이탈은 중범죄에 해당하죠. 업무 특성상 신 하사는 공관 밖으로 나갈 일이 많습니다. 전임 병사나 부사관들이 이를 숙지하지 못해 징계를 받는 경우가 많았습니다.
양 군판사	(수긍하는) 그러니까… 신 하사가 실수로 근무지 밖으로 나가서 영내 이탈 처벌 받는 걸 막으려는 거였군요.
용문구	네, 스마트워치는 갑질의 도구가 아니라 오히려! 신 하사에 대한 군단장님의 배려를 증명하는 선물입니다.

특별석의 허강인과 노화영.

허강인	(환한 얼굴로 노화영에게) 재판, 싱겁게 끝나겠네. 다행 아니냐?
노화영	(재판에 시선 둔 채 대답 없는) 조용히 듣기나 해.

허강인, 노화영 째리다가 무안한 얼굴로 다시 재판에 집중을 하는데-

양 군판사	군검찰 측, 스마트워치와 관련해 질문 더 없겠죠?
차우인	아니요. 있습니다. 신 하사의 근무지 이탈을 방지하기 위함이라… 네, 좋습니다. 신 하사에게 묻겠습니다. 본인의 소속은 어딥니까?
신 하사	육군 제4보병사단 본부근무대입니다.
차우인	본부근무대요? 군단장 공관이 아니구요?
신 하사	네.
차우인	그렇다면 군단장 공관에 파견을 나온 겁니까?
신 하사	아닙니다.
차우인	당연히 아니겠죠. 군단장 공관은 파견 자체가 불가능한 곳입니다. 공관병 제도는 폐지됐으니까요.

차우인, 자신감 가득한 얼굴로 이어 간다.

차우인 공관 근무 병력을 민간 인력으로 대체하라는 상부 지시가 있었
습니다. 하지만 지시가 내려온들 오랜 관행은 하루아침에 바뀌
지 않죠. (강조) 병사들을 하인 취급하는 지휘관들은 공관병이
란 명칭을 운전병이나 작전병으로 바꾸고 병사 대신 부사관으
로 돌려 막기를 해 왔습니다. 신 하사의 경우는 홍무섭 군단장
이 일선 부대에서 직접 차출해 간 방식이었구요.

홍무섭 (보는)

차우인 신 하사는 이미 근무지 이탈 중인데 어째서 스마트워치로 근무
지 이탈 여부를 방지한다는 겁니까?

홍무섭 (할 말 없어 얼굴 표정 바뀌는데)

차우인 군단장이라고 절차 다 무시하고 신 하사 차출해 가서 공관에서
부려 먹지 않았습니까?

양 군판사 검찰 측, 발언을 주의하세요!

차우인 건강 체크요? 지금 신 하사의 청력이 어떤지나 아십니까?

용문구 지휘관이 자기 부하의 모든 병력을 알지는 못합니다, 재판장님.

양 군판사 인정합니다. 검찰 측, 신 하사의 청력이 이번 사건과 어떤 관련
이 있죠?

차우인 매우 관련이 있습니다!

용문구 !!

차우인 피고인에게 상습적으로 구타당해서! 고막이 나갔으니까요.

용문구 구타? 지금 검찰 측은 근거 없는 사실을 말하고 있습니다.

차우인 구타 관련 증거! 제출하겠습니다.

법정 스크린에 뜨는 사진들. 엉덩이, 허벅지, 등, 옆구리 구석구
석 시퍼렇게 멍든 사진이다. 사진을 보자- 방청석에 앉아 있는
신 하사 아내가 눈물을 흘린다. 홍무섭, 태연한 얼굴로 사진을

본다.

차우인   피고인이 신 하사에게 가한 지속적이고 심각한 구타를 증명하기 위해 신 하사에게 직접 증언을 듣겠습니다.

증언을 위해 증인석으로 가는 신 하사. 차우인은 다시 검사석에 돌아와 앉는다.

도배만   (차우인에게) 잘했어!

28. 법무참모실 [낮]

홍경옥을 노려보는 도수경.

도수경   자꾸 소중하게 여겼다는데… 그렇게 소중한 사람한테 욕은 왜 했어요?

홍경옥   뭐요? 욕? (어이없는) 나 욕한 적 단 한 번도 없어요. 우리 오빠가 장군이고 내가 장군의 동생인데… 그런 격 떨어지는 짓을 해요? 내가?

도수경   정말 안 하셨다구요?

홍경옥   저 영상에도 없잖아요! 생사람 잡지 말고 증거를 대라니까!

도수경   (재생되는 영상 자세히 보며) 입 모양이… 분명히 욕인데…

홍경옥   아, 글쎄! 안 했다니까요!

도수경   그럼 소리 좀 키워 볼까요? 저 마트가 비싼 CCTV를 설치해 놨더라구요.

홍경옥   (표정 굳는) !!

태블릿 PC 터치하며 영상을 다시 돌린다. 볼륨을 키운다. (무음 CCTV 영상이 아니었던 것)

199

홍경목 (E)	야! 이 머저리 새끼야. 너 정신 안 차려? 말귀도 딱딱 못 알아 처먹고! 귓구멍이 막혔냐, 이 새끼야?

순간- 얼굴 하얘지는 홍경옥과 박 변호사.

박 변호사	(홍경옥에게 작게) 왜 얘기 안 하셨어요?
홍경목	(굴하지 않고 일어나는) 그래요! 자꾸 말귀를 못 알아들어서 본의 아니게 한 소리 했어요! 그게 그렇게 큰 잘못이에요? 운전하다가 욕 한 번 안 해 본 사람 있냐고?
도수경	네네, 저도 운전하다가 가끔 합니다. 혼자 아무도 안 들을 때요!
홍경목	이런 시시한 거 대지 말고! 내가 진짜 갑질하고 가혹 행위 했다는 증거 있으면 가져와 봐요. 증거 말이야, 증거!
도수경	(기다렸다) 결백한 사람들은 '증거가 있으면'이라는 말을 하지 않죠. 17년간 경찰서 밥 먹고 내린 결론입니다만.
홍경목	뭐요?
도수경	증거를 원하시니… 증거를 가진 참고인을 만나게 해 드리죠. (밖에다) 윤 수사관님! 전직 군단장 운전병 한삼수 씨 들여보내세요!
홍경목	(생각지도 못한) !!

그러자, 윤상기와 함께 한삼수가 들어온다. 힙합 홀릭이 아닌 완전 증인 스타일로 변신!

한삼수	오랜만이네요. 저, 삼숩니다. 여사님이 던진 재떨이에 맞아 실명될 뻔한 그 한삼수 운전병.

홍경옥, 아뿔싸!! 하는 표정- 씨익 웃는 도수경의 얼굴.

29. [시간 경과] 법무참모실 [낮]

한삼수, 도수경에게 지난 일들을 쏟아 내고 있다. 기억을 떠올릴 때마다 울분이 솟는데.

한삼수   24시간 스마트워치를 차게 했어요. 5분마다 호출이 울렸고… 정말 미쳐 버릴 거 같았어요! 물 떠 와라. 찬물 떠 와라, 얼음 넣어 와라. 24시간이 (홍경옥 쏘아보면서) 늘 저 여자 거란 말이죠.

홍경옥   (윽박지르는) 뭐? …너… 지금 거짓말 치면서 날 죄인으로 몰아? 당장 무고죄로 고소할 거야! (박 변호사한테) 뭐 해요? 이 새끼 당장 고소장 작성하지 않구!

박 변호사   (난감한 얼굴로) 좀 침착하시죠, 여사님.

한삼수   생리대 사 오면 날개 있는 거 사 와라. 사 오면 다시 가서 더 두꺼운 거 사 와라. 또 다른 걸로 바꿔 와라. (눈물) 석류 사 와라. (설움 북받치는)

도수경, '신 하사의 진술서' 홍경옥에게 보여 준다.

도수경   이거 신 하사가 작성한 진술섭니다. 갑질 내용과 수법이 백퍼 일치하네요.

홍경옥   (울화통) 아니 (서주혁 보면서) 계속 보고만 있을 겁니까? 당신 우리 오빠 부하 아니에요?

서주혁   (난처해서 시선 피하며) …이건 …제가 봐도 너무 확실하네요.

홍경옥   (벌떡) 뭐요? 확실?! (박 변호사에게) 박 변호사! 계속 꿀 먹은 벙어리로 앉아 있을 거야? 착수금 받아 놓고 뭐 하는 거야?

박 변호사   (자리를 박차고 일어나며) 사임계 제출합니다. 딴 변호사 찾아보세요. 아! 짜증 나서 더 못 해 먹겠네! (나가 버리는)

완전히 코너에 몰린 홍경옥- 털썩 주저앉는다.

도수경	변호사 튀었네요. 자, 이제 어떡하실 겁니까? 인정하실 겁니까? 모두?
서주혁	(조마조마한 얼굴로 홍경옥 보는)
도수경	(쐐기 박는) 인정합니까? 홍경옥 씨?
홍경옥	(더 이상 방법이 없단 걸 깨달은 얼굴) …
도수경	말을 하세요!! 어서!!
홍경옥	(기어들어 가는) 우리 오빠는 전혀 모르는 일이에요. 모두 다 저 혼자 한 일이에요. 우리 오빠는 아무것도 몰라요…
도수경	(혼자 뒤집어쓰겠다?) 아… 이거 이거… 오빠한테 피해가 안 가게 하겠다?

30. 보통군사법원 법정 [낮]

증인석에 앉아 있는 신 하사. 홍무섭을 보고 바짝 얼어붙는다! 덜덜 떨리는 손. 도배만, 걸어 나온다. 그러다 신 하사가 공포에 질린 것을 눈치챘다. 다가가 자신의 큰 손으로 신 하사의 작은 손을 잡아 준다.

도배만	(신 하사에게만 들리게) 민철아.
신 하사	(그 말에 고개 들어 도배만 보는)
도배만	괜찮아. 떨지 말고.
신 하사	(숨 한 번 몰아쉬고- 고개 끄덕이는) 네, 준비됐습니다.
도배만	홍무섭 군단장으로부터 지속적인 구타를 당해 온 게 사실입니까?
신 하사	…네.
도배만	구타당할 이유는 어디에도 없지만 실수나 잘못에 의한 구타였습니까?
신 하사	처음엔 제가 실수를 해서 벌을 받는다고 생각했어요. 하지만 실수와 상관없이 구타를 당하는 날이 계속됐습니다.
도배만	그걸 어떻게 알아차렸죠?

신 하사 　　(담담하게) 군단장님 여동생… 그러니까 여사님은 매주 일요일 친정에 가십니다. 그러면 공관이 텅 비고 저와 군단장님 단둘만 있게 됩니다. 자정이 되면 스마트워치가 울립니다. 첫 번째는 준비하라는 신호고, 두 번째 울리면… 방으로 오라는 신호죠.

　　　　　　조금씩 술렁이기 시작하는 방청석.

31. (과거) 홍무섭의 공관 - 체벌 방 (밤)

　　　　　　10신 상황이다. 문을 닫고 홍무섭의 방에 들어가는 신 하사. 닫힌 문 안쪽에서 매질당하는 소리가 들려온다. 고통에 찬 신 하사의 찢어질 듯한 비명.

32. (현재) 보통군사법원 법정 (낮)

　　　　　　술렁이는 방청 군인들, 믿기지 않는다는 얼굴로 듣고 있다. 얼굴 일그러지지만 참고 듣고 있는 홍무섭.

도배만 　　혹시 피고인이 구타를 하는 이유에 대해 말한 적이 있습니까?
신 하사 　　네.
도배만 　　그게 뭡니까?
신 하사 　　(홍무섭 보면서) 군단장님이… 정확히 말하셨습니다. 누군가를 때려야…

인서트_____

　　　　　　전 신 체벌 방. 헝겊 감긴 몽둥이로 내려치는 홍무섭.

홍무섭 　　(후련한 듯) 내 화가 풀려.

　　　　　　다시 법정 안. 용문구가 자리에서 벌떡 일어난다.

용문구	(크게) 재판장님, 신 하사의 증언은 검증되지 않는 주장에 불과합니다.
도배만	(기다렸다) 외상성 고막 천공, 돌발성 난청 진단서를 증거로 제출합니다. 모두 폭행에 의한 상해라는 전문의 소견이 있었습니다.
용문구	그 폭행을 피고인이 행했다는 증거가 있습니까? 예를 들면 동영상 증거라던가.
도배만	대부분의 시간을 공관에서 보내는 신 하사가 누구한테 구타를 당합니까?
용문구	자해라면 충분히 가능하죠.
도배만	(버럭) 자해라니요? 말조심하십쇼.
양 군판사	도배만 군검사! 발언에 신중을 기하세요.
용문구	한마디로, 군단장에게 앙심을 품고 벌인 자해입니다.
도배만	(분노) 자해라는 증거가 있습니까?
용문구	저도 진단서를 제출하겠습니다. 신 하사의 정신과 진단서입니다.

도배만과 차우인, 예상치 못했다! 일순 표정이 굳는데-

33. 보통군사법원 복도 [낮]

복도에 들어서는 강하준의 모습.

34. 보통군사법원 법정 [낮]

용문구의 증거 제출에 방청석이 반응하고 있다. 조용하게 들어온 강하준, 방청석에 앉는다.

용문구	1년 전 가장 절친했던 동기인 오 하사가 극단적 선택을 했습니다. 이로 인해 신 하사는 심각한 정신적 트라우마를 겪어 왔습니다.
도배만	(일어나서) 변호인은 지금 본건과 전혀 상관없는 이야기로 재판

의 본질을 흐리고 있습니다.

용문구   (무시하고) 해당 트라우마 증상의 하나로 자해가 있습니다.

도배만   (강하게) 재판장님!

용문구   재판 결과를 불신했던 신 하사는 이에 앙심을 품고 잘못된 화풀이 대상을 택했습니다. 군단장을 상대로 거짓 제보를 하고 이를 위해 자해를 시도했던 겁니다.

도배만   (강하게) 재판장님! 변호인의 억측입니다.

양 군판사 억측인지 아닌지는 제가 판단하겠습니다. 검찰 측 증인 심문 끝났으면…

도배만   (흥분해서) 아직 안 끝났습니다!

차우인, 차분한 얼굴로 도배만의 손을 잡아 준다. 진정하라는 의미다! 도배만, 고개를 돌려 차우인을 본다. 마음이 진정이 된다. 둘 사이 오가는 시선. 방청석에 앉은 강하준이 둘의 그 모습 보게 되고- 표정이 굳는다.

도배만   (신 하사에게) 홍무섭 군단장에게 지속적인 폭행과 구타를 당하면서도 참아 왔던 이유가 무엇입니까?

신 하사, 망설이다가 마침내 입을 연다.

신 하사   돈… (울음 터지는) 때문이었습니다!

그 말에 웅성거리는 방청석. 도배만과 차우인, 이미 알고 있던 답이다.

35. (과거 교차) 홍무섭의 공관 - 체벌 방 (밤)

- 바닥에 쓰러져 신음하고 있는 신 하사. 눈앞에 지폐 다발이 담

긴 봉투가 툭 떨어진다. 어느새 온화한 표정으로 싹 돌변한 홍
무섭.

홍무섭   애가 많이 아프다면서? 병원비에 보태 써. 더 필요하면 언제든
             말하고.

홍무섭이 나가자- 바닥에 누운 채로 고통과 울분에 몸을 들썩
인다.

- 9화 50신 상황이다. 바닥에 대자로 뻗어 있는 도성환. 홍무섭
이 땀범벅 된 이마를 닦고 옷매무새를 정리하며 표정 바꾼다.

홍무섭   (수표 꺼내 들며 인자한 목소리) 들어갈 때 약 사서 발라. 아들놈 먹
             을 거나 좀 사 주고.

조사실 문 닫고 나가 버리는 홍무섭. 남겨진 도성환의 눈에서
눈물이 흘러내린다.

36. (현재) 보통군사법원 법정 (낮)

도배만, 분노가 솟구친 얼굴로 피고인석 홍무섭을 보고 있다. 증
인석에 앉은 신 하사는 울고 있다. 방청석의 신 하사 아내도 하
염없이 눈물 흘리는데-

신 하사   (울먹이며) 제 아들… 이제 세 살입니다. 가족력인 심장병으로…
             태어나서 최근까지 병원에서 자랐습니다. (눈물) 월급으로는 아
             들 병원비를 댈 수가 없었어요. 그래서… 그래서 참았습니다.

법정 안은 쥐 죽은 듯 고요하다. 방청석에 동원된 군인들도 눈

시울이 붉어진다.

도배만   홍무섭 군단장은 특별히 가정 형편이 어려운 병사와 부사관들
         만을 골라 차출해 공관에서 근무하게 하면서 자신의 폭력성을
         배출해 왔습니다.
용문구   모두 검찰 측의 근거 없는 추론에 불과합니다. 그것보다는 폭행
         이 아니라 자해라는 저희 측 주장이 더 합리적입니다.

         양 군판사, 홍무섭과 눈이 마주친다. 순간, 무섭게 돌변하는 홍
         무섭의 눈빛. 양 군판사, 잠시 고민하더니 신 하사 쪽으로 시선
         을 돌린다.

군판사   (대놓고 압박하는) 증인, 만일… 폭행이 아니라 자해였다면 위증
         죄로 처벌받을 수 있습니다!
신 하사   (강하게) 절대로 위증하지 않았습니다!
군판사   (심각) 자해라… 피해자인 증인의 진술을 믿을 수 있을지 의문이
         군요.
용문구   (더 기세를 몰아) 재판장님! 검찰 측은 오로지 피해자의 진술만으
         로 발급받은 진단서에 의지하여 이 사건 공소 사실을 유지하고
         있습니다. 이에 검찰 측에서 제출한 진단서 등 증거 채택 결정
         에 대하여 이의하며 증거 배제를 요청드립니다.
군판사   검찰 측! 증인의 진술 신빙성이 흔들리면, 피해자 진술만으로
         발급받은 진단서 역시 '증거 능력이 없다'는 것은 잘 아시겠죠?
도배만   (분노로 일어나서) 재판장님! 증거 배제라니요? 말도 안 됩니다!

         방청 군인 중 누군가 약속을 깨고 양 군판사에게 '재판 똑바로 하
         십쇼'라고 야유를 보낸다. 이내 상급자에 의해 끌려 나가는데-

도배만	신 하사는 두려움을 무릅쓰고 이 자리에 나와 용기 내어 증언했습니다!
양 군판사	(외면하듯) 진단서의 증거 능력을 다시 검토해 보고 다음 기일에 채택 여부를 공표하겠습니다. 그럼.
도배만	재판장님!

도망치듯 자리에서 일어나 나가는 양 군판사. 침통한 표정으로 자리에 남겨진 도배만과 차우인, 신 하사. 용문구, 비열한 표정으로 그 모습 보더니 홍무섭과 밖으로 나간다. 분노를 참지 못해 테이블을 쾅 치는 도배만. 노화영, 그 모습 의미심장하게 보다가 나간다.

37. 보통군사법원 복도 [낮]

화난 얼굴로 나오는 도배만과 착잡한 얼굴의 차우인이 나온다.

도배만	(분노) 군판사… 증거와 증인을 모두 배제시키기로 작정했어. 이렇게 노골적으로 나올 줄이야…

뒤이어 절망적인 얼굴로 걸어 나오는 신 하사와 아내. 차우인, 그 모습 안타깝게 지켜보는데- 그때, 도수경에게 전화가 걸려온다. 전화를 받는 차우인 표정이 서서히 굳는데-

차우인	(끊고 도배만에게) 도수경 형사님이 진술을 다 받아냈다고 합니다.
도배만	(밝아지는) 그래?
차우인	하지만… 홍경옥이 다 뒤집어서 홍무섭으로 연결되지는 못할 것 같습니다. 한삼수는 군단장에게 폭행을 당한 적이 없다고 합니다.

그 말에 더욱 분노하는 도배만, 더는 신 하사 얼굴을 보지 못하고 먼저 자리를 뜨는데- 그때, 로비로 나오던 홍무섭과 용문구가 신 하사에게 다가가면 차우인이 막아선다.

홍무섭   (신 하사 들으란 듯) 아껴 주고 배려해 줬더니 은혜를 이렇게 갚다니… 무죄 받으면, 너는 내가 곧바로 무고죄로 감옥에 처넣을 거야.

용문구   (빙그레) 그 사건도 제가 처리해 드리죠.

차우인 등 뒤에 있던 신 하사와 아내, 두려워한다.

차우인   (눈 부릅) 절대! 그렇게는 안 될 겁니다! 제가 있는 한!!

비소 보내며 걸어가는 홍무섭과 용문구의 모습에서-

38. GOP 경계초소 [밤]

노태남, 안 병장과 눈 마주치지 않으려 경직된 자세로 전방만 보고 있다.

안 병장   (노태남 뚫어지게 보다가) 너…

노태남   (시선 정면에 두는)

안 병장   눈치 깠지?

노태남   (심장 쿵) 네? 뭘요?

안 병장   (입꼬리 올라가는) 깠잖아.

노태남   (앞만 보고) 무슨 말인지 모르겠는데요.

안 병장   (표정 슬슬 험하게 변하면서) 너 군대에서 자꾸 '요'자 쓸래? 거슬리게…

노태남, 그 말에 고개 돌리면- 입은 웃고 있는데 눈에는 살기가 어리는 안 병장.

안 병장   내가 말이야… 원래 널 내 개로 만들 생각이었거든.

그러더니 갑자기 탁- 소총의 안전장치를 돌리는데!

안 병장   근데, 생각이 바뀌었다.

철컥- 노태남을 향해 소총을 겨누는 안 병장. 노태남, 동공 커지면서 뒷걸음친다.

노태남   지… 지금 뭐 하는 거예요? …초… 총 내려요!
안 병장   (눈 뒤집혀서) '요'자 쓰지 말라니깐 새끼야! 어! 쓰지 말라고! 내 말이 말 같지가 않아?
노태남   (공포감에 급기야 팍- 호흡 곤란 느껴져서 바닥에 쓰러지는) 헉… 헉…
안 병장   엄살 부리지 마, 새끼야. 너 때문에… 너 때문에… 우리 아버지가… 어떻게 됐는지… (악쓰는) 알아?
노태남   (숨 막히는) 어… 엄살 아닙니다. 숨이… 숨이…

쓰러진 노태남을 마구잡이로 밟는 안 병장. 그동안 참아 왔던 분노 다 터뜨리는데- 발에 차이고- 숨은 막혀 오고 그야말로 패닉에 빠진 노태남의 모습에서-

39. 법무실 (밤)

어두운 법무실 안. 괴로운 얼굴로 고민에 빠져 있는 차우인. 그 위로-

도배만 [E]	군판사가 올바른 판결을 내릴 수밖에 없게 만들자구. 우리가.
도배만 [E]	신 하사는 두려움을 무릅쓰고 이 자리에 나와 용기 내어 증언했습니다!
홍무섭 [E]	무죄 받으면, 너는 내가 곧바로 무고죄로 감옥에 처넣을 거야.

그때 핸드폰이 울린다. 액정 확인하고 눈 커지는데- '노화영'이
다! 바로 받지 못하다가 결국 통화 버튼을 누른다.

노화영 [F]	잠시 내 방으로 좀 오지.
차우인	용무를 여쭤봐도 되겠습니까?
노화영 [F]	재판 이겨 줄 증인이 있어. 어때? 관심 있나?
차우인	(예상치 못한 말에 놀라다가 감정 가다듬고) …지금 가겠습니다.

40. 노화영의 사단장실 [밤]

사단장실로 들어서는 차우인. 노화영 앞에 서더니 경례를 한다.
노화영이 받자 착- 내린다.

노화영	(일부러 직위 빼고) 차우인!
차우인	(보는)
노화영	내 제안을 듣고자 니 발로 직접 온 거니까 우리… 솔직해질까?
차우인	(노화영의 진위가 파악 안 되는데) 갑자기 무슨 말씀입니까?
노화영	(엷은 미소) 나에 대한 적의를 숨기려는 네 맘 알아. 하지만… 이젠 가면을 벗고 민낯으로 날 대해도 상관없단 얘기야.
차우인	사단장님이 무슨 말씀을 하시는 건지 모르겠습니다.
노화영	(피식) 속마음 숨기지 못하고, 얼굴에 드러나는 건 아버지하고 똑같구나. 차호철의 딸다워.

아버지의 이름이 나오자- 차우인, 얼굴에 분노가 일순 지나간

다. 노화영을 정면으로 보면서 대응하기 시작한다.

차우인	저에 대해 다 알고 계셨군요. (잠시) 그런데 왜 그냥 두고 보셨죠?
노화영	눈에 보이는 적은 충분히 대응할 수 있지. 뒤통수는 언제나 내 뒤에서 총을 겨누는 아군한테 당하는 거니까.
차우인	군단장님이 지금 사단장님한테 당하게 되는 것처럼 말입니까?
노화영	그래. 역시, 오늘 널 부른 내 뜻을 금방 알아채는구나. 니 아버지는 늘 널 자랑스러워했어. 너의 총명함을 자주 얘기했지.
차우인	(감정 가까스로 참으며) 제 아버지… 더 이상 입에 올리지 마십시오.

차분해지려 애쓰는 차우인. 하지만 힘겹다. 그런 차우인, 재밌다는 듯 보던 노화영. 미리 준비해 둔 서류 봉투를 차우인 앞에 툭 던진다. 입구가 봉해진- 아무 글자도 적혀 있지 않은 두툼한 서류 봉투(양 부관 사건 자료)다.

노화영	(농락하듯) 그래서… 내 증인을 받겠다는 거야? 말겠다는 거야? 차우인.
차우인	(힘겹지만) 받겠습니다, 군검사로서. 하지만 증인 채택이 힘들 겁니다.
노화영	그건 걱정하지 마. 군판사는 내 부하야. 물론 너도 내 부하고. 난 모두에게 기회를 주는 것뿐이다.

서류 집어 들더니 형식적으로 경례하고 돌아서서 나가려는 차우인. 그때-

노화영	내가 원수로만 보이겠지. 하지만 눈에 보이는 게 다는 아니야.
차우인	(계속 걷는)
노화영	니가 모르는 것도 있단 얘기야. 넌 그때 너무 어렸으니까.

차우인   (걸음 멈추는)
노화영   어쩌면 우리는 지금과는 완전히 다른 관계가 될 수도 있었어.

          차우인, 멈춰 선 채 그 말의 의미를 생각한다. 그러다 그대로 나
          간다. 그 모습 보며 입꼬리 올리는 노화영. 그 위로-

차우인 [E] 재판장님, 증인 신청하겠습니다.

41. 보통군사법원 법정 [낮]
          자막 - 군단장 공관 갑질 사건 제2차 공판

          11화 50신 상황이다.

양 군판사   증인이요? 오늘 공판에 검찰 측이 신청한 증인이 없다고 알고
          있는데요?
차우인   증인의 출석 여부를 결정하는 데 시간이 좀 필요했습니다.

42. 보통군사법원 복도 [낮]
          법정을 향해 걷고 있는 노화영과 그 옆의 양 부관. 양 부관, 걷다
          가 갑자기 다리가 풀려 걸음을 멈춘다. 따라 멈추는 노화영.

양 부관   (숨 몰아쉬며 긴장한) 죄송합니다, 사단장님.
노화영   저 앞에 널 위한 법정이 있어. 긴장할 거 없어.
양 부관   (마음 다잡으며) 네, 사단장님.

          노화영 군홧발을 떼자, 양 부관도 따라 걷는다.

43. 보통군사법원 법정 [낮]

문 열리며- 법정에 들어오는 노화영. 용문구, 머리를 맞은 듯한 표정으로 보는데- 도배만도 놀란 얼굴이다. 방청석에 있던 강하준은 물론 법정 내 모든 사람들이 충격에 휩싸이는데-

용문구   (충격) 이… 이게 무슨!

도배만   (차우인과 눈 마주치자 나지막이) 차우인!!

차우인   (냉정한) 이제부터 오늘 공판은 전적으로 저한테 맡기셔야 합니다.

노화영, 방청석 맨 앞에 선다.

노화영   재판장님, 육군 제4사단 사단장 노화영 소장입니다. 피해자 신민철 하사는 제 사단의 소중한 부사관입니다. 제 부하를 도울 수 있게 허락해 주십시오.

양 군판사   돕는다니… 그게 무슨 뜻입니까?

노화영   제 부관인 양종숙 중위가 증언할 게 있습니다!

그 순간, 법정에 들어서는 양 부관. 홍무섭, 바로 고개 돌려 양 부관을 본다. 아뿔싸! 얼굴 일그러지는데-

홍무섭   (용문구에게 작지만, 강하게) 저 증언 막아! 반드시 막아야 돼!

용문구   (벌떡 일어나서 양 군판사 보며) 사전에 약속되지 않은 증인은 절대 받을 수 없다는 뜻을 분명히 밝힙니다, 재판장님!

차우인   (강한 어조) 재판장님! 양 중위는 홍무섭 군단장의 상습적인 폭력성을 밝힐 수 있는 결정적인 증인입니다.

용문구   (큰 표정 변화 없는 양 군판사 보고 홍무섭에게 여유로) 제가 반대하는 한 군판사는 절대 동의 못 합니다.

양 군판사, 고개 들어 특별석의 노화영을 본다.

44. (과거) 군판사실 (낮)

군판사실에서의 노화영과 양 군판사.

노화영   그동안 민간 로펌 뒷돈 받아먹으며 처리한 판결이 꽤 되던데…

양 군판사   (당황) 오해십니다.

노화영   이번 재판, 순리대로 판결해야 할 거야. (무섭게) 법복 지키고 싶
으면.

양 군판사, 노화영의 기세에 찍소리도 못 하는 데서-

45. (현재) 보통군사법원 법정 (낮)

노화영과 눈 마주친 양 군판사, 애써 표정 관리하며-

양 군판사   검찰 측 증인 채택하겠습니다! 양종숙 중위는 증인석에 자리하
세요!

용문구   (믿기지 않는, 와락 굳어지며 벌떡!) 이의 있습니다, 재판장님!

양 군판사   주요 증인으로 판단되므로, 변호인 측의 이의 신청은 기각합니다.

난감한 얼굴로 앉는 용문구, 홍무섭을 불안한 눈으로 보는데-

홍무섭   (분노의 시선으로 특별석의 노화영을 보는데) 이거… 노화영이야…

용문구   (더 이해 안 되는) 네?

홍무섭   노화영… 니가 감히… 감히 나한테… 이런 짓을 해?

홍무섭, 분노한 얼굴로 노화영을 보면- 노화영, 적당히 여유로
운 표정으로 받아 준다.

46. [시간 경과] **보통군사법원 법정** [낮]

증인석에 양 부관이 앉아 있다. 홍무섭, 양 부관과 시선 마주치
자 노려보고- 양 부관은 예의 무표정으로 홍무섭을 본다.

차우인   양종숙 중위, 홍무섭 군단장에게 폭행을 당한 적이 있습니까?
양 부관   (감정 섞지 않고 눈빛 강한) 네, 있습니다.
차우인   자세히 말씀해 주시죠.
양 부관   2020년 06월 11일 01시 14분경 군단장 차 안에서 홍무섭 군단
            장에게 두 차례의 손찌검, 복부에 세 차례 구타를 당했습니다.

방청석에서 앉은 군인들, 표현은 못 하지만 놀란 얼굴.

차우인   재판장님, 그 당시 상해 진단서를 증거로 제출하겠습니다.

차우인, 법정 서기에게 진단서를 제출한다. 특별석의 노화영, 주
시하며 보고 있다.

차우인   증인이 피해 당시 녹음한 녹취 기록도 같이 제출하겠습니다. (용
            문구 보면서 쐐기) 자해라는 발언은 이젠 못 하실 겁니다.
용문구   (표정 일그러지는)
차우인   (양 부관에게) 군단장에게 폭행을 당한 이유는 무엇입니까? (양
            부관이 바로 대답하지 못하자) 괜찮습니다. 이젠 증언하셔도 됩니
            다. 그때 못 하셨으니.

'그때'라는 말에 홍무섭의 표정이 급격히 군는다! 그 표정 놓치
지 않는 용문구.

양 부관   군단장님이 부대 시찰로 그 당시 제가 근무하던 부대를 방문하

셨고, 술자리가 있었습니다. 끝나고 차 안에서 제 신체 부위에 손을 댔고… 저는 즉각 거부 의사를 표현한 뒤 강하게 다시 거부했지만…

차우인 그 후 군단장의 폭행이 있었군요.

양 부관 (어렵게) 네.

차우인 군단장에게 성추행을 먼저 당했고, 뒤이어 폭행을 당하신 거군요.

홍무섭 (버럭) 군판사, 거기 앉아서 계속 듣고만 있을 거야?

차우인 양 중위의 증언을 통해 피고인이 부하 직원을 폭행하였다는 사실이 밝혀졌으며, 이는 신 하사의 진술에 신빙성을 더해 주는 중요한 부분입니다.

양 군판사 피고인의 이의 신청은 기각합니다. 증인의 증언을 계속 듣겠습니다.

홍무섭 뭐? (일어나서 양 군판사에게) 끊어! 당장 끊으라고!

양 군판사 자중하시죠. 피고인! 경고합니다. 증인, 계속하세요!

홍무섭이 흥분하고, 차우인이 리드하고, 용문구가 난감해하는 모습들을 특별석에 앉아 여유 있는 표정으로 보고 있는 노화영. 마치 자기가 만든 작품을 감상하는 얼굴이다.

차우인 폭행 및 성추행 사건이 발생한 시기는 1년 8개월여 전. 지금에야 증언을 결심한 이유가 있었습니까?

양 부관 …그 일을 겪고… 극단적 선택을 하려고 했습니다. 하지만 (고개 돌려 홍무섭 노려보며) 그에겐 아무런 일도 아니었습니다.

플래시백_____

10화 47신. 사단장실 상황. 양 부관, 홍무섭 앞에 차를 내놓는다.

홍무섭 고마워, 양 부관. 언제 봐도 묵묵하니… 맡은 일에 충실하고 좋아, 아주.

노화영 앞에도 차를 놓고- 조용히 목례하고 사단장실을 나가는 양 부관.

인서트

10화 47신 다음 상황이다. 노화영과 대화를 마치고 사단장실 앞 복도로 나오는 홍무섭. 밖에서 대기하던 양 부관 앞에 선다. 그러더니-

홍무섭 (미소 보내며) …너, 옛날 일 아직 마음에 담아 두고 그런 거 아니지? (대답 없자) 그래, 넌 착하니까. (어깨 두드리는) 힘든 거 있으면 언제든 말하고.

홍무섭, 돌아서 간다. 분노로 지켜보는 양 부관.

다시 법정. 내내 냉정을 유지하며 이성을 잡고 있던 양 부관. 한 줄기 눈물이 흘러내린다.

차우인 성추행을 당한 피해자는 죽어 가지만… 가해자는 까맣게 잊고 잘 살아갑니다. 지금도 어디에선가 일어나고 있겠죠. 피해를 직접 입증하지 못한 피해자가 죽음으로밖에 결백을 증명할 수 없다면… 영혼을 사살하는 이 범죄는 살인에 비견할 수밖에 없습니다.

모두가 조용해지는데- 용문구, 패배를 인정한 듯 눈을 감는다. 홍무섭, 더 이상 참을 수 없단 얼굴로 테이블을 '쾅' 내리치는데-

차우인 폭력은 타인의 영혼과 신체를 파괴하는 중대한 범죄입니다. 이에 피고인에게 중형을 선고해 주시기 바랍니다, 재판장님.

발언을 마치고 검사석으로 돌아오는 차우인. 도배만이 잘했다는 듯 쳐다본다.

양 군판사   아울러 1차 공판에서 신 하사의 증언과 증거를 검토해 본 결과, 증거 능력에 이상이 없는 걸로 확인되었습니다. 기존 증거 채택 결정을 유지키로 하며, 본 판결에 참고하겠습니다.

희망적인 분위기에 도배만과 차우인이 환하게 웃는다.

47. (시간 경과) 보통군사법원 법정 (낮)
양 군판사가 선고한다.

양 군판사   군단장으로서 소속 부하들을 지휘, 감독할 지위에 있음을 기회로 직권을 남용하고, 가혹 행위를 한 사실이 확인되었다. 상습적인 폭행 피해도 확인되었다. 추가로 드러난 성추행 혐의 등에 대해서는 이후 재판에서 새롭게 다루고자 한다. 이에 따라 피고인에게 군형법 제62조 제1항 직권 남용 가혹 행위의 점, 제60조 제1항 제2호 직무 수행 중 군인 등에 대한 폭행의 점, 각 형법 제260조 제1항의 폭행의 점을 적용하여 징역 3년을 선고한다.

판결이 끝나자 대노하여 자리에서 벌떡 일어나는 홍무섭.

홍무섭   (격앙되어 비명에 가까운) 뭐? 나를 감히 감옥에 집어넣어? 야!!! 군판사들 미쳤어? (도배만과 차우인 보며) 니들이 이 나라 군인이야? 이런 말도 안 되는 재판이 어딨어?

감정을 주체하지 못하는 홍무섭. 그 모습 보며 입꼬리 올리는 노화영. 양 부관, 홍무섭의 자멸을 똑똑히 보고 있다. 노화영, 자

리에서 일어나 밖으로 나가는데-

48. 보통군사법원 복도 [낮]

노화영, 복도로 나온다. 법정에서 나와 뒤따르는 양 부관. 말없이 걷던 두 사람.

양 부관   (진심 어린) 사단장님… 감사합니다.

걸음 딱- 멈추는 노화영. 양 부관도 따라 멈춘다.

노화영   니가 그 일을 겪고 날 찾았을 때, 내가 그랬지. 내게로 오면… 군단장이 몰락하는 꼴을 반드시 보여 주겠다고!

양 부관   (존경 어린 시선) …

노화영   우린 서로에게 필요한 일을 했을 뿐이야. 그러니 인사는 생략해.

노화영, 먼저 간다. 잠시 서서 노화영의 뒷모습을 보던 양 부관.

양 부관   (혼잣말) 감사합니다. (뒤따라가는)

49. 보통군사법원 법정 [낮]

양 군판사 멱살을 잡고 있는 홍무섭. 폭력을 쓸 때 본연의 표정이 서서히 드러나는데-

홍무섭   (멱살 잡고 흔들며) 판결을 이따위로 해? 감히 나한테 유죄를 때려?

양 군판사   (겁먹은 채 소리치는) 정병! 정병!

홍무섭의 서슬에 정병들조차 쉽게 다가가지 못한다. 홍무섭의 시선으로 판사석 뒤의 깃발이 보이고, 분노 가득한 얼굴로 깃발을 뽑더니 마치 검도를 하듯 목검처럼 휘두른다. 깃발로 군판사 앞을 가로막고 다가오는 정병과 대치하는 홍무섭. 방청객과 군인들, 홍무섭의 난동을 보고 놀라고- 그야말로 난장판 아수라장이 되는 법정.

차우인   (검사석에 앉아 도배만 보며) 계속 두고만 보실 겁니까?

도배만   (피식) 한 사람의 맨 밑바닥을 볼 수 있는 흔치 않은 기회잖아. 게다가 군단장인데! (둘러보며) 다들 좋은 구경 하게 좀 더 두자.

차우인   (보다가) 이제 등판하십쇼. 재판 끝내야죠.

도배만, 일어나서 난동 중인 홍무섭에게 다가간다.

홍무섭   (분노 작렬) 도배만!! 이제 니 차례다~

홍무섭, 도배만에게 깃발을 목검처럼 휘두른다. 꽤 날렵하게 파고드는 깃발대를 이리저리 피하더니 그대로 깃발을 잡아채는 도배만. 그러고는 바로 우두둑- 두 손으로 부러뜨린다.

홍무섭   (난감한) !!

도배만, 그 틈을 놓칠세라 홍무섭 잡아 팔을 뒤로 꺾어 더 이상 날뛰지 못하게 한다. 도배만에게 꽉 붙잡혀 옴짝달싹 못 하는 홍무섭. 차우인, 검사석에 편히 앉아 미소 지으며 '감상 모드'로 돌입한다.

홍무섭   (발악) 이거 안 놔! 니가 감히! 나 군단장이야!!

도배만   (등 뒤에서 달콤하게 속삭이는) 진실 앞에선 겸손해야 돼. 당신의 그 얼굴 있잖아. 세상 누구보다 겸손하고 인자한 얼굴, 그 면상으로 군대 감옥까지 잘 살펴 가시지~!!

말이 끝나자마자 뒤로 꺾은 홍무섭의 팔을 (사람들 몰래) 분질러 버리는 도배만. 부드득- 뼈 부러지는 소리 들리고.

홍무섭   (단발마의 비명) 으아악!!

뼈가 부러져 그대로 온몸에 힘이 빠져 주저앉는 홍무섭. 고통에 비명 지를 힘조차 없다. 용문구, 그 모습 보다가 법정을 도망치듯이 나가 버린다.

도배만   (홍무섭 얼굴 보며 귀에 대고 속삭이는) 그래, 바로 그 표정. (군판사 보며) 군판사님?
양 군판사   (소리치는데) 정병! 홍무섭 피고인 당장 법정 구속 시켜.

축 늘어진 채- 정병에게 끌려나가는 홍무섭. 차우인, 도배만 보며 피식 웃어 준다. 도배만도 차우인에게 (팔 부러뜨렸다는 시늉하며) 윙크하는 데서-

50. 보통군사법원 로비 [낮]
도배만과 차우인, 로비로 나오는데- 신 하사와 아내가 기다리고 있다. 신 하사, 다가오는 도배만 보며 경례한다. 그러면 도배만, 피식 웃으며 경례를 받아 준다. 마주 선 두 사람.

신 하사   감사합니다. 진심입니다… 군검사님.
도배만   군검사… 이제야 불러 주네, 그 호칭. 나도 고마워.
차우인   (미소 짓는)
신 하사 아내   (차우인 손 잡으며) 감사합니다, 군검사님.

신 하사와 아내가 법원 나가면- 도배만과 차우인이 손 흔들며 배웅한다. 그러면서 서로 마주 보고 웃는 두 사람. 꽤 다정해 보인다. 그 모습을 멀리서 쓸쓸하게 보고 있는 강하준.

강하준 (E)   도배만과 차우인. 뜨거운 불과 차가운 얼음 같은 두 사람이었는데… 길들이고, 길들여지다 보니… 어느새 스며든 건가?

차우인, 강하준 발견하고 다가오는데- 그 뒤로 걸어오는 도배만.

차우인   (반가운) 어? 언제 왔어? 재판 본 거야?
강하준   (억지로 미소 지으며) 응… 잘했어. 멋지더라, 차 검. (잠시) 그런데 어떻게 노화영의 부관이 증인으로 나온 거야?
차우인   (아… 난감…) 그게… 어디서부터 설명해야 할지…
강하준   (뒤에 서 있는 도배만 보며) 바빠서 바로 가 봐야겠다. 나중에 듣지, 뭐. 회사 문젠 해결해 가고 있으니까. 너무 걱정하지 마. (가려는데)
차우인   (여전히 걱정) 그래, 믿어도 되는 거지?
도배만   (끼어드는) SSD 하드는 어떻게 됐어? 결정적인 게 나올지 몰라서 고대하고 있는데…

바로 대답하지 못하는 강하준. 그러다 고개를 젓는다.

강하준   그거… (도배만 보며) 복구가 불가능하더라고. 폐기했어.
차우인   (실망스런) 그래? (잠시) 그래도 고생했어, 강 대표.
도배만   (의구심 어린 눈으로 보는) …확실해?
강하준   (차우인 보며) 나, 그럼 가 볼게.

돌아서는 강하준, 표정이 확 돌변한다.

51. 용문구의 차 안 [낮]

사단장실로 가고 있는 차 안. 뒷좌석에 앉아 태블릿 PC로 뉴스를 보고 있는 용문구. 화가 여전한 얼굴이다.

기자 (E)   군사법원 측은 홍무섭 군단장에게 직권 남용죄, 폭행죄로는 이례적으로 큰 처벌을 내렸다고 밝혔습니다. 재판 중 드러난 성추행 등의 혐의에 대해선 추가 기소될 전망이며, 홍 군단장의 여동생 홍 모씨에 대한 추가 조사는 민간 검찰로 넘겨져 진행될 예정입니다.

52. 노화영의 사단장실 [낮]

만족스러운 노화영, 의자에 깊게 앉아 눈을 감고 있다. 틀어져 있던 TV에서 나오는 뉴스.

기자 (E)   한편, 국방부는 홍 군단장에 대한 육군참모총장 인사를 철회하겠다고 밝혔으며, 불명예 전역이 불가피할 것으로 보입니다.

흥분한 용문구가 벌컥 문을 열고 들어온다. 태연하게 티비를 보고 있는 노화영.

노화영   (미소) 권력이라는 게 참 신기해. 밟고 올라가는 건 수십 년이 걸리지만 내려오는 건 순식간이니까.
용문구   어떻게 저한테… 이러실 수가 있는 겁니까? 아무 언질도 없이…
노화영   자네처럼 내게 충성해 온 내 부관을 위한 보상이니 이번엔 넘어가.
용문구   혹시 도배만과 차우인을 그냥 두고 보셨던 이유가… 홍무섭 군단장을 제거하기 위함이었습니까?

224

그 말에 입꼬리 살짝 올라는 노화영. 그 위로-

플래시백_____

11화 2신 상황이다. 법무실에서 도배만과 마주 선 노화영. 그러다 책상 위에 놓인 서류를 보게 된다. '홍무섭 공관 근무 병사 및 부사관 명단', '홍무섭 군단장 공관 보안업체 리스트' 등등 홍무섭 관련 서류들의 표지. 그 위로-

노화영 (E)   혁명을 위해 필요한 건 두 개라고 하더군.

입가에 만족함이 가득한 노화영.

노화영   열정과 대담함. 내가 도배만과 차우인을 말로 부려서 홍무섭을 치워 버렸지. 지금 내가 잃은 손해가 있나?

용문구   (감정을 참고 보는)

노화영   권력은 공백을 용납하지 않아. 공백이 생기면 누군가에 의해 채워져.

용문구   장군님이 원하시는 게 군단장 자리인 줄은 알고 있었지만 이런 방법일 줄은 몰랐습니다.

노화영   군단장? (피식) 고작?

용문구   (분노를 품고 나가려다 멈춰 서더니) 장군님, 그동안 저희가 부딪히지 않았던 이유가 뭔지 아십니까?

노화영   (보는)

용문구   제가 필사적으로 선을 지켰기 때문입니다.

그 말 남기고 가는 용문구. 노화영, 엷은 미소를 짓는다.

53. IM 디펜스 앞 (낮)

분을 삭이지 못한 용문구가 IM 디펜스 건물로 들어가고 있다. 그때- 기다리던 누군가가 용문구 앞에 선다. 강하준이다!

용문구   (멈춰 서서 잠시 보다) 내 제안에 대한 답을 들고 온 거야?

강하준   (잠시) 제 압수 수색 물품 중에 SSD 하드가 있을 겁니다. 그게 내 답입니다.

용문구   (흥미롭게 보는) 하드에 뭐가 들어 있지?

강하준   노화영을 칠 수 있는 치명타.

용문구   (피식) 타이밍이 정말 좋군.

강하준   타이밍을 맞춘 거죠. 오늘 법정에서 노화영한테 뒤통수 맞은 거 봤습니다.

용문구   (흡족) 선물까지 들고 올 줄은 몰랐어, 강 대표.

강하준   당신 말대로 전쟁은 군인들이나 하라고 하죠. (입가에 미소 스며들며) 난 내 회사를 지켜야겠습니다.

입꼬리 올라가는 용문구. 그런 용문구를 바라보는 강하준의 모습에서-

54. 법무실 (낮)

차우인과 도배만이 법무실로 들어온다. 전화 벨소리가 법무실 안 사방에서 울리고- 안유라, 전화를 받느라 정신이 없다. 윤상기는 양손으로 전화기 두 대를 감당하고 있다가- 겨우, 전화를 끊는다.

도배만   (어리둥절) 이게 다 무슨 일이야? 법무실에 언제부터 전화기가 이렇게 많았지?

윤상기   (허세) 한 개 있던 거 다섯 개로 늘렸습니다. 이게 다! 오늘을 위해 제가⋯ (전화 다시 울리자 크흠 받아 들며) 예. 아 예, 말씀하십쇼.

윤상기, 진지한 얼굴로 수첩에 메모하고- 안유라, 의자에 앉아 컴퓨터를 본다.

안유라 (급한) 지금 난립니다. 전국에서 온갖 갑질 제보가 쏟아지고 있습니다. 군인권지키미 홈페이지도 서버 터졌습니다.

윤상기 (집중하려는) 두 분은 방에 좀 들어가 계십쇼. 정신 사나우니까.

안유라와 윤상기, 걸려 오는 전화 받아 들며 통화 시작하고- 그 모습 환한 얼굴로 보며 방으로 들어가는 도배만. 반면, 다소 무거운 얼굴의 차우인이 도배만의 방에 따라 들어가는데-

55. 법무실 - 도배만의 방 (낮)

도배만, 의자에 앉으면 차우인이 그 앞에 탁 선다. 무슨 말을 하려는지 알지만, 의자에 앉아 잠자코 차우인을 올려다보는 도배만.

도배만 (모르는 척) 왜 따라 들어와?

차우인 (잠시) 재판 끝났으니까⋯ 말씀드리겠습니다.

도배만 (보는)

차우인 노화영의 부관 증인 출석 미리 말하지 못한 거 (잠시) 군검사로서 마땅히 해야 하는 일이었습니다. 신 하사를 위해서도, 노화영의 부관을 위해서도. 하지만 아버지의 딸로선 아주 힘든 결정이었습니다. (감정이 살짝 올라와서 시선 내리며) 힘들었습니다.

도배만의 눈을 보지 못하고 말하는 차우인. 도배만은 그런 차우인을 계속 쳐다보고 있다.

차우인	그리고… 도배만 검사님께도 미안했습니다. (진심 어린) 정말 미안했습니다. 어찌 됐든 노화영의 도움을 얻은 것이니까요. 도 검사님과 함께 상의할까도 생각했습니다. 하지만 그 복잡한 결정은 나 혼자 내리는 게 낫다고 생각했습니다. 그래서 미리 말하지 못했 (하는데)
도배만	(끊고) 됐어. 그만해.
차우인	네?
도배만	그만 말해도 된다고.

도배만이 자리에서 일어난다.

플래시백_____

34신. 차우인, 차분한 얼굴로 도배만의 손을 잡아 준다. 진정하라는 의미다! 시선 교차하는 두 사람.

도배만 (E)	니가 아까 날 진정시켜 줬을 때.

플래시백_____

46신. 법정에서 진술을 하는 차우인의 모습.

차우인	피해를 직접 입증하지 못한 피해자가 죽음으로밖에 결백을 증명할 수 없다면… 영혼을 사살하는 이 범죄는 살인에 비견할 수밖에 없습니다.

도배만 (E)	군검사로 적의 부관을 위해서 진술을 했을 때.

플래시백_____

50신. 신 하사, 도배만 보며 경례한다. 그러면 도배만, 피식 웃으며 경례를 받아 준다.

도배만 (E)   내가 아까 신 하사에게 경례를 받았을 때.

도배만, 차우인을 바라본다.

도배만   그리고 지금… 다른 모든 이유는 필요 없게 됐어. 그러니까 그
만 말해도 된다고, 차우인.

차우인도 도배만을 본다. 두 사람의 말하지 않는 애틋한 시선이
엇갈린다. 화면, 천천히 어두워지는데-

56. GOP 생활관 (밤)
어둠 속에서 연이은 총성 소리. 드르륵- 드르륵- 한참 동안 총
성 불꽃 터진다. 어느 정도의 정적이 흐르고- 어두운 화면에서
들리는 노태남의 목소리.

노태남 (Na)   편 일병이 그랬다. 군대에선 어지간한 문제는 다 대책이 있다고.
아프면 의무실을 가고, 배고프면 취사장을 가면 된다고. 하지만
딱 하나! 미쳐 버리는 거… 군대는 미친 병사가 총을 들었을 때
대책이 없다고 했다.

화면 서서히 밝아지면- 노태남의 극심하게 흔들리는 동공이 보
인다. 생활관 침상과 바닥 주변에 피투성이로 죽어 널브러진 병
사들의 모습이 보인다.

노태남 (Na)   그러니까 미치지 말라고… 정신줄을 놓지 말라고. 특히, 소총을
쥐고 있을 때는… 절대로 미치면 안 된다고 했다.

노태남, 덜덜 떨면서 피 묻은 손에 소총을 들고 있다. 온몸이 피 범벅. 발치에 안 병장이 죽어 있다! 완전히 영혼이 빠져나간 노태남의 얼굴에서 엔딩.

13화

1. (몽타주) GOP 총기 난사 진압

- 화면 열리면, GOP 앞에 멈춰 서는 육공트럭들.
- 무장한 특임대원들이 육공트럭에서 쏟아져 내린다.
- GOP 곳곳을 조심스럽게 딛는 군홧발들.
- 연병장, 휴게실, 화장실 곳곳에 죽어 널브러져 있는 병사들.
- 생활관에 들어서자 시체들 앞에 축 늘어져 앉은 총 든 노태남이 보인다.

특임대원	총 내려! (명찰 확인하고) 노태남!
노태남	(그 소리에 패닉에 빠진 얼굴로 멍하게 대원 보는)
특임대원	(소리치는) 총 내리라고! 이 새끼야!!

공포에 질려 버린 노태남, 주춤거리며 일어나서 특임대원들을 향해 총을 겨눈다. 대원들, 일사불란하게 노태남을 에워싼다. 덜 덜 떨리는 총구. 눈이 풀린 노태남 얼굴 위로-

플래시백_____

- 3화 11신. 노화영, 주머니에서 꺼낸 수류탄을 노태남의 두 손에 쥐여 준다.
- 3화 13신. 노화영, 엎드린 노태남의 머리를 군홧발로 지르밟기 시작한다.
- 12화 38신. 쓰러진 노태남을 마구잡이로 밟는 안 병장.

노태남	(절규 쏟아 내는) 으아아아아!

일촉즉발의 상황, 노태남, 당장이라도 특임대원들을 향해 방아쇠를 당길 것 같다. 양측 사이 살벌한 대치가 이어지는 그 긴장감에서.

자막 - 일주일 전

2. 법무실 - 도배만의 방 (낮)

12화 55신 상황이다. 도배만의 눈을 보지 못하고 말하는 차우인. 도배만은 그런 차우인을 계속 쳐다보고 있다.

차우인   그 복잡한 결정은 나 혼자 내리는 게 낫다고 생각했습니다. 그래서 미리 말하지 못했 (하는데)

도배만   (끊고) 됐어. 그만해.

차우인   네?

도배만   그만 말해도 된다고. (자리에서 일어나더니) 다른 모든 이유는 필요 없게 됐어. 그러니까 그만 말해도 된다고. 차우인.

차우인도 도배만을 본다. 두 사람의 말하지 않는 애틋한 시선이 엇갈린다. 그때- 분위기 깨며 법무실에 들어서는 서주혁.

서주혁   뭐 하나? 니들?

도배만   (경례) 넵!

차우인   (경례) 공판 기록 정리 중이었습니다.

서주혁   (차우인 보며 마땅찮은 얼굴로) 하여간 넌 재판마다 내게 늘 무거운 숙제를 안겨 준단 말이야. 사단장님 부관을 증인으로 내세운 것도 너지?

차우인   군검사로서 최선을 다하기 위함입니다. 늘 말씀드리지만…

도배만   (서주혁에게) 차 검이 이번에 정말 힘든 재판 했으니 칭찬 한번 해 주십쇼.

서주혁   (칭찬인지 욕인지) 그래. 차우인 대단한 거야. 이제 4사단에서 모르는 사람 없잖아? (차우인 쩨리다 혼잣말처럼) 참, 사단장님은 어떤 분인지 알 수가 없다니까… 자기 부관을 위해서 위험을 무릅

쓴 건지… 아니면(스스로도 놀라며) 군단장님을 날리고 그 자리를 차지하려고? (감탄) 어느 쪽이든 참 대단해. 무서워… 나같이 여린 사람이야말로 군인하곤 안 맞는데…

차우인   조만간 재판 자료 받으러 도수경 형사님께서 참모실에 방문하실 겁니다.

서주혁   (구겨지며) 또? (나가며) 아우우우… 담력 훈련 좀 해야지. 안 되겠다.

법무실 나가는 서주혁. 픽- 서로 보며 웃는 도배만과 차우인.

차우인   노화영이 홍무섭을 칠 거란 생각은 늘 해 왔지만… 이렇게 빨리 실행할 줄은 몰랐습니다.

도배만   이제 본격적으로 애국회 안에서 전쟁이 시작되겠지.

차우인   (엷은 미소) 서로 물고 뜯는 아귀다툼 말입니까? 거기에 한 사람을 빼놓으면 섭섭하죠.

도배만   그래, 용문구. 재판으로 뒤통수를 맞았으니까 이제 곧, 노화영에게 민낯을 드러낼 거야.

차우인   하이에나 같은 용문구, 혼자일 땐 사자가 먹다 버린 썩은 고기만 노리다가 무리를 만들면 바로 사자를 먹어 치우려 달려들죠. 애국회와 노화영의 분열을 기다리던 용문구가 노화영에게 어떻게 나올까… (피식) 기대됩니다.

3. 용문구의 IM 집무실 [밤]

집무실 의자에 앉아 있는 용문구. 어제 강하준과의 만남을 곱씹어 보고 있다.

플래시백_____

12화 53신. IM 디펜스 앞. 용문구 앞에 선 강하준.

강하준	제 압수 수색 물품 중에 SSD 하드가 있을 겁니다. 그게 내 답입니다.
용문구	하드에 뭐가 들어 있지?
강하준	노화영을 칠 수 있는 치명타.

용문구, 핸드폰 꺼내 '강연희 검사'를 누른다.

강 검사 (F)	네, 선배님.
용문구	응. 강스 솔루션 압수 수색. 빠른 일 처리 고마워.
강 검사 (F)	말씀하신 대로 혐의 꼼꼼히 뜯어보고 있습니다.
용문구	변수가 하나 생겼어. 그러니까 속도 좀 늦춰도 돼.
강 검사 (F)	(의아) 네? (그러다) 무슨 뜻인지 알겠습니다.
용문구	근데 말이지… 강스 솔루션 압수 수색 물품 중에서 내가 좀 봤으면 하는 품목이 하나 있는데 (미소) 가능하지?

하이에나 같은 눈빛을 내는 용문구의 모습에서-

4. 강스 솔루션 연구소 (밤)

불 꺼진 연구소. 강하준이 홀로 의자에 앉아 있다. 어두운 얼굴. 책상 서랍을 연다. 안에 든 낡은 롤렉스시계. (3화 50신) 가만히 내려다보는데-

플래시백_____

3화 50신. 차우인이 강하준 손목에 있는 시계를 힐끔 본다.

차우인	(피식) 그걸 아직도 차고 있었어?
강하준	(시계를 들어 보이며) 얘가 날 구해 줬잖아. 내 목숨하고 바꾼 건데…

다시 현재. 강하준, 서랍 속에서 시계를 꺼내서 쥐는 모습에서.

5. 사단장실 앞 복도 [밤]

분노가 가득한 얼굴로 걸어가는 이재식과 눈치 보며 뒤를 따라
가고 있는 허강인.

6. 노화영의 사단장실 [밤]

벌컥- 문이 열리고 이재식과 허강인 들어온다. 자리에 태연히
앉아 있는 노화영.

노화영   (차분) 오셨습니까?

이재식   (쩌렁쩌렁하게 소리치는) 노화영! 당장 설명해! 니가 무슨 이유로
             군단장 재판에 나와서 재판을 망친 건지! 지금 이 자리에서 날
             납득시키지 못하면, (격분) 각오해라!

허강인   (비소로) 창과 방패를 동시에 내세우고 이긴다고 장담하더니!
             (눈 부릅뜨고) 장관님 말씀 못 들었습니까? 사단장? 설명을 해 보
             라니까!

노화영   화는 잠시 누르시고… 먼저 이것부터 보시죠, 장관님.

             노화영, 테이블에 있던 태블릿 PC를 켜서 이재식에게 건넨다.
             노화영의 사진이 들어간 웹 기사다. '군단장 갑질 사건 속 수뇌
             부의 용기, 열린 軍 문화의 발자취 될까?' 헤드라인. 이재식, 태
             블릿 PC를 힐끔 보지만 내키지 않는다.

이재식   (태블릿 PC 밀며 버럭) 이런 기사 따위가 뭔 소용이야?

노화영   (허강인에게 태블릿 PC 주며) 장관님께 읽어 드려요, 부군단장.

허강인   (얼떨결에 받아 들며) 하, 이거 원. (하다가 읽는) 불의의 피해를 당
             한 두 부사관을 위해 직접 나선 노화영 사단장의 용기 있는 행

보가… 화제다. (노화영 보며) 덕분에 그동안 논란이 됐던 군 수
뇌부에 대한 책임론이… (이재식 눈치 보며) 부, 불식됐다.

노화영 　(엷은 미소로) 그다음이 중요한 대목입니다.

허강인 　청와대 핵심 관계자는 특별수사팀을 꾸리면서까지 군 문화를 혁
신하려는 이재식 장관의 추진력을 높이 평가한다고 전했다. (생
각과는 다른 내용에) 이거 장관님이 걱정하시던 판이 완전히 뒤집
혔습니다.

표정이 누그러진 이재식. 허강인, 티 내지 않지만 배알이 꼴린다.

노화영 　부하를 소모품 취급하는 군단장의 가학적인 성격은 장관님도
예전부터 알고 계시지 않았습니까? 그저 모른 척하셨을 뿐.

이재식 　(끄응)

노화영 　(허강인 보며) 누구보다 군단장과 가까웠던 부군단장도 부인은
못 할 겁니다.

허강인 　(말문 막히는)

노화영 　제 부관이 당한 일 또한… 제 부관만 당했을 리도 없구요. 이번
일을 군 내부의 자정작용으로 해결해 나가게 장관님은 마침표
만 찍어 주시면 됩니다.

이재식 　마침표?

노화영 　애국회에서 군단장을 철저히 배제하시는 걸로 가시면 됩니다.

이재식 　(생각지 못한) …

노화영 　사람들을 상대하는 위태로운 줄타기는 모두 제가 하겠습니다.
장관님은 그 과실만 챙기시면 됩니다.

당당한 노화영의 모습에 눈 가늘게 뜨며 보는 이재식인데-

7. 사단장실 앞 복도 (밤)

밖으로 나오는 이재식, 달라진 표정이다. 허강인, 같이 보폭 맞춰 천천히 걸어가는데.

허강인 캬… 판세가 이렇게 뒤바뀔 거라곤 생각 못 했습니다.

이재식 (생각에 잠겨 걸어가는데)

허강인 사단장이 정말 부관을 위해서 증언을 했을까요? 아니면 군단장을 날리기 위해서 그랬을까요? (대놓고 이간질) 전 후자라고 봅니다만…

이재식 하나 분명한 건 내 머리 꼭대기에 앉아서 날 조종하려고 한다는 거야.

허강인 (기다리던 답!) 맞습니다. 맞습니다!

이재식 (걸어가는) …

허강인 아무래도 장관님이 꼬리가 수천 개 달린 백여우를 키우신 것 같습니다. (눈치 보다가) 이참에 사단장도 같이 잘라 내시면 어떻습니까?

그 말에 딱 멈춰 서는 이재식. 허강인도 따라 멈춘다.

이재식 (허강인 보며) 멍청한 놈. 니가 그러니까 저년을 못 당하는 거다. 내가 자길 쳐내지 못한다는 걸 알기 때문에 저렇게 나오는 걸 모르겠냐?

허강인 (일그러지는데) 하… 노화영! 그럼 이제 어떡하실 겁니까? 장관님?

8. 관사 앞 (밤)

도배만과 차우인, 관사 앞에 도착했다.

차우인 (잠시) 뭐 하나만 물어봐도 됩니까?

도배만	뭔데?
차우인	도 검사님은 노화영 앞에서 어떻게 그렇게 감정을 숨길 수 있는지 궁금합니다. 부모를 죽인 사람이 눈앞에 있는데요.
도배만	(보다가) 나도… 당장이라도 목을 조르고 싶을 때가 있어. 니가 총알 한 발로 모든 걸 끝내고 싶었던 것처럼.
차우인	(보는)
도배만	얼마 전에 아버지가 꿈에 나왔어. 정말 오랜만에… 만났어, 아버지.
차우인	뭐라고 하셨는데요?
도배만	꼭 이기라고. (잠시) 정의롭게 이겨 달라고.
차우인	(따뜻한 시선으로 보는데)
도배만	(차우인 보며) 들어가.

차우인, 시선 돌리다가- 다시 도배만 보며,

차우인	노화영이 제게 이상한 말을 했습니다.
도배만	무슨?
차우인	노화영과 아버지 사이에 제가 모르는 게 있다고 하더군요.
도배만	(보는)
차우인	아버지와 노화영은 어떤 관계도 아니었습니다. 유품에서도 사진 한 장 나오지 않았구요.
도배만	노화영의 간교한 연막이야. 말려들면 안 돼.
차우인	…네. (경례) 내일 뵙죠.
도배만	(경례 받으며 여러 의미 담아) 고생했어, 차우인.

도배만, 차우인의 머리 위에 따뜻하게 손 한 번 얹어 준다. 미소 보내고 먼저 들어가는 차우인. 잠시 보며 혼자 서 있는 도배만 왠지 모를 아쉬움. 그러다- 관사로 들어가는 도배만.

9. 차우인의 관사 (밤)

어두운 조명. 혼자 있는 차우인. 도배만에게 신경 쓰지 않는다고 했지만- 아버지와 같이 찍은 사진을 보며 노화영이 했던 말을 떠올리고 있다.

플래시백_____

12화 40신, 노화영의 집무실이다. 돌아선 차우인에게 말하는 노화영.

노화영   니가 모르는 것도 있단 얘기야. 넌 그때 너무 어렸으니까. 어쩌면 우리는 지금과는 완전히 다른 관계가 될 수도 있었어.

아버지 사진을 보며- 그 말의 의미를 생각하고 있는 차우인의 모습에서.

10. 노화영의 관사 (밤)

같은 시각. 혼자 거실에 앉아 있는 노화영, 책 사이에 끼워 둔 사진 한 장을 꺼낸다. 20년 전, 부대 어딘가에서 차호철과 다정하게 찍은 사진이다! 군복을 입고 무표정하게 찍은 노화영에 비해 그 옆에 선 차호철은 활짝 웃고 있다. 잠시 사진을 보는 노화영. 뒷면을 돌리면 차호철이 쓴 문구가 보인다. '노화영 소령의 평화를 기원하며- 차호철'

플래시백_____

7화 13신이 노화영 시점에서 보여진다. 어딘가에서 용문구와 통화를 하는 6년 전 노화영.

용문구 (F)   차 회장은 현장에서 사망했고… 동승자가 있었습니다.

노화영	동승자…? 누구지?
용문구 (F)	딸이었습니다. 3일 전 미국에서 귀국했다고 합니다.
노화영	(침묵, 그러다) 함께… 사망했나?
용문구 (F)	의식불명입니다. 현장을 보니… 가망은 없어 보이구요.
노화영	(대답 없는)
용문구 (F)	(반응이 의아해서) 장군님?

툭- 핸드폰 끊는 노화영. 착잡한 얼굴이다.

다시 노화영의 관사. 노화영, 사진 속 차호철 보다가 사진을 책 사이에 끼워 둔다.

11. GOP 생활관 (낮)

노태남이 혼자 생활관에 앉아 있다. 문이 열리고- 갑자기 싸제 구둣발이 턱 들어온다. 인기척에 고개를 들면- 용문구다! 양손 가득 비싼 물건이 든 쇼핑백.

노태남	(놀라서) 용 변호사가 어떻게 여길 왔어? 여기 민간인 못 들어와!
용문구	(미소) 여긴 장군님 사단입니다. 불가능한 건 없죠. (쇼핑백 안겨 주는) 얼마 전에 전화 주셨잖아요? 그래서 이렇게 왔습니다.
노태남	(얼굴 환해지는) 그럼 어머니가 보내서 왔어?
용문구	(부정의 의미로 대답하지 않는)
노태남	그치. 어머니가 그럴 리 없지. 나 생각해 주는 건 용 변밖에 없어.
용문구	(안쓰러운) 회장님, 군 생활 힘들죠?
노태남	(대답 대신 얼굴 확 굳어지는)
용문구	이왕 군복무 시작하신 거, 제가 팁 하나만 드리죠.
노태남	팁?
용문구	군대가 이해 안 되죠?

노태남	(자신의 심정 알아주기에 울컥 울석 나오는) 어떻게 이해해? 어떻게?
용문구	그래서 힘든 겁니다. 군대는 이해를 하는 곳이 아닙니다. 포기하는 곳이죠.
노태남	(일그러지는) 기껏 팁을 준다면서 그걸 말이라고 하는 거야?

그 말에 내내 따뜻했던 용문구의 표정이 무섭게 돌변한다.

용문구	괴물 같은 어머니를 평생 이해하지 못하고 결국 포기해 버린… (강조) 너처럼.
노태남	뭐? 지금 (하는데)
용문구	니 어머니 밑에서 미치지 않은 거나 여기서도 미치지 않고 있는 거… 대단한 거야… 태남아.

용문구의 도발에 동공 커지는 노태남의 모습에서-

12. (현재) GOP 생활관 (아침)

화들짝 눈을 뜨는 노태남. 꿈이었다! 기상나팔 소리 들려오자-
짜증은 나지만 일어난다. 신교대 때와는 달리 바로 일어나 소대
원들과 같은 호흡으로 침낭을 개는 노태남.

소초장	(지나가다가) 노태남.
노태남	(군기 든) 이병 노태남.
소초장	개인 면담! 따라와.

한쪽에서 침낭을 개던 안 병장, 나가는 둘을 불안한 눈으로 보는데-

13. GOP 휴게실 (아침)

아무도 없는 휴게실에 마주 앉은 노태남과 소초장.

소초장   며칠 전 경계 근무 설 때, 왜 쓰러져 있었냐?

노태남   …

소초장   사수가 안수호 병장이었잖아. 그때, 무슨 일 있었어?

대답을 머뭇거리는 노태남의 얼굴 위로-

플래시백_____

12화 38신 다음 상황이다. 쓰러진 노태남을 마구 밟는 안 병장.
노태남, 숨은 막혀 오고 그야말로 패닉에 빠진다.

안 병장   당장 안 일어나? 엄살 부리지 마. 이 새끼야!

노태남   (숨 막히는) 컥컥…

안 병장   (밟으며) 진짜 재밌는 게 뭔지 알아? 아무리 내가 널 괴롭혀도…
(쾌감) 세상은 그렇게 안 믿어. 반대로 생각하겠지.

그때- 소초장과 통신병(2인 1조)이 다가온다. 바닥에 쓰러져 있
는 노태남 보는 소초장.

대답을 머뭇거리던 노태남. 그러더니-

노태남   (억지로 대답하는) 아닙니다. 그냥… 잠깐 현기증이… 와서…

소초장   확실해? 나중에 문제 생길 일 없는 거지?

노태남   네.

소초장   그럼 됐다. 가 봐.

14. GOP 건물 일각 (아침)

휴게실에서 나와 건물 일각에 서는 노태남. 그러자 안 병장이 쓰윽 다가온다. 안 병장 보자 표정 굳어지며 경계하는 노태남.

안 병장　시킨 대로 대답했냐?

노태남　아무 일 없었다고 했습니다.

안 병장　(피식) 잘했어. 어쭈~ 이젠 말투도 바로 교정되고… 군바리 다 됐네?

노태남　(굴욕감 참는)

안 병장　너 내가 해 준 말 절대 잊지 마! 여기서 어떤 사고가 터져도, 사람들은 모두 너부터 의심해. 왜냐면, 넌, 고탈병(고자탈영병) 노태남이잖아?

통쾌하게 실실 웃음 남기고 가는 안 병장. 남겨진 노태남, 입술 깨물면서 참을 수밖에 없다.

15. 국군 교도소 면회실 (낮)

오른팔에 깁스를 하고 있는 홍무섭. 허강인이 면회를 왔다.

홍무섭　(노려보는) 왜 니가 와? 장관님은?

허강인　중요한 일정이 있으셔서 제가 대신 왔습니다.

홍무섭　(불같이 소리치는) 지금 내 일보다 더 시급한 일이 어딨어? 애국회가 뿌리째 흔들리게 생겼는데!

그 말에- 약간은 무시하는 표정으로 홍무섭을 보는 허강인. 그러더니-

허강인　아직도 현실 파악이 안 되시네.

홍무섭	(눈썹 꿈틀) 뭐라고? 너 이 새끼!
허강인	제가 이 말씀까진 안 드리려고 했는데, 장관님 지금 군 갑질 특별수사 격려차 청와대 오찬에 초대 받아 가셨습니다.
홍무섭	(생각지도 못한 상황) 뭐?!!
허강인	그래서 제가 대신 장관님 말씀 전하러 온 겁니다. 이 네 글자를 전달하라고 하시더군요.
홍무섭	(분노) …
허강인	(외워 온) 격탁양청. 탁한 것을 몰아내고 청한 것을 받아들인다. 이게 장관님 뜻이자 애국회가 나아가야 할 길이라고 하셨습니다. 그럼.

허강인, 자리에서 일어난다. 나가려는데-

홍무섭	야! 허강인. (허강인 멈추자) 너까지 날 이렇게 멸시해?
허강인	군인이 상급자에게 충성하는 이유는 나보다 강할 때죠. (비웃는) 솔직히 군단장님 하나로 흔들릴 애국회는 아니지 않습니까?

허강인, 나간다. 충격을 받은 홍무섭, 분노로 테이블 쾅쾅 내리치려는데-

16. 법무참모실 [낮]

서주혁이 썩은 얼굴로 소파에 앉아 있고 그 앞에 도수경이 앉아 있다.

도수경	(기분 좋은) 군검경 합동수사! 이거 내 적성에 딱입니다! 군단장 날리니까 사이다 한 컵 마시고 트림한 기분이네~!! 역시 나도 군인의 피가 흐르나 봐~ (서주혁 보며) 근데 참모님은 표정이 왜 그래요? 속이 안 좋아요?

서주혁	재판 끝날 때마다 윗분들 명령 기다리는 내 속을 압니까?
	그때- 차우인이 자료 박스를 들고 들어온다. 도수경과 차우인, 반갑게 눈인사하고.
차우인	혹시 홍경옥 조사에 더 참고하실지 몰라 가져왔습니다. 도 형사님.
서주혁	(짜증 확 올라와) 뭘 더 가져와! 차우인! 넌 꼭 나보다 먼저 움직이는 게 문제야.
도수경	(활짝 웃고 박스 받는) 감사합니다, 차 검사님! (서주혁 째리며) 이런 부하가 있다는 게 얼마나 행운인지 전혀 모르시네.
	그때 법무실로 걸려 오는 전화. 서주혁, 눈 질끈 감고 받는데-
서주혁	(기어들어 가는) 서주혁입니다… (듣는) … (표정 변하는데) 네? (벌떡 일어서며) 감사합니다! 사단장님. (허공에 대고 90도 인사)
	영문 몰라 서로 보는 차우인과 도수경. 서주혁, 전화 끊고- '만세' 부르는데~
서주혁	(차우인 보며) 차우인! 나 일계급 특진한단다! 사단장님이 결재 올렸대!
차우인	(형식적인 미소) 축하드립니다.
도수경	근데… 그거 차 검사님 덕인 거 같은데…
서주혁	(응? 하다가 인정) 차우인~ (밝게 웃으며) 너밖에 없다! 그래! 이번엔 너가 행운의 여신이야~ 고마웡~

17. 법무실 (낮)

차우인이 방에서 일을 하고 있다. 윤상기와 안유라는 자료 보관실에 있다. 그때 (홍무섭을 면회한 뒤에) 법무실에 들어오는 도배만. 차우인도 방에서 나온다.

차우인   아침부터 어디 갔다 오십니까?

도배만   (시계 보더니) 점심 먹고 얘기해 줄게. 차 검, 뭐 먹고 싶어?

차우인   글쎄요. 나가 보죠, 뭐.

도배만   (둘러 보고) 상기하고 안 계장은… 벌써 나갔나?

두 사람, 자연스럽게 법무실을 나선다. 자료 보관실에서 둘을 보고 있던 윤상기와 안유라, 두 사람 나가는 방향으로 시선 가다가- 이내 동시에 눈이 마주친다.

윤상기   점심을 먹으러 간다. 그것도 둘이만…

안유라   (몰아치는 불안) 방금… 우리 찾아볼 생각도 안하고 나간 거 맞죠?

윤상기   (문 쪽 다시 바라보며) 허허, 이거 원. 궁금해서 참을 수가 없군.

안유라   그럴 땐 눈으로 확인하는 수밖에요!

윤상기   나도 같은 생각!

부리나케 법무실 나서는 윤상기와 안유라.

18. 부대 근처 중국집 (낮)

삼삼오오 앉은 사람들이 밥을 먹고 있다. 군복 입은 도배만과 차우인이 마주 앉아 음식을 기다리고 있는데- 그때, 짜장면과 짬뽕이 나온다. 기쁜 얼굴로 젓가락 드는 두 사람.

차우인   (짬뽕은 자기, 짜장면은 도배만 앞에 놔 주며) 오늘은 제가 쏘겠습니다.

도배만	어? 차 검.
차우인	왜 그러십니까?
도배만	이럴 거면 아까 내가 말한 백반집으로 갔어야지. 여기 와서 이러는 건 반칙이지.

하더니- 짜장 반, 짬뽕 반으로 똑같이 나눠서 차우인 앞에 놔 주고, 자기 앞에도 둔다. 애정이 담긴 손길이다. 차우인, 그 모습 보는데-

차우인	두 번째 사냥 끝낸 보상입니다. 많이 드십쇼.
도배만	(짜장면 끌어 올려 입에 넣으며) 네! 주인님! 잘 먹겠습니다!

그때- 와자지껄하게 갑자기 사람들 모여들고, 그 속에 섞여서 들어오는 윤상기와 안유라. 최대한 도배만과 차우인이 못 보는 구석 자리로 가서 앉는다. 윤상기와 안유라의 시선으로 보이는 두 사람, 다정해 보인다.

안유라	(예리) 두 분, 눈빛이… 달라진 거 맞는 거죠?
윤상기	원래 사내 연애가 본인들만 모르고 다 아는 거지. 저 두 사람. 모르네, 몰라.

윤상기, 일어나서 매의 눈으로 식탁에 놓인 반반 짬짜면 보는데-

윤상기	(털썩 앉으며) 안 계장, 게임 끝났다. 짜장 짬뽕을 반씩 나눠 먹고 있어.
안유라	(헉!!) 네? (급 어두워지는데)
윤상기	우리가 그동안 너무 일만 하느라… 무심했네, 저 두 사람한테.
안유라	(고개 떨구고) …

윤상기	뭐 먹을래? 우리도 짜장 짬뽕 (하는데)
안유라	(확 끊으며) 고량주에 오리알이요.
윤상기	콜!! 낙동강 오리알! 인정!

윤상기와 안유라, 서로 시선 피하며 씁쓸한 얼굴인데- 그때- 중
국집 안으로 혼자 들어오는 서주혁. 윤상기와 안유라, 놀라 일어
나서 경례 붙이면-

서주혁	뭐야… 니들… 상사가 밥을 먹는지 굶는지도 모르고 밖에서 둘이…
윤상기	(바로 직장 모드 웃음) 안 그래도 지금 전화드릴려고 했습니다~
안유라	(꺄르) 그럼요~! 저희가 먼저 와서 시켜 놓은 겁니다! 네네~!!
서주혁	(삐친 얼굴) 많이들 먹어라~ 나도 오늘은 혼밥 할 거다~ (입 벌어지는) 자축하면서~
윤상기	(놀라서) 자축이라면? 일계급 특진 결재 나신 겁니까?
서주혁	(입 벌어지는) 그럼!!! 났고말고!! 초스피드로!! (좋아 죽는)
윤상기	(직장인 모드로 기뻐하는) 그게 정말이십니까? 4사단의 경사네요!
안유라	(경례 올리며) 축하드립니다!! 참모님!! 같이 드십쇼! 저희가 쏘겠습니다.
서주혁	(흥) 됐다~ 늦었거든?

서주혁, 조금 떨어진 테이블에 혼자 앉는다.

| 서주혁 | (메뉴판 보며 고민하다가 과감하게) 여기요!! 짜장 하나! 짬뽕 하나요! (입 벌어지다가) 진급해서 좋긴 한데… (급 허무) 이 기쁨을 진심으로 나눌 사람이 없네. (윤상기, 안유라 보며) 저것들이야 입으로만 축하하는 거고… |

도배만과 차우인, 밥 다먹고 나가는데 짜장면 한 젓가락 입에 욱여넣는 서주혁 본다. 서로 놀라는데-

서주혁　(짜장 입에 가득) 뭐야? 니들도? 이것들이… 나만 따돌리고… 도 검사 너까지?

도배만　(난처) 차 검과 업무 회의가 있어서 왔습니다! 천천히 드십쇼!

도배만과 차우인, 급히 빠져나가고-

서주혁　성공한 남자의 외로움은 누가 달래 주지…

서주혁, 쓸쓸히 양파 하나 춘장 찍어 먹는 데서-

19. 부대 산책로 (낮)

중국집을 나와 테이크아웃 커피를 들고 부대 산책로를 걷고 있는 도배만과 차우인.

도배만　날씨 좋다~ 이제 봄인가?

차우인　아까 해 준단 얘기는 뭡니까?

도배만　(미소) 우리가 원하는 대로 흘러가고 있어, 차우인.

차우인　애국회 말입니까?

도배만　응. 홍무섭이 날 불렀거든.

20. (과거) 국군 교도소 면회실 (낮)

깁스한 홍무섭 앞에 도배만이 앉아 있다! 예상 외로 도배만을 편한 시선으로 대한다.

홍무섭　대단하군, 도배만. 고작 애들 심부름 몇 번 시키고, 몇 차례 때린

251

걸로 3년을 받아 내다니. 그것도 나한테서.

도배만 (여유) 군단장님의 민낯이 드러나고 군복을 벗겼으니 큰 소득이 긴 하죠. 그리고 그동안 당했던 병사들 투서가 물밀듯이 들어오고 있으니 3년은… 애피타이저다 생각하고 본격적인 코스 요리도 기대하십쇼.

쓰린 얼굴로 도배만 보더니 입을 여는 홍무섭.

홍무섭 나한테 충성을 맹세해 놓고 이렇게 한 이유, (빙긋) 그걸 알아냈다.
도배만 (여유) 당연히 그럴 거라 예상했습니다.
홍무섭 너, 내 밑에 있던 수사관 부부의 아들이었더군. 처음부터 날 노리고 짠 판이었어.
도배만 제가 차린 밥상에 숟가락 올린 노화영을 빼놓으시면 안 되죠.
홍무섭 (노화영 이름 듣자 분노하는) 노화영…
도배만 그리고 애국회도.
홍무섭 (팽팽히 보는)
도배만 (일갈하며) 지금부터… 군검사는 범죄자에 존대하지 않는다. 알겠나? 당신, 애국회에서 버림받았지?
홍무섭 (밀리지 않는) 그렇게 생각하는 이유가 뭐지?
도배만 날 불렀잖아. 애국회에서 내쳐졌으니까 살길을 찾고 있는 거고. (입꼬리 올리며) 안 그래? 군단장!
홍무섭 (미소) 그래, 인정하지.
도배만 하루라도 여기서 덜 살고 싶으면 나한테 도움이 될 정보를 내놔.

빙글거리며 도배만을 보던 홍무섭, 매섭게 눈 뜨면서-

홍무섭 니 진짜 목표는 노화영이지? 나는 거길 가는 과정에 걸린 거고, 니 부모를 죽인 건 노화영이니까.

도배만	계속해!
홍무섭	노화영이 차호철 회사를 장악한 것도 알고 있겠군. 그래서 하는 말인데… 노화영이 왜 차호철 회장을 죽이기까지 했을까?
도배만	…
홍무섭	그냥 회사만 빼앗고 내쫓았어도 되는 거잖아?

예상치 못한 말을 듣는 도배만의 얼굴에서-

21. (현재) 부대 산책로 (낮)

차우인	(놀란 얼굴) 그래서요? 홍무섭이 뭐라고 하던가요?

다음 말하려는 도배만의 모습 위로-

도배만 (E)	차호철 회장을 죽여야 하는 다른 이유가 있었다는 거야?

22. (과거) 국군 교도소 면회실 (낮)
20신과 이어지는 도배만과 홍무섭의 대화.

홍무섭	차호철이 노화영을 협박했어.
도배만	!!
홍무섭	그건 애국회를 협박한 거나 같았지. 20년 전 네 부모 사고 이후로 차호철은 애국회 비리 자료를 미친 듯이 수집했어. 애국회 엑스파일. 우리끼린 그렇게 불렀지.
도배만	(퍼즐이 맞춰지는 놀라움) 애국회 엑스파일이 완성된 시점이… 6년 전이었다는 거고… 그걸로 노화영을 협박했던 거고?
홍무섭	(피식) 그래. 만약 그때 애국회 엑스파일이 공개됐다면 지금의 애국회는 없었겠지. 노화영이 모든 걸 잠재웠어. 회사를 집어삼

키고, 눈엣가시였던 차호철도 제거하고.

도배만 (뭐라 말을 할 수 없는) !!

홍무섭 그래, 도배만. 니 말이 맞아. 애국회가 날 버렸어. (분노) 난 이 안에서 애국회가 침몰하는 꼴을 똑똑히 봐야겠어.

입꼬리 올라가는 홍무섭.

23. (현재) 부대 산책로 (낮)

화면 가득- 차우인의 놀라는 얼굴.

차우인 (생각지도 못한) 아버지가 애국회를 무너뜨리려 했다구요?

도배만 차 검 아버님이 만든 애국회 엑스파일. 그걸로 노화영과 애국회를 협박했다고 했어.

차우인 (놀라움) 홍무섭 말을 어디까지 믿을 수 있을까요?

도배만 애국회에서 버려진 사람이 한 말이니까… 우리가 판단해야겠지. 중요한 건 우리가 예견한 내분이 시작된 거야, 애국회.

그 말의 의미를 곱씹는 차우인.

도배만 (조심스럽게) 혹시 차 검 아버님이 남기신 물건 중에…

차우인 애국회 엑스파일로 의심되는 자료가 있는지 궁금한 거죠? (잠시) 없었어요.

도배만 그치. 차 검이 그걸 놓쳤을 리가 없지. 그렇다면 가능성은 셋이야.

차우인 (보는)

도배만 애국회 엑스파일이 영원히 사라졌거나, 노화영에게 있거나… 다른 누군가에게 있거나.

차우인 노화영에겐 없을 겁니다. 아버지에게서 뺏었다면, 그걸 이미 활용해서 지금보다 더 높이 올라가 있었겠죠.

도배만	그럼 용문구는?
차우인	6년 전에 애국회 엑스파일이 완성된 거니까 용문구는 파일 존재 자체도 모를 가능성이 커요.
도배만	그래. 그때는 검사 시절이니까.
차우인	혹시 모르니까 원기춘이 남긴 상자를 다시 살펴보죠. 우리가 놓친 게 더 있을지 모릅니다. (발걸음 떼는)
도배만	잠깐만.
차우인	(멈춰서 보는)
도배만	애국회 엑스파일에 접근 가능한 한 사람 얼굴이 방금 떠올랐는데… 아무래도… (차우인 보는) …아니겠지?
차우인	(도배만 생각 알아차리고) 아닐 겁니다.

24. GOP 연병장 (낮)

화면 가득 보이는 노태남의 얼굴. 그 위로 차우인의 목소리가 깔린다.

차우인 (E)	노태남은… 아닐 겁니다.

거리 두고 보이는 곳에 소대원들이 몰려 있다. 그 안에 편 일병과 마 병장, 마주 보고 있고-

마 병장	(잔뜩 거슬리는) 뭐? 방금 했던 말 다시 해 봐!
편 일병	(눈 질끈) 시키시는 거 다 했습니다. 침낭도 들어가고. 근데… 저희 어머니 욕하는 건 못 참습니다. 사과… 하십쇼.
마 병장	오~ 이 새끼 봐라. 꿈틀할 줄도 아네?

노태남, 구경하는 소대원들 뒤에서 서서 그 모습을 본다. 마 병장, 편 일병의 어깨를 강하게 팍팍 치며 한 발씩 다가간다.

마 병장	(쪼개며) 니 눈엔 나만 나쁜 놈 같지? 근데 그거 전부 다~ 니 탓이야.
편 일병	…
마 병장	그러게 왜 참아. 니가 계속 참으니까 재밌잖아.

마 병장, 그러더니 바로 때릴 듯 확 손을 쳐들면- 크게 움찔하는 편 일병.

마 병장	(키득) 봐! 봐! 이거야, 이거라니까! (아쉬운) 이 재밌는 걸 제대하면 못 한다. (병사들 보며) 나 재입대할까?

마 병장, 편 일병이 끼고 있던 안경을 뺏는다. 달라고도 못 하고 참고 있는 편 일병.

마 병장	(안경테를 우드득 분지르면서) 그러니까 참지 말지… 왜 그랬어?
편 일병	(참는)
마 병장	아까 하던 얘기 계속할까? 편! 니네 엄마… 산문역 앞에서 떡볶이 팔지? 내가 제대하면 가서 함 확 뒤집어 놓을라고. 휴가 나갔을 때 거기서 한 번 사 먹은 적 있는데 다리가 많이 불편하던 거 같던데…
편 일병	(분노 참는, 눈물 솟는) …!!!
마 병장	야야 농담이야, 농담.
병사 1	편! 넌, 새끼야 농담도 구분 못 해?
마 병장	암튼, 남은 군 생활도 꾹 참아라. 어머니를 위해서.

안경테 바닥에 툭 던지고 가는 마 병장과 낄낄거리며 가는 병사들. 그 모습 보던 노태남의 모습에서-

25. GOP 생활관 [낮]

화면 가득- 노태남이 편 일병의 부러진 안경테를 검은 테이프로 둘러 주고 있다. 노태남, 검은 테이프로 감은 안경을 편 일병에게 씌워 준다.

편 일병   (안경 쓴 채로 노태남 보는) 잘 보여…
노태남   (안타까운 눈으로 보며) 담부턴 참지 마십쇼.

처량한 모습의 두 사람, 서로 보는 데서-

26. 다방 아지트 - 비밀의 방 [낮]

비밀의 방에 급히 들어오는 도배만과 차우인. 상자를 꺼내려 분장실로 들어가는 차우인, 헌데- 놓아둔 곳에 상자가 없다! 차우인, 당황한 얼굴로 주변을 다 뒤져 보는데- 도배만도 같이 찾는다.

도배만   여기 둔 거 확실해? 관사나 다른 곳 아니고?
차우인   (갑자기 생각나서) 아… 강 대표가 가져간 것 같네요.

차우인, 강하준에게 전화를 거는데- 부재중 전화로 넘어가고 받지 않는다.

도배만   (불만 가득) 가져가면 가져간다고 말을 해야지. 중요한 걸 함부로 가져가면 어떡해?
차우인   하드에서 찾아낸 게 없어서 자료를 더 찾아보려고 했던 것 같아요.

강하준에게 문자를 남기는 차우인. 〈강 대표, 원기춘 자료 박스

혹시 가져갔어?〉

27. 용문구의 IM 집무실 [낮]

비서가 SSD 하드를 가지고 오더니 테이블에 내려놓는다. 강 검
사와 통화하고 있던 용문구.

용문구   지금 도착했어. 강 검사, 조만간 청에서 보자고.

용문구, 핸드폰 끊고 SSD 하드를 가지고 소파로 간다. 소파에 앉
아 있던 누군가의 뒷모습. 다름 아닌 강하준이다! 용문구, 강하
준에게 하드를 넘기자 강하준, 노트북에 하드를 연결한다. 몇 번
클릭하면- 노트북에서 원기춘의 목소리가 흘러나온다.

원기춘 (E)   차호철 회장 몰아낼 때도 총대 메고 법정에서 거짓말했어요! 오
직 사단장님을 위해서! 그뿐입니까? 20년 전 사단장님이 냈던
트럭 사고! 그 젊은 군인 수사관 부부를 차로 들이받았던…

용문구, 파일을 일시정지 하곤 만족스럽게 웃는다. 그러다 강하
준 발아래 놓인 상자를 본다. 차우인이 비밀의 방에서 찾던 박
스다!

용문구   (박스 보며) 그건 뭐야?
강하준   6년 전… 당신이 검사 시절 지은 죄들.
용문구   (놀라는) 내 과거의 기록이라고?
강하준   그리고 원기춘의 비밀 금고.

그때, 강하준의 핸드폰에 들어오는 차우인의 문자. 〈강 대표. 원
기춘 자료 박스 혹시 가져갔어?〉 강하준, 차우인의 문자를 잠시

보다가 핸드폰 닫는다. 용문구, 박스 안의 자료들을 꺼내 살펴보고 있다.

강하준   당신이 조작하고 부풀렸던 차호철 회장님의 비리 혐의들이지. 그걸 원기춘이 모아 두고 있었어. (피식) 일이 잘못되면 혼자라도 빠져나갈 생각이었겠지.

용문구   (약간 놀라며) 강 대표. 한 번 등을 돌리니 피도 눈물도 없구만. 생각지도 않은 선물을 또 가져오고.

강하준   기대 이상으로 안겨 줬으니… 이제 내가 받을 차례야. 기대 이상으로.

용문구   조만간 이재식 장관님과 미팅이 있어. 함께 참석하지. 그 자리에서 내가 어떤 그림을 그리고 있는 건지 알 수 있을 거야.

그 말에 만족스럽게 웃는 강하준인데-

28. IM 디펜스 로비 (낮)

로비에 들어서는 차우인. 나가는 사람과 부딪히는데- 반응도 없이 멍한 얼굴이다. 그 위로 -강스 솔루션 부대표와의 통화가 깔린다.

차우인 (E)   부대표님, 혹시 회사 상황 좀 자세히 알 수 있을까요?

인서트_____

26신 다음 상황이다. 다방 아지트에서 부대표와 통화 중인 차우인. 그 옆에 앉은 도배만도 보인다.

부대표 (F)   강 대표님이 내색을 안 하신 모양이군요. 압수 수색까지 들어왔는데…

차우인	(놀라는) 압수 수색이요?
부대표 (F)	네. 그래도 다행히 급한 불은 껐습니다. 용문구 대표님 덕분에…
차우인	(상상도 못 한 이름) !!
부대표 (F)	지금 강 대표님, 용 대표님 만나러 IM 디펜스에 가셨습니다.

그대로 돌처럼 굳어 버리는 차우인의 얼굴.

차우인의 시선으로 엘리베이터에서 내리는 강하준과 용문구가 보인다! 용문구, 강하준의 어깨를 가볍게 두들겨 주면서 손 내밀면- 강하준, 꾸벅 인사하며 용문구와 악수를 한다. 다시 엘리베이터를 타고 올라가는 용문구. 강하준, 뒤를 돌아 이동하려다- 거리 두고 자신을 보고 있던 차우인과 눈이 마주친다. 그대로 멈춘 채, 서 있는 차우인과 강하준.

29. 한강 둔치 (밤)

둔치를 바라보고 서 있는 차우인과 강하준. 바람이 심하게 분다. 누가 먼저 말을 꺼내야 할지 몰라 한동안 말없이 서로 바라보는 둘.

차우인	우리… 오랜 친구 아니었어? 힘들 때마다 서로 도와 온?
강하준	(차라리 후련한) 넌 이제 내 도움 필요 없어. 도배만이 있으니까.
차우인	(어이없는) 도 검사 때문이라고?
강하준	(똑바로 보는)
차우인	(분노와 슬픔이 섞인 눈으로 보는데)

지금까지와 확 다른 얼굴로 돌변하는 강하준. 이런 얼굴이 있었나 싶을 정도다.

강하준	차 회장님 복수가 중요해서… 너와 모든 걸 공유하고 나눌 수 있어서 내 마음 같은 건 그냥 나 혼자 가지고 있는 것만으로도 좋았는데… 이런 식으로 말하게 될 줄 나도 몰랐다.
차우인	(힘겹게 보다가) 회사가 어려우면 나한테 말을 했어야지. 니가 어떻게 용문구랑 손을 잡아?
강하준	내가 그동안 널 도운 건 차 회장님의 도움을 갚기 위해서였어! 이제 너한테 난 없어도 되는 사람이야.
차우인	…
강하준	용문구에게 자료를 넘긴 건… 나만 믿고 있는 우리 회사 직원들 어떻게든 내가 살려야 했어.

강하준, 양복 상의 주머니에서 뭔가를 꺼내 차우인에게 건넨다. 롤렉스 손목시계다.

강하준	이거 필요 없겠지만… 나도 못 가지고 있어.

차우인에게 시계 건네고 냉정하게 돌아 걸어가는 강하준. 그 모습 보는 차우인.

30. 다방 아지트 (밤)

도배만, 초조한 얼굴로 왔다 갔다 하며 차우인을 기다리고 있다. 그 모습 걱정스러운 눈으로 보던 볼트. 진정하라는 의미로 멍멍-

도배만	(볼트 쓰다듬으며) 괜찮아. 아무 일 없을 거야, 볼트.
볼트	(도배만 품으로 파고드는)

31. (교차) 한강 둔치 + 다방 아지트 (밤)

차우인, 강하준이 가고 난 후, 자리를 떠나지 못하고 둔치에 앉

아 있다. 그때- 핸드폰 울리면 '도배만'이다. 잠시 보다가 받아 드는데-

도배만	강 대표 만났어?
차우인	(가라앉은) …네
도배만	아직 만나고 있어?
차우인	(잠시) 강 대표가 용문구와 손을 잡았습니다.
도배만	(믿기지 않는) 뭐?
차우인	… (눈물 맺히는)
도배만	우릴 배신했다고? 아… 아니… 차 검을 배신했다고?
차우인	회사를 지켜야 했었다구요. 그리고… 저에 대한 원망도 있었던 것 같구요.

차우인, 더는 마음을 숨길 힘이 없다. 눈물 흘러내리는데-

차우인	(분노와 슬픔) 분명 용문구가… 강 대표에게 먼저 다가간 겁니다. 우리를 분열시키기 위해서요.
도배만	(안타까운) 차우인… 지금 우는 거야?
차우인	…제가 해결할 겁니다. 이건 강 대표와 저와의 문젭니다.

핸드폰 내리는 차우인. 눈물 가득한 눈으로 강가를 바라보는 데서-

32. 도배만의 차 안 (밤)

도로를 질주하고 있는 도배만의 차량. 도배만, 분노한 얼굴로 운전 중이다.

33. 강스 솔루션 연구소 [밤]

강하준, 어두운 얼굴로 혼자 연구소에 앉아 있다. 그때- 바로 들어서는 도배만. 들어오자마자 강하준의 멱살을 끌고 밖으로 나가는데-

강하준   (낮은 목소리) 도배만… 이건 놓고 말하지…

34. 강스 솔루션 활주로 [밤]

강하준을 끌고 나오는 도배만, 주먹으로 강하준을 바로 갈겨 버리는데- 도배만의 일격에 바닥에 쓰러지는 강하준. 아픔을 참으며 일어선다.

강하준   (고통과 아픔 느껴지지만 애써 참는) 이제 그만 가 봐. 너하고 할 말 없으니까. 이제 우린 다시 만날 일 없어.

도배만   (분노 올라오는데) 니가 차우인을 배신해?

강하준   (일그러지는) 더 말하지 마. 니 입에서 나오는 말 듣기 싫으니까!

도배만   (소리 지르는) 말해! 용문구가 뭘 내걸었는지!!

강하준   (보다가) …거절할 수 없는 제안.

도배만   !!

강하준   (자조 섞인) 예전의 너처럼… 나도 거절할 수 없었어.

그때- 바로 또 다시 날아드는 도배만의 주먹. 강하준, 이번엔 도배만 막으며 한 대 친다. 도배만도 입술 터지면서 벽에 처박히는데-

도배만   (입술 피 닦으며 분노 삭히는)

강하준   서로 값은 치른 거 같으니까… 가라. 이제.

도배만   (이성 찾고) 니가 용문구 편에 선 이상. 넌 이제 우리의 적이야.

(쐐기 박는) 그리고 다시는 차우인 앞에 나타나지 마. 그랬다간 내가 가만있지 않아.

돌아서 가는 도배만, 그 모습 보는 강하준의 얼굴에서-

35. 차우인의 관사 [밤]

차우인, 철봉에 거꾸로 매달려 있다. 분노와 배신감, 슬픔 참으며 버틴다. 그 위로-

플래시백_____

29신. 한강 둔치 상황이다.

강하준   내 마음 같은 건 그냥 나 혼자 가지고 있는 것만으로도 좋았는데… 이런 식으로 말하게 될 줄 나도 몰랐다.

철봉에서 내려오는 차우인. 책상 위 강하준에게 돌려받은 시계를 바라보는 데서-

36. 용문구의 IM 집무실 [낮]

다음 날이다. 강하준, 말끔한 슈트 차림으로 용문구의 집무실로 들어선다. 상석에 이재식이 앉아 있고 그 옆에 허강인이 있다. 그리고 맞은편 옆에 용문구가 있다. 강하준, 이재식에게 고개 깊이 숙이는데-

이재식   (차근차근 뜯어보는) 이 친군가?
용문구   그렇습니다.
강하준   장관님, 만나 뵙게 돼서 영광입니다. 강하준이라고 합니다.
이재식   서른도 안 됐다구? (의미심장) 여러 능력이 탁월하구만.

강하준	(여유) 외람된 말씀이지만… 한국에 오기 전 근무했던 월가에서는 점심 식사 메뉴는 신중하게 고르고 투자는 신속하게 결정하라고 했죠. 좋은 사업가로 성장하기 위해 노력하는 중이니 아무쪼록 좋게 봐주십시오, 장관님.
용문구	머리도 비상하고 능력은 더 말할 게 없는 친굽니다. 믿으셔도 됩니다.
이재식	(강하준 계속 뜯어보며) 젊음은 젊은이에게 주기엔 너무 아깝단 말이 있어. 젊다는 건 큰 리스크기도 하지.
허강인	(이재식 보며) 그래도… 배짱도 있어 보이고 그릇이 작아 보이진 않습니다.
용문구	제가 보증하겠습니다. 이제 장관님이 주시는 수주들과 IM 사이에는 (강하준 보며) 강하준 대표의 강스 솔루션이 있을 겁니다.
강하준	장관님과 대표님께 누가 되지 않도록 최선을 다하겠습니다.
이재식	(두 사람 보며) 근데… 둘은 어떤 관계야? 친구? 친구끼리 하는 사업은 끝이 좋은 걸 본 적이 없는데…
강하준	이 사업을 하면서 용 대표님과 (강조) 친구가 될 겁니다.

용문구에게 미소 보내는 강하준. 용문구, 저돌적인 강하준에게 놀라면서 이재식에게는 환하게 미소 짓는 데서-

37. IM 디펜스 앞 (낮)

IM 디펜스 앞에 정차하고 있는 설악의 밴 안이다. 시끄러운 음악 들려오고- 각자 온갖 포즈 잡으면서 카톡 프로필 사진을 찍고 있는 설악과 지리.
그러다- 설악의 시선으로 로비로 나오는 용문구, 강하준과 이재식, 허강인이 보인다. 이재식과 허강인이 한 차로 떠나면, 90도로 인사하는 용문구과 강하준.

지리	(알아보는) 어! 상자 다섯 개 받으신 분 맞죠?
설악	(매서운 눈으로 강하준 보는) 뉴 페이슨데… 설마 내 라이벌?
지리	(강하준 보며) 우리 같이 힙한 스타일은 아닌 거 같은데요?

그때- 밴 안으로 흑범이 들어온다.

| 설악 | (버럭) 어? 북군바리! 너 핸드폰도 꺼 놓고 어딜 돌아댕기다 이제 낯짝을 들이미는 겨? 입사한 지도 얼마 안 된 놈이 52시간 근무 안 지킬 거여? |

흑범, 품에서 '사직서'라고 쓴 흰 봉투를 꺼낸다. 설악에게 바로 건네는데.

흑범	요 매칠 혼자 남한 여행 좀 했시오, 할마니 고향인 창녕에도 갔다오고… (뭔가 결심한) 내래 돌아가신 할마니 소원 들어주기로 결심했시오. 마침 남한 정부에서 영농사업 지원책이 있다고 해 이 바닥 뜰까 하오.
지리	너 아직 우리랑 근로 계약 종료 전인디?
흑범	(설악 비웃는) 당신이 내 스타일이 아니오. 겁이 너무 많소.
설악	(어이없는) 뭐여?
흑범	(밴 밖에 있는 용문구 보며) 저 동무 앞에서 설설 기기나 하고… (설악 보며) 첨엔 당신이 맘에 들어서 들어왔는데 이젠 아니오.
설악	(흑범의 무시에 헛웃음 터지고) 하… 하하하하… (하다가) 너… 내가 거사를 앞두고 있어서 참는 거니까 운 좋은지나 알고 썩 꺼져라 잉~ (지리에게) 퇴직금 없고! 자진 퇴사니까 실업 급여 없고~

흑범, 비웃으며 밴에서 내리더니 설악에게 일갈한다.

흑범   내래… 주먹질로 먹고살아 왔어도 겁대가리는 상실하지 않고
         살아왔소. 욕심이 겁을 부르는 거요! 오야가 겁을 집어먹는 조
         직은 오래가지 못하오!
설악   (분 터지는데) 뭐여? 근데 이 자식이 관두는 마당에 소금을 뿌려?

         흑범, 밴에서 내려 환하게 웃고 발걸음 가볍게 사라진다.

지리   (왠지 부러운) …북군바리… 겁나 힙혀… (혼잣말) 나도 무너지기
         전에 박차고 나가야 하는 거 아니여? (설악 눈치 보는)

38. 다방 아지트 - 비밀의 방 (낮)
         차우인, 무거운 얼굴로 복수의 지도를 보고 있다. 방으로 들어와
         옆에 서는 도배만. 잠시 차우인 본다. 차우인, 시선 돌리지 않고
         지도만 보는데-

도배만   괜찮아?
차우인   … (시선 고정) …노력 중입니다, 괜찮아지려고.
도배만   (복수의 지도 보며) 차 검에게 가장 중요한 일을 함께 준비했던 오
         랜 친구였잖아. 받아들이기가 쉽지 않겠지.
차우인   회사를 위해, 직원들을 위해… 강 대표가 다른 방법이 없었다고
         생각하려고 합니다. (잠시) 사업가로 IM을 오래 지켜 왔던 아버
         지는 그 세월을 어떻게 견디셨을까 하는 생각도 하게 되네요.
도배만   이제 우리의 모든 정보를 용문구가 다 알게 되겠네…
차우인   (보는) …죄송합니다, 도 검사님.

         도배만, 그 말에 - 위로와 용기를 담아 차우인, 머리 한 번 만져
         준다.

| 도배만 | 이제 차 검과 나 둘이서… 더 강해지는 수밖에 없어. 용문구도 이제 노화영만큼 우리에게 큰 적이 된 거니까. |
| 차우인 | (도배만 보며) …네. |

강한 눈빛으로 복수의 지도를 바라보는 도배만과 차우인에서-

39. GOP 경계초소 (밤)

편 일병과 김 병장이 근무를 서고 있다. 김 병장, 검은 테이프 달린 편 일병 안경테를 봤다.

| 김 병장 | 새끼야. 안경테가 그거뿐이냐? (한심한) 아주 궁상을 떨어요. 엄마한테 안경 좀 보내 달라고 해. |

그러나 김 병장이 하는 말 들리지 않는 편 일병.

| 마 병장 (E) | 내가 제대하면 떡볶이집 함 확 뒤집어 놓을라고. 휴가 나갔을 때 거기서 한 번 사 먹은 적 있는데 다리가 많이 불편하던 거 같던데… |

편 일병, 마 병장의 그 말이 윙윙거리면서 뭉개지고 공포 가득하게 들리는데-

편 일병	(퍼뜩 정신 차리고) 지금 핸드폰 있으십니까?
김 병장	뭐?
편 일병	(다급) 지금 엄마한테 전화 좀 해야겠습니다. 울 엄마가 위험합니다.
김 병장	갑자기 뭔 소리야?
편 일병	(울기 직전) 우리 엄마 무사한지 확인 좀 해야겠습니다. 마 병장

이… 제대하면… 울 엄마를… 울 엄마를 (하는데)

김 병장, 단번에 소총 개머리판으로 편 일병 무릎을 강타한다.
헉– 무릎 꺾여 쓰러지는 편 일병. 개머리판으로 픽픽 편 일병의
등을 치는 김 병장.

김 병장   너 정신 안 차려? 나랑 장난해?

편 일병   (엎드린 채 맞으며) 마 병장이 우리 엄마한테 해코지한다고 했습
            니다! (덜덜 떨며) 울 엄마 다리 또 다치면 못 걸어요… 다신…

김 병장   (때리며 버럭) 마 병장님 지금 자고 있잖아!!

편 일병   (그 말에 탁 소총을 잡아채며 눈 부릅) 제대 안 했습니까?

김 병장   (소총 흔들어 보지만 끔쩍하지 않는) 너 이거 안 놔?

편 일병, 생각보다 힘이 장사다! 픽– 소총 개머리판으로 김 병장
을 쳐 버린다. 바로 기절해 버리는 김 병장.

편 일병   (눈이 확 돌아가서) 마 병장 좀 찾아보고 근무 복귀하겠습니다.
            (기절한 김 병장을 향해 소총으로 경례) 단결!

탄약 박스에서 수류탄을 꺼내고, 김 병장 총까지 총기 2정을 확
보한 편 일병. 여분 소총 어깨에 메더니 경계초소를 벗어나 생
활관으로 향한다.

40. GOP 휴게실 (밤)

휴게실, 활동복 복장으로 전기포트에 라면을 끓여 먹고 있던 병
사들. 총으로 무장한 편 일병이 들어선다. 그러거나 말거나– 라
면 끓이고, 장난치고 있는데–

병사1	(늘 하던 대로 하대) 야! 편!
편 일병	(비장) 마 병장 어디 있습니까?
병사2	뭐? 마 병자아앙? 병자아아아아앙?
편 일병	마 병장 목소리가 들린 거 같은데?
병사3	이 새끼가 갑자기 처빠져 가지구 아무리 말년이래두 존칭 안 붙이냐?
편 일병	어딨습니까? 마 병장?
병사2	근데, 너 지금 전반야 돌고 있는 중 아니야? (편 일병 뒤에 들쳐 멘 소총을 보고) 어? 그거 누구 소총이야?
병사2	(키득키득) 그러게. 저 새끼 왜 총이 두 개냐?

그러자 편 일병이 소총을 들어 병사들에게 겨눈다.

병사1	(키득) 너 지금 뭐 하냐? 왜? 쏘게?
병사2	쏘지도 못할 새끼가 개폼 잡고 있네.
병사3	(편 일병의 따귀를 후려갈기더니) 정신 차려, 새끼야! 죽고 싶냐?

그러자 소총을 내리는 편 일병.

병사3	(키득) 그래. 니가 그래야 편이지.

편 일병, 몸을 돌려 휴게실을 나간다. 뭔가를 바닥에 툭 던지고 문을 닫아 버리는데. 주르륵- 병사들 발밑으로 굴러오는 수류탄. 병사들 경악하면서 비명 지르는데-

41. GOP 복도 (밤)
기다란 복도로 나오는 편 일병, 미쳐 버린 얼굴 위로-

편 일병   (혼잣말) 나 이제 안 참아… 내가 참으면… 엄마가 위험해.

           등 뒤로 펑! 소리 나며 휴게실이 폭발한다!

42. GOP 생활관 [밤]

           취침등만 켜진 채, 자고 있던 노태남. 수류탄 터지는 소리에 눈
           을 확 뜬다. 침낭 속에서 핸드폰으로 드라마를 보던 안 병장도
           놀라서 일어나고- 누군가 실내등을 탁- 켠다.

병사 4   이거 무슨 소리야? 뭐야?
병사 5   뭐야? 누구야? 어디서 들린 거야?
안 병장   (버럭) 빨리 나가 봐! 누가 빨리 나가서 확인하라고!

           하지만 모두 얼어붙어서 움직이지 못하는 그때- 드르륵- 총성
           들리기 시작한다! 노태남, 덜덜 떨기 시작하는데-

43. GOP 복도 [밤]

           복도를 뚜벅뚜벅 걸으며 문을 열고 총을 갈기는 편 일병. 드르
           륵- 드르륵- 분노도, 그렇다고 희열도 없이 그저 무표정한 얼
           굴. 또다시 다른 문을 열더니- 문밖에서.

편 일병   마 병장 있습니까? (둘러보고 확인하고) 여기도 없네?

           드르륵- 안에다 소총을 갈기더니 계속 걸어간다.

44. GOP 생활관 [밤]

           문밖에서 계속 들리는 총성! 노태남은 귀를 막고 웅크리고 있고.

안 병장	(버럭) 나가서 확인하라고! 새끼들아!

역시 반응이 없자, 안 병장이 직접 침상에서 내려와 문 열고 나가려는데- 뒤로 주춤주춤 물러선다. 문 앞에 편 일병이 나타난 것! 전투복은 이미 피투성이다!

편 일병	(횡설수설) 마 병장, 여기서 취침 중입니까? 제대한 줄 알았는데.
안 병장	(경악) 편! 너 미쳤어? 총 내려. 내리라구!
편 일병	(주위 둘러보며) 마 병장! 마 병장! 어? 없네? 진짜 제대했나?
안 병장	(두려운) 진정하자… 진정하고… 자 자… 상호야…
병사 4	상호야… 우리 말로 하자. 응?
편 일병	(병사 4 보며) 너하고 근무 걸릴 때마다 내가 얼마나 죽고 싶었는지 모르지? (다른 병사들 보며) 니들 다 마찬가지야.

드르륵- 안 병장과 병사들을 향해 방아쇠를 당긴다. 죽어 널브러지는 안 병장과 병사들. 문 앞에 있던 노태남의 활동복에 마구 튀는 핏물. 편 일병, 노태남에게 소총을 겨눈다.

노태남	(눈물 흘리며) 편 일병님… 제발 살려 주세요.
편 일병	(눈동자가 완전히 돌아가 있는)
노태남	(두 손 들고) …제발…
편 일병	(보다가) …너만 유일하게 날 사람처럼 대해 줬어.

편 일병, 들고 있던 피 묻은 소총을 노태남 앞에 턱 던진다. 그러더니-

편 일병	너도 마 병장한테 당했잖아? 나랑 같이 찾자.

편 일병, 그 말 남기고 생활관 밖으로 나간다. 노태남, 거의 패닉에 빠진 얼굴로 주위를 둘러본다. 사방에 병사들 시체! 그때, 안병장이 보던 켜진 핸드폰이 보인다! (핸드폰에서 드라마가 재생 중이라 비번을 풀 필요가 없다.) 노태남, 덜덜 떨며 핸드폰 집어 든다. 공포와 두려움에 숨이 막혀 오고- 핸드폰 터치하고 통화 버튼 누르는데.

45. 노화영의 사단장실 (밤)

늦은 밤까지 업무를 보고 있던 노화영. 옆에 놔둔 핸드폰이 울린다. 모르는 번호다. 핸드폰 들어 수신 거절을 하려다가- 불길한 예감이 스쳐서일까? 잠시- 이내 통화 버튼 누른다! 수화기 너머로 바로 들리는 노태남의 겁에 질린 목소리.

노태남 (F)	(공포에 짓눌려) …어머니… 어머니…
노화영	(멈칫) …노태남 이병?
노태남 (F)	(우는) 어머니…
노화영	(놀라서) 무슨 일이야?
노태남 (F)	(울부짖는) 저 좀… 살려 주세요… 살려 주세요.
노화영	(표정 확 굳으며) 너 지금… 그게 무슨 소리야?

그때 이어서 수화기 너머로 총성 들린다! 탕탕!

노태남 (F)	어머니… 저 좀 살려 줘요.
노화영	(그제야 아들 이름) 태남아! (핸드폰 신호 끊기자 밖에다) 양 부관! 양 부관!
양 부관	(급하게 들어와) 사단장님!!
노화영	지금 즉시 14GOP 상황 확인해!
양 부관	(다급) 안 그래도 지금 14GOP에서 수십 차례 총성이 들렸다는

보고가 들어왔습니다.

노화영   (충격적인) !!

양 부관   차량 바로 준비하겠습니다.

급하게 나가는 노화영과 양 부관의 모습에서-

46. GOP 생활관 [밤]

배터리가 나가서 전원 꺼지는 핸드폰. 침상 앞에 놓인 피 묻은 소총. 밖에서 들리는 총성에 노태남은 핸드폰을 던지고 귀를 틀어막으며 괴로워하는데-

47. GOP 화장실 [밤]

편 일병   마 병장님 여기 있습니까?

화장실에 들어서더니 대변 칸 문을 하나하나 열며 확인하는 편 일병.

편 일병   이제 하나 남았습니다. 빨리 대답하십쇼.

그때- 굳게 닫힌 대변 칸 문 밑에서 흘러내리는 오줌. 흑흑- 두려움 섞인 울음소리 들린다!

편 일병   거기 있을 줄 알았습니다.

편 일병, 군홧발로 대변칸 문을 쳐서 열어젖힌다. 마 병장이 안에 있다. 타앙- 아무 망설임 없이 바로 방아쇠 당기는 편 일병. 마 병장, 다리에 맞아 뒤로 처박힌다.

마 병장	(극한의 고통으로) 으아아아아아.

편 일병, 방아쇠 더 당기는데- 총알이 없다!

48. GOP 생활관 [밤]

탕- 소리에 귀를 틀어막고 공포에 질려 있던 노태남. 눈을 뜨자 사방에 죽어 있는 시체들과 안 병장. 그때- 문밖에서 이쪽으로 다가오는 다수의 발걸음 소리가 들린다!

편 일병이 다시 자기를 죽이러 오는 줄 알고- 피범벅 된 소총을 집어 드는 노태남. (12화 엔딩) 완전히 영혼이 빠져나간 얼굴. 그때- 들이닥치는 특임대원들. (오프닝 상황)

특임대원	총 내려! (명찰 확인하고) 노태남!
노태남	(패닉에 빠진 얼굴로 멍하게 대원 보는)
특임대원	(소리치는) 총 내리라고! 이 새끼야!!

그러자, 자리에서 일어나 특임대원들을 향해 총을 겨누는 노태남. 대원들, 일사불란하게 노태남을 에워싼다. 양측 사이의 살벌한 대치. 그러다 두 다리에 힘이 풀려, 소총을 놓치고 주저앉는데- 특임대원들이 달려들어 노태남을 포박한다.

49. GOP 앞 [밤]

노화영의 (GOP라서) 군용차량이 도착하고 노화영과 양 부관이 내린다. 병사들의 시체를 실은 육공트럭이 막 떠나고 있다. 그 참혹한 광경을 여실히 느끼는 노화영. 그때 특임대장이 다가와 경례부터 때린다.

노화영	(무서운 얼굴로 일갈) 당장 보고해!
특임대장	북에 의한 소행은 아닌 걸로 확인되며, 현재로선 우리 측 병사의 총기 난사 사고로 파악됩니다.
노화영	(동공 커지는) 총기 난사? (잠시) 생존자는?
특임대장	총기 난사 당시 전반야 근무 중이던 인원은 생존했지만… 내무실에서 취침 중이던 병사들과 소초장 외 다수가 사망했습니다.
노화영	(눈동자 흔들리는데) 생존자 중에… 노태남 이병이 있나?
특임대장	(바로 대답하지 못하고)
노화영	어서… 어서 대답해.
특임대장	네, 있습니다. 헌데…
노화영	(급히 안도하는) !!
특임대장	진압 당시 저희 병력과 대치전을 벌여서 수갑을 채워 구금 중입니다.
노화영	(놀라는) 노태남 이병이 대치를 했다고?
특임대장	그렇습니다, 사단장님.
노화영	지금 어디 있어?

50. 육공트럭 안 [밤]

정차된 트럭 안에서 피범벅이 된 노태남이 수갑을 찬 채 와들와들 떨고 있다. 그 옆을 지키고 있는 특임대원. 그때, 노화영이 올라탄다. 노태남은 노화영의 등장을 인식하지 못하고 넋이 나간 상태인데-

노화영	(특임대원에게) 잠깐 자리 좀 비켜 줘.
특임대원	네, 사단장님.
노태남	(잠시 멍하다 노화영임을 인식하고) …어머니?

노태남, 노화영 품으로 와락 달려든다. 눈물이 흘러내리는데-

노태남	어머니… (하다가) 엄마… 엄마…

노화영, 노태남 입 막으면서 특임대원 나간 거 확인한다. 그리고 노태남 앞에 바로 앉는다. 어머니가 나타나자 조금 안심이 되는 노태남, 그제야 눈물이 멈추는데-

노화영	(다급하고 격하게) 태남이 니가 저지른 짓이야?
노태남	(충격적인) …네?
노화영	총기 난사… 니가 쏜 거냐고 물었어. 너 때문에 벌어진 일이냐고!

최대한 목소리 죽여, 다급하게 물어보는 노화영, 노화영도 식은 땀이 날 지경이다. 노태남, 노화영 보다가- 대답보다 먼저 한 줄기 눈물이 흘러내린다.

노화영	어서 대답해!
노태남	(눈물 흐르는) …아니요.
노화영	확실해?
노태남	…네. 아니에요… 제가 그런 거 아니에요.
노화영	(그제야 안심한 얼굴로) 다행이구나.

노태남 얼굴에 묻은 피를 보고는 쓱- 닦아 주는 노화영인데- 하지만 그런 노화영을 보는 노태남의 눈빛은 흔들린다.

51. 도배만의 관사 (밤)

퇴근 후 씻고 화장실에서 나오는 도배만. 상의를 탈의한 채 수건으로 머리를 말리는데- 그때, 띵동띵동- 급하게 울려 대는 초인종 소리. 동시에 안유라에게 전화 오고, 도배만, 전화기 들고 받으면서 나가서 문 열면, 윤상기가 서 있다.

도배만	(놀란 얼굴) 왜들 그래? 이 시간에… 급한 일이야?
윤상기	(도배만 보며) 전방에서 총기 난사 사건이 발생했습니다.
도배만	(경악) !!
윤상기	(다급하고 굳은 얼굴) 지금 바로 가 보셔야 할 것 같습니다.
도배만	(무거운 얼굴로) 차우인 검사는?
윤상기	밖에서 기다리고 계십니다. (급히 나가며) 얼른 나오십시오.

도배만, 옷을 챙겨 입기 위해 서둘러 안으로 들어가는데-

52. 와인바 (밤)

테이블 위에 놓여 있는 와인과 와인 잔. 상석엔 용문구, 맞은편에는 강하준이 앉아 있다. 용문구, 강하준의 잔에 와인을 채워준다. 강하준, 천천히 와인을 마시는데-

용문구	국방부와 방산사업에 관한 자세한 얘기는 다음 자리에서 하게 될 거야. 강 대표가 어떤 판에 들어왔는지 그때 실감하게 될 거고.
강하준	(미소) 네. (잠시) 이번에 애국회 분들을 만나고 생각이 났는데… 6년 전 차 회장 압수 수색 때, 혹시 애국회 관련한 파일은 없었습니까?
용문구	파일?
강하준	(엷은 미소) 용 대표님과 노화영 사단장이 많은 것들을 공유하고 계신 게… 아니었군요?
용문구	말해 봐, 어서.
강하준	차 회장님이 애국회 비리 자료를 모았습니다. 애국회 엑스파일이라고 불렀죠.
용문구	(흥미가득) 애국회 엑스파일?

강하준의 말을 들은 용문구의 눈매가 번뜩인다! 그 위로-

기자 (E)   강원도 원철군에 위치한 제4보병사단 GOP에서 총기 난사 사건
              이 발생했습니다. 수십 차례 총격 소리가 있었다는…

53. GOP 앞 (새벽)

기자 (E)   …군 내부 정보통의 소식으로 보아 다수의 사상자가 있을 것으
              로 예상되어 큰 충격을 주고 있습니다. 자세한 소식은 들어오는
              대로…

              틀어 놓은 라디오. 군용차량 한 대가 급하게 안으로 들어선다.
              차 문 열리며 내리는 도배만과 차우인, 윤상기. 생활관으로 뛰어
              들어가는데-

54. GOP 생활관 (새벽)

              덧신 신고 출입 금지선을 걷어 내며 들어서는 도배만과 차우인.
              그리고 윤상기. 지난 밤의 참혹한 상황이 여실히 남아 있는 아
              비규환의 사건 현장.

윤상기   군경에서 마친 초동 수사에 의하면 처음 폭발음이 울린 장소는
              휴게실 쪽이라고 합니다.

              차우인, 침상 곳곳에 남겨진 시체 보존선을 쳐다본다. 눈 뜨고
              보기 힘든 광경이다.

윤상기   현재로선 편상호 일병의 단독 범행으로 추정되지만 군경 조사
              에서 말을 안 해서 제대로 취조가 안 된 모양입니다.

              그 말에 도배만, '편상호' 네임택이 부착된 관물대 앞에 선다. 서
              랍을 열어 보자 편 일병이 엄마와 찍은 사진이 유독 많다.

차우인	편상호 일병, 어디서 체포됐죠?
윤상기	화장실입니다. 이쪽입니다.

도배만과 차우인, 윤상기를 따라 생활관을 나간다.

55. GOP 화장실 [새벽]

도배만과 차우인, 윤상기가 화장실로 들어오면- 그들이 보는 앞에 47신 이후 상황이 스르륵 펼쳐진다.

인서트_____

이미 한 발을 맞아서 고통에 신음하고 있던 마 병장. 편 일병, 더당기려는데 총알이 없다! 그러자 소총 개머리판으로 두들겨 패기 시작한다. 퍽퍽- 피떡이 되어 가는 마 병장.

편 일병	너… 다시는… (내려치며) 다시는… 울 엄마… (퍽) 울 엄마 (퍽) 괴롭힌다는 말 안 한다고 해… (퍽) … 얼른…

그때 편 일병 주위를 에워싸는 특임대원들.

특임대원	(소리치는) 당장 총 내려!
마 병장	(피투성이로 대원들 군화 잡고) 사… 살려 주세요. 난 아무 잘못 없어요…

바로 편 일병에게 달려들어 포박하는 특임대원들의 모습.

그 비주얼에서 빠져나오는 도배만과 차우인.

윤상기	안 계장이… 편 일병 취조할 준비 끝냈다고 합니다.

도배만   (무거운 얼굴로) 그래. 군경 조사에서 한마디도 안 했다고 했지?

56. 조사실 [낮]

조사실 의자에 눈이 풀린 채 멍하게 앉아 있는 편 일병. 문이 열리고 도배만과 차우인이 들어온다. 무거운 얼굴로 노트북을 펼쳐 드는 차우인. 도배만은 가만히 편 일병을 살펴본다.

차우인   소속. 관등성명.
편 일병   (멍한 얼굴로 대답하지 않는)
차우인   편상호 일병?
편 일병   (영혼이 나간) …
도배만   (그런 편 일병을 보다가) 편 일병.
편 일병   (초점 없이 오락가락… 도배만과 차우인 번갈아 보는)
도배만   너, 어머니 보고 싶지?

그 말에 주르륵- 편 일병의 눈에서 눈물이 흐른다.

도배만   괜찮으니까… 대답해 봐.
편 일병   (그 말에 고개 끄덕) …
도배만, 차우인 (보는)
편 일병   (과한 부탁을 했다는 생각에 고개 숙이며) …죄송합니다.
도배만   일어나.
편 일병   (무슨 말인가 싶어 도배만 보는)
도배만   밖에 어머니 와 계시다. 내가 불렀다.
편 일병   (믿기지 않는) …저… 정말… 입니까?
도배만   (바로 일어나지 못하는 편 일병 보며) 왜? 막상 어머니 못 보겠냐?

이러지도 저러지도 못하는 편 일병. 그런 편 일병 착잡한 얼굴

로 보는 차우인의 모습에서-

57. 법무실 (낮)

조사실에서 나와 법무실에 들어서는 편 일병. 윤상기의 책상 앞에 있던 편 일병 모친이 보인다! 앞치마를 두르고 장사하다가 바로 뛰어온 모습이다. 인기척에 돌아서는 편 일병 모. 아들을 보자 바로 눈물이 쏟아진다.

편 일병 모	(다리 절뚝이면서 편 일병에게 달려가는) 상호야!!!
편 일병	(엄마 보자 바로 눈물 흘러내리는데) 엄마!
편 일병 모	(통곡하는) 왜 그랬어? 왜? 너같이 착한 놈이… 왜…
편 일병	(오열) 엄마…
편 일병 모	(울음 터지며 가슴 치는데) 조금만 참지… 조금만…

털썩 넝마처럼 바닥에 주저앉는 편 일병 모. 주체할 수 없는, 멈출 수도 없는- 긴 울음을 운다. 그 모습 무겁게 바라보는 도배만과 차우인.

58. 조사실 (낮)

편 일병, 다시 조사실에 앉아 있다.

편 일병	(힘겨운) 육군 4보병사단… 23연대 1대대… 3소대 편상호 일병입니다.
차우인	(무겁게) 군경 조사 결과 현재 너한테 적용될 혐의를 말해 줄게.
편 일병	…
차우인	상관 살해, 상관 살해 미수, 군용물 손괴, 군무 이탈, 군용물 절도, 형법상 살인, 살인 미수 등… 이야.
편 일병	… (고개 숙이는)

차우인	(무겁게) 공범은?
편 일병	(고개 젓는) 없습니다. 제가 혼자 했습니다.
차우인	범행 동기는?
편 일병	(바로 대답 못 하는)
차우인	범행 동기.
편 일병	…이미 다 죽었는데… 그게… 중요합니까?
차우인	범행 동기는 형량을 결정해. 범행이 우발적인지, 계획적인지도 중요해.
편 일병	(고개 숙인 채 대답하지 않는)
도배만	범행 동기가 왜 중요하지 않다고 생각하는 거지?
편 일병	…다… 모두… 다… 변명이기 때문입니다.
도배만	이미 모두 죽었으니까?
편 일병	(대답의 무게를 느끼며 끄덕이는데)
도배만	그래. 오늘 취조는 여기까지만 하자.

59. 법무실 복도 (낮)

무거운 얼굴로 복도를 나오는 도배만과 차우인. 윤상기가 따라 나온다. 파일을 건네는데-

윤상기	방금 갱신된 사망자 명단입니다.

명단 받아 확인하는 도배만. 상단에 안수호 이름이 보인다. 잠시 눈빛 떨리는 도배만! 그러다가 퍼뜩 다시 정신 차린다!

윤상기	생존자들은 국군 병원에서 치료 및 안정을 취하고 있고 노태남 이병도 거기에 있습니다.
차우인	(놀라서) 노태남이요?

도배만과 차우인의 시선이 잠시 부딪힌다.

도배만   (무거운) 가 보자…

60. 국군 병원 외경 [낮]

61. 국군 병원 입원실 [낮]

화면 가득 노태남의 모습이 보인다. 침대에 앉아 몸을 웅크리고 있는 노태남. 총기 난사의 충격에서 벗어나지 못하고 있는 모습이다. 눈은 풀리고 정신이 나간 얼굴.

거리 두고 몰려 있는 마 병장과 생존자들. 마 병장, 다리에 총상을 입고 붕대를 두르고 있다. 급한 치료만 받은 듯 상처투성이인데-

마 병장   니들 다 내 말 알아들었지? 이제 군검사가 우리 조사하러 올 거야.
생존 병사 1   (노려보며) 아니 솔직히 우리가 왜 마 병장님 위해서 거짓말까지 해야 합니까?
마 병장   (눈 부라리며) 그럼 이게 다 나 때문에 생긴 일이라고?
생존 병사 2   그럼 아닙니까? 마 병장님이 매일같이 편 괴롭힌 거 맞잖습니까?
마 병장   이 새끼가… 누구한테 다 뒤집어씌워? 넌 안 했어? (다른 사람들 보며) 너는? (병사 시선 피하는) 너는? 니들도 다 같이 모른 척했잖아?
생존 병사들   (할 말 없는)
마 병장   (병사들 보며) 대체 우리가 뭘 잘못했어? 어? 우리가 피해잔데? 그 편상호 미친 새끼가 우리 다 죽이려고 한 거잖아?

마 병장, 구석에 있는 노태남에게 시선 돌린다.

마 병장   노태남! 너도 협조할 거지?
노태남   (멍한 얼굴로 대답하지 않는)
마 병장   니 엄마가 사단장이잖아? 너 협조 안 하면 니 엄마 어떻게 되는지 알지?

노태남 (고개 숙이고 아무 생각 없는) …

마 병장 (주위 돌아보며) 니들… 우리 다… 아무 일도 없었던 거다. 알았 지? 안 그러면 우리가 다 뒤집어쓴다고! 알아? 내 말 명심해!!

일동 (낮게) 네.

그때, 문 열리면서 들어서는- 용문구. 불편한 분위기를 감지하 며 노태남을 찾는다.

용문구 회장님!!

노태남 (용문구 멍하게 보는) …

용문구, 영혼이 나간 얼굴의 노태남을 잠시 본다. 그 위로-

인서트_____

52신 다음 상황이 펼쳐진다.

용문구 애국회 엑스파일?

강하준 용 대표님도 몰랐고, 노화영 사단장에게도 없는 거라면…

용문구 (생각하다가 놀라는…) 노태남? 차호철이 죽고 IM의 다음 주인이 었으니까…

다시 국군 병원 입원실. 용문구, 의미심장한 눈으로 노태남을 본 다. 그러더니- 병사들을 향해서

용문구 노태남 이병의 법률 대리인으로 왔습니다. (노태남 보며) 회장님, 밖으로 잠깐 나오시죠.

62. 국군 병원 입원실 앞 복도 [낮]

복도에 들어서는 도배만과 차우인. 먼발치 노태남을 부축하고
있는 용문구가 보인다. 헌데 노태남, 갑자기 용문구에게 떨어지
며 뒷걸음질치고- 도배만 보며 두려운 얼굴로 물러서고- 그러
다 이내 차우인에게 다가가 안긴다.

노태남   (두려움, 소리치는) 사… 살려 주세요… 살려 주세요.
차우인, 도배만   !!
용문구   (노태남에게 다가가) 회장님!! 왜 이러세요? 네?
노태남   (소리치는) 용문구!! 저리 가!!! 오지 마!!!

황당한 용문구의 얼굴. 노태남, 극한의 공포와 불안에 떠는 데
서- 그 모습 보는 도배만, 차우인, 용문구 얼굴에서 엔딩.

14화

1. 보통군사법원 법정 (낮)

화면 열리면- 법정 증인석에 앉아 있는 노태남과 생존 병사들이 보인다. 피고인석에 편 일병이 보이고, 특별석의 노화영까지- 도배만, 검사석에서 나와 노태남 앞에 선다.

도배만   총기 난사 사건이 발생하기 전… GOP 소대에서 편상호 일병이 가혹 행위를 당했습니까?

노태남, 고개 돌리면- 특별석의 노화영과 눈이 마주친다.

노태남   (잠시) …없었습니다… 가혹행위…

그 대답을 듣는 도배만과 차우인. 장내 분위기도 무겁게 가라앉는다. 편 일병, 고개를 숙이는데. 특별석의 노화영, 엷은 미소 짓는 데서-

자막 - 며칠 전

2. 노화영의 사단장실 (낮)

1대대장이 노화영 앞에 바짝 쫄아 든 얼굴로 서 있다.

노화영   단 한 치의 거짓도 없이 다 보고해!
1대대장   편상호 일병으로부터 마음의 편지가 몇 번 들어왔었습니다.
노화영   그런데 왜 이 사태가 벌어졌지?
1대대장   그게…
노화영   (버럭) 당장 말해. 왜 사후 조치가 없었지?
1대대장   조치를 하긴 했습니다, 사단장님.
노화영   어떻게?

1대대장	관련자들, 연병장 군장 몇 바퀴 돌리는 선에서 주의를···

말이 채 끝나기도 전에 군홧발로 정강이를 쳐 버리는 노화영.
고통스러워하며 뒤로 물러서는 1대대장.

노화영	똑바로 서!
1대대장	(바로 서서) 네, 사단장님.
노화영	내 말 잘 들어! 그 어떤 징후도 없었던 거야. 알았어?
1대대장	네.
노화영	내 말 뜻 정확히 이해했어?
1대대장	편상호 일병으로부터는 어떤 조짐도 발견되지 않았습니다.
노화영	그래.

경례하더니 급하게 사라지는 1대대장.

3. 국군 병원 로비 (낮)

로비에 들어서는 용문구. 그 위로 강하준 목소리가 깔린다.

강하준 (E)	차 회장님이 애국회 비리 자료를 모았습니다. 애국회 엑스파일이라고 불렀죠.

4. (과거) 와인바 (밤)

13화 52신 상황이다. 흥미 가득한 얼굴로 강하준을 보고 있는 용문구.

용문구	애국회 엑스파일?
강하준	용 대표님도 몰랐고, 노화영 사단장에게도 없는 거라면···
용문구	(잠시 생각에 잠기다가··· 갑자기 놀라는) 노태남? (혼잣말처럼) 차호

철이 죽고 IM의 다음 주인이었으니까…

강하준 (피식) 설마요. 노화영도 모르는 걸 그 애송이가 알 리가 없죠.

용문구 그래도 확인은 해 봐야지. (그러다가) 헌데… 도배만 차우인도 애국회 엑스파일의 존재를 알고 있나?

강하준 모를 겁니다. 제 입으로 말한 적은 없으니까.

용문구 둘에게도 말하지 않았던 걸 나한테 알려 주는 이유가 뭐지?

의심의 눈초리 빛내는 용문구. 강하준, 여유롭게 받는다.

강하준 차호철 회장님이 원치 않았습니다. 제게 신신당부했죠. 엑스파일엔 군과 방산업체 사이의 비리 혐의들로 가득할 겁니다. 그 말은… 애국회뿐만 아니라 이 나라의 썩어 빠진 방산업체 전체와 싸워야 하는 거죠. 우인이가 상대하기엔 너무 큰 적입니다.

용문구 (보는)

강하준 하지만 상관없게 됐죠. 이젠 홀가분해졌다고 할까요?

피식 웃는 강하준. 용문구, 그런 강하준을 보는데 핸드폰이 울린다. 받아 들고 잠시 듣더니, 머리를 맞은 것처럼 멍한 채- 핸드폰 끊는다.

강하준 (무슨 일이냐는 표정으로 보는)

용문구 (심각) 전방에서 총기 난사 사고가 벌어졌어.

강하준 (놀라는) 총기 난사요? 표정이 심각하신 거 보니 노태남이 있는 4사단 GOP군요?

용문구 (잠시) 노태남… 총을 들었을까… 총에 맞았을까…

강하준 (멈칫) !!

용문구 둘 다 아니어야지. (천천히, 악마적으로) 죽여서도… 죽어서도 안 돼. 애국회 엑스파일이 혹시 노태남 손에 있을지도 모르니까.

하이에나 같은 눈빛으로 머리를 굴리는 용문구의 모습에서-

5. (현재) 국군 병원 로비 (낮)

예의 그 하이에나 같은 표정의 용문구, 사라지면- 도배만과 차우인이 로비로 들어선다.

도배만   편 일병이 총을 든 건… 가혹 행위가 원인이었던 것 같아.
차우인   섣불리 판단해서는 안 됩니다. 편 일병도 범행 동기 일체를 침묵하고 있습니다.
도배만   침묵한 건 아니었어.

도배만의 얼굴 위로-

플래시백

13화 58신 조사실 상황이다.

도배만   범행 동기가 왜 중요하지 않다고 생각하는 거지?
편 일병   …다… 모두… 다… 변명이기 때문입니다.

다시 로비를 걷고 있는 도배만과 차우인.

차우인   (생각나는) 변명이라고 했죠. (잠시) 변명.
도배만   가혹 행위를 견디고 견디다 내가 죽거나, 견디다 못해 못 참고 모두를 죽이거나…
차우인   가혹 행위 여부에 대해 함부로 단정 지을 수 없지만 법정으로 가기 전에 진실을 정확하게 파악하는 것도 우리의 일입니다.
도배만   그래. 생존 병사들을 만나면 알 수 있겠지.

6. 국군 병원 복도 (낮)

충격 받은 노태남을 부축하면서 복도로 나오는 용문구. 노태남
이 살아 있다는 데 기쁨을 느끼는 얼굴이다.

용문구   (진심 어린) 회장님, 병원에 계시다고 해서 얼마나 안심했는지 모
릅니다.

노태남   (달려와 준 용문구 고마운 눈으로 보는) …

용문구   (더 진심 어린) 오는 내내 혹시나 회장님이 총을 쏜 게 아닌가 얼
마나 마음을 졸였는지 모르실 겁니다.

그 말이 노태남의 뇌리에 박힌다! 제자리에 딱 멈추는 노태남.

플래시백_____

13화 50신. 육공트럭 상황이다.

노화영   총기 난사… 니가 쏜 거냐고 물었어. 너 때문에 벌어진 일이냐고!

다시 병원 복도. 그때- 정적을 깨듯 간호사들이 이동 카트를 급
하게 밀며 지나간다. 이동 카트 위- 온몸이 피칠갑이 된 환자의
참혹한 모습이 노태남의 눈에 박힌다!
그 모습이 자신이 죽은 것으로 보이며 착란 현상이 일어나는
데- 죽은 자신이 자신에게 다가오는 환영이 보이고 '아아악' 비
명 지르는 노태남. 그때, 복도 다른 방향으로 도배만과 차우인이
들어선다.

노태남   (미친 사람 같은 눈빛… 금방이라도 죽을 듯한 공포) 으으아아…

노태남, 이제는 귀에서 총소리가 들리기 시작한다. 드드득, 총

갈기는 소리. 비명 소리! '살려 주세요' 병사들이 죽어 가는 소리
들이 섞여서 들려오고-

플래시백

13화 45신. 사방에서 들리는 총성. 핸드폰을 붙잡고 울부짖는
노태남.

노태남   어머니… 저 좀… 살려 주세요… 살려 주세요.

다시 병원 복도. 바로 옆에 있는 용문구의 얼굴이 괴물처럼 일
그러져 보인다. 그 일그러진 얼굴에 몸서리치며 뒷걸음질하고-
이번에는 눈앞에 보이는 도배만. 그 위로-

플래시백

7화 8신. 조사실 상황이다.

도배만   (픽- 따귀 날리며 불호령) 관등성명!

노태남, 도배만의 얼굴마저 일그러져 보인다. 뒷걸음질치는 노태
남. 그러다 도배만의 등 뒤로 '편 일병'이 쓰윽 나타난다. 소총을
들고 총기 난사 하던 당시의 피투성이 편 일병이다! 그 위로-

플래시백

13화 44신 상황이다. 편 일병, 들고 있던 피 묻는 소총을 노태남
앞에 턱 던진다.

편 일병   너도 마 병장한테 당했잖아? 나랑 같이 찾자.

다시 병원 복도의 편 일병, 갑자기 표정 섬뜩하게 돌변한다!

편 일병　　왜? 마 병장 죽이기 싫어? 그럼 너도 같은 놈이야. (버럭) 너도!!!
　　　　　똑같은 놈이라고!!!

편 일병, 소총을 노태남에게 겨눈다. 방아쇠 끼릭- 당기는데-
총알은 나가지 않지만 강력한 총성 타앙! 소리. 노태남 귀에만
들리며. 뒤로 처박히는 노태남. 온몸을 떨다 차우인이 보인다.
차우인의 품으로 달려드는데-

노태남　　(비명 지르며) 아아아악!!! 사… 살려 주세요… 살려 주세요.
차우인, 도배만　　!!
용문구　　(노태남에게 다가가) 회장님!! 왜 이러세요? 네?
노태남　　(용문구에게 공포심 가득한 소리로) 저리 가!!! 오지 마!!! (차우인에
　　　　　게) 자… 잘못했어요. 살려 주세요.

황당한 용문구의 얼굴. 노태남, 극한의 공포와 불안에 떠는 데서-

7. 국군 병원 일각 (낮)

병원 일각에 서 있는 도배만과 차우인.

도배만　　노태남… (무거운 마음) 외상 후 스트레스 장애 증상 같은데…
차우인　　사건 전과 완전히 다른 사람 같네요. 아무래도 노태남 진술은
　　　　　저 혼자 받는 게 낫겠습니다.
도배만　　생존 병사들 진술은 내가 받을게. 그리고 용문구도.
차우인　　네. 무슨 냄새를 맡고 노태남을 채 가려고 했는지 궁금하네요.
　　　　　노태남을 걱정해서 여기까지 올 인간이 아니니까요.
도배만　　(빙고) 그렇지!

각기 다른 방향으로 흩어지는 도배만과 차우인.

8. 국군 병원 로비 (낮)

로비로 나오는 용문구. 뒤로 도배만이 나타난다.

도배만	설마 여기에 노태남 변호사로 온 건 아니실 테고… 왜 왔습니까? (미소) 얻는 게 없으면 한 걸음도 움직이지 않잖습니까?
용문구	(돌아서는)
도배만	아… 허탕 치시고 돌아가시는 중이군요?
용문구	뭐 굳이 따지자면 허탕은 자네들이 쳤지. 강하준 대표 말야.
도배만	(표정 굳는)
용문구	내가 강 대표 회사를 구해 준 보상으로 아주 큰 선물을 가지고 왔더군.
도배만	원기춘 자료 말입니까?
용문구	에이, 내가 고작 그걸로 만족할 사람으로 보여? 자네와 차 검사가 들으면 참 놀랄 정보야. 나도 정말 놀랐으니까.
도배만	(피식) 그게 뭔지 저도 궁금하네요.
용문구	날 떠보는 건 거기까지. 니 머리 굴리는 소리가 여기까지 들려.
도배만	(보는)
용문구	참 재밌어, 자네들과 강하준. 어제의 친구가 오늘은 적이 되는 현실.
도배만	(보는)
용문구	전쟁터가 따로 있는 게 아니야. 사는 게 바로 전쟁이야. 그치?

나가는 용문구. 그 모습 보는 도배만의 표정에서-

9. 용문구의 차 안 (낮)

뒷좌석의 용문구. 강하준에게 전화가 걸려온다. 받아 들면-

강하준 (F)	노 회장이 애국회 엑스파일에 대해 알고 있던가요?
용문구	물어보지도 못했어. 노태남, 상태가 많이 안 좋아.
강하준 (F)	총기 난사 현장에서 살아났으니… 그럴 겁니다.
용문구	재판 끝나고 상태 좀 좋아지면 다시 확인해 볼 거야.
강하준 (F)	그럼 그때까지 애국회 엑스파일 찾는 건 중단입니까?
용문구	그럴 리가 있나? (운전석 비서에게) 국군 교도소로 가.
비서	네, 대표님.
강하준 (F)	국군 교도소? (잠시) 홍무섭한테 가시는군요? 홍무섭이라면 이재식 다음으로 파일에 대해 잘 알겠죠.
용문구	그래.

입꼬리 올리는 용문구의 모습에서-

10. 국군 병원 휴게실 (낮)

노태남, 멍한 얼굴로 앉아 있다. 그 앞에 서 있는 차우인. 노태남 어느 정도 진정이 된 얼굴이다.

차우인	노태남 이병, 좀 어때? 진정이 됐어?
노태남	(멍하니 앞만 보는) …
차우인	(복잡한 얼굴로 보다) 이번 사건과 관련해서 물어볼 게 몇 가지 있어.
노태남	(시선 고정)
차우인	넌, 사고 당시 현장에 출동한 병력들과 총기를 소지한 채 대치했어.
노태남	(분노 올라오는) 또… 그 얘기네요. 당신들도 내가 쐈냐고 묻는 겁니까?
차우인	(잠시) 그건 아니야. 너도 피해자잖아.
노태남	(그 말에- 눈빛 흔들리며 되뇌이는) …피해자…?
차우인	그래. 이미 군경 초기 수사 보고서를 통해 네게 혐의가 없는 거

	확인했어. 편상호 일병도 단독으로 범행했다고 진술한 상태고,
노태남	(자신의 결백을 알아주는 차우인 보는) …
차우인	그런데 왜 네가 소총을 소지하고 있었지?
노태남	(다시 떠오르는 고통) 편 일병이 줬어요.

플래시백_____

13화 44신. 편 일병, 들고 있던 피 묻은 소총을 노태남 앞에 턱 던진다. 그러더니-

편 일병	너도 마 병장한테 당했잖아? 나랑 같이 찾자.

그 상황이 다시 생생히 기억나자 온몸이 떨리는 노태남.

차우인	널 쏘지 않고 소총을 줬다는 건… 너한테는 적대감이 없었다는 거구나?
노태남	이유는 알고 싶지 않습니다. 왜 그랬는지 나도 모르구요!
차우인	편 일병이랑 친했니? 병사 기록을 보니 분대 맞선임이던데.
노태남	(고개 젓는) 아뇨… 아뇨… 친하게 지낸 적 없어요! 거기서 어느 누구하고도 친하게 지낸 사람 없어요.
차우인	(진위를 확인하듯 보다가) 그래. 이젠 가장 중요한 질문을 할게.
노태남	(보는)
차우인	GOP 소대에서 가혹 행위가 있었니?

노태남, 바로 대답을 하지 못하는데 그 모습 위로-

마 병장 (E)	지금부터 내가 말하는 대로 입을 똑같이 정확하게 맞춰야 돼.

298

11. 국군 병원 입원실 (낮)

다리에 총상을 입고 붕대를 두르고 있는 마 병장, 눈빛만은 형형하다.

마 병장   (옥박) 여기서 누구 하나 삐꾸하면 다 같이 군대 감빵 가는 거야. 이 엿같은 군대 영원히 못 나간다고!

생존 병사들을 둘러보는 마 병장. 병사들, 모두 불안과 공포에 떠는 얼굴들인데-

마 병장   군검사들은 절대 증거 못 찾아. 우리가 자백하지 않는 한.

생존 병사들 서로 얼굴 쳐다보고- 마 병장 말에 동의하면서 고개를 끄덕인다. 그때- 병실 문 열고 들어오는 도배만. 도배만을 보자 갑자기 싸늘해지는 분위기. 경계심 가득한 눈으로 도배만을 보는 생존 병사들. 그 모습 보는 도배만의 얼굴에서-

12. 국군 병원 휴게실 (낮)

차우인의 질문을 받아 든 노태남. 입이 차마 떨어지지 않는다. 그러다가-

노태남   …가혹 행위 같은 거… 없었습니다.
차우인   (확인하듯) 없었다고?
노태남   (시선 피하는)
차우인   확실해?
노태남   (시선 마주치지 않는) 네.

13. 국군 병원 입원실 (낮)

총상을 입은 마 병장의 다리를 바라보는 도배만.

마 병장   (단호) 가혹 행위요? 전혀 그런 일 없습니다. 저희들 모두 편상호
             일병한테 잘해 줬습니다.

도배만   (다른 병사들 보며) 너희들은?

생존 병사1   마 병장님 말이 맞습니다. 저희 모두 잘해 줬습니다!

생존 병사2   편 일병이 군 생활 힘들어했지만 잘 도와줬습니다.

생존 병사3   네. 신경 많이 써 줬습니다.

도배만, 마 병장을 비롯해 생존 병사들을 하나하나 눈여겨본다.

14. 국군 병원 복도 (낮)

복도에서 서로 합류해 걸어가는 도배만과 차우인.

도배만   노태남은 좀 어때?

차우인   조금 진정됐습니다. (잠시) 노태남은 가혹 행위가 없었다고 진술
             했구요.

도배만   생존 병사들도 같은 대답이야.

차우인   모두요?

도배만   (끄덕이며) 근데 진술에 디테일이 없어. 그러다 보니 앵무새처럼
             똑같은 대답들.

차우인   (무게를 담아) 의심… 하시는 겁니까?

도배만   이번 사건은 그 어느 쪽으로도 확증하지 않을 거야, 차우인.

차우인   네. (잠시) 용문구는 뭐라고 하던가요?

도배만   (피식) 뭔가 대단한 먹잇감이 생긴 얼굴이었어.

걸음 멈추는 도배만. 차우인도 따라 멈춘다.

차우인	먹잇감이요?
도배만	응. 하지만 걱정할 거 없어. 용문구보다 용문구를 더 잘 아는 전문가는 나니까.

눈빛 빛내는 도배만의 얼굴을 엷은 미소로 보는 차우인인데-

15. 국군 병원 입원실 [낮]

도배만이 가고 한시름 놓은 마 병장과 생존 병사들. 그때 노태남이 들어온다. 모두의 시선이 쏠린다. 급한 마음에 목발을 절뚝이며 노태남 앞까지 가는 마 병장.

마 병장	노카추! 군검사한테 대답 제대로 했어?

그 말에 대답하지 않고 자기 침대에 가서 걸터앉는 노태남. 그 위로-

16. [과거] 국군 병원 일각 [낮]

노태남과 생존 병사들이 국군 병원에 단체로 입원하기 전 상황이다. 양 부관이 사람들이 출입하지 못하게 앞을 지키고 있고 노태남, 급하게 할 말이 있는 얼굴로 노화영 앞에 선다.

노태남	어머니!! 좀 이상해요.
노화영	(대답 없이 차분히 보는)
노태남	…편 일병이 가혹 행위 당했는데 모두 다 모른 척해요. 아무 일도 없었던 것처럼. 엄마가 사단장이니까…
노화영	(끊고) 태남아.

생각지 못한 부드러운 노화영의 음성. 노태남, 의외의 눈으로 노

화영을 본다.

노화영	모두 내 탓이다. 널 군대로 보낸 내 잘못이야. 미안하다.
노태남	(한 번도 보지 못한 모습에 놀라는) …
노화영	태남이 너 군대에서 나가고 싶지?
노태남	(생각지 못한 질문) 네?
노화영	전역시켜 주고… IM 회장 자리도 네게 돌려줄게.
노태남	(믿기지 않는) !!
노화영	대신 군검사들한테 이 말 한마디만 해.
노태남	(보는)
노화영	가혹 행위는 전혀 없었다고.

그 말에 노태남, 한 대 맞은 듯 멍하다. 그러다가 많은 것들이 명확해진다.

노태남	(눈 커지면서) 이거 다… 어머니 명령이었군요?
노화영	그래. 내가 시켰어. 그래야 이 엄마가 자리를 지킬 수 있다.
노태남	(처음으로 노화영의 입에서 나오는 엄마라는 말에 충격) !!
노화영	비난의 화살을 편 일병한테 온전히 돌려야 돼. 편 일병은 죄 없는 니 소대원들을 죽였잖아. 그러니까 태남이 니가 (강조) 엄마를 도와줘.
노태남	(노화영의 이기심에 극도로 눈빛 흔들리는데) …
노화영	그래야 너도 다시 예전으로 돌아갈 수 있어. 군복 입기 전 모습으로.

노태남, 눈빛이 심하게 흔들리는 그 위로-

마 병장 (E)	(버럭) 이 새끼야!! 대답 안 하냐!

17. (현재) 국군 병원 입원실 (낮)

마 병장이 버럭 하자 퍼뜩- 눈 커지며 정신 차리는 노태남.

마 병장 (노태남 가슴 팍 치며) 군검사한테 뭐라고 했냐고? 새끼야.

노태남 (마 병장 노려보는)

마 병장 하, 이 새끼. 소대 밖에 나왔다고 정신 못 차리네.

노태남을 툭툭 치는 마 병장의 손을 탁 잡아채는 노태남.

노태남 (버럭) 나한테 손대지 마! 나, 이 망할 놈의 군대! 나갈 거야!

마 병장 (황당하고 어이없는) 뭐?

노태남이 낚아챈 손을 강하게 뿌리치자 바닥에 그대로 쓰러지는 마 병장.

마 병장 (고통의 비명) 아악!

노태남 (흔들리는 눈빛으로 뱉어 내는) 아무 일도 없었던 거야! 아무 일도! 그래, 당신들이 원하는 대로…

18. 와인바 (밤)

강하준이 먼저 와 있고, 잠시 후, 용문구가 들어선다. 그리고 몇 테이블 떨어진 곳에 앉아서 와인을 홀짝대는 '5분대기조' 설악과 지리가 보인다. 강하준, 용문구에게 와인을 따라 준다.

강하준 홍무섭 만났습니까?

용문구 그래.

강하준 애국회 엑스파일에 대해 알고 있던가요?

질문을 받아 든 용문구. 눈빛이 예리하게 빛나는데-

19. (교차) 도배만의 관사 + 국군 교도소 전화실 (밤)

어두운 관사. 자다 깬 도배만이 홍무섭과 통화 중이다.

도배만	한밤중에 왜 전화해서 내 잠을 깨우지?
홍무섭	용문구, 그 뱀 같은 놈이 뻔뻔하게 낯짝을 들이밀더군.
도배만	(멈칫) !!
홍무섭	(비소) 어때, 관심 가나?
도배만	애국회에서 축출당한 당신한테 용문구가 뽑아 먹을 만한 게 없을 텐데?
홍무섭	하나 있잖아. 애국회 엑스파일.
도배만	(멈칫) !! (그러다) 용문구가 애국회 엑스파일을 찾아다니고 있다?
홍무섭	그래. 정보를 캐려고 왔었어.
도배만	(흐음)
홍무섭	이거 점점 흥미로워지네. 도배만 너는 애국회를 무너뜨리려고 파일을 찾고, 용문구는 애국회를 장악하려고 파일을 찾고…
도배만	…
홍무섭	물론, 그게 실제로 존재하는지는 누구도 모르지만…

도배만, 대답 없이 핸드폰 끊어 버린다.

20. 와인바 (밤)

18신과 이어지는 상황. 용문구와 강하준이 와인을 마시며 대화하고 있다.

용문구	(비소) 절대 그럴 수 없어. 그런 파일은 사라지지도, 묻히지도 않아. 그걸 가지고 있는 사람의 욕망이 그렇게 되도록 내버려 두

지 않으니까.

강하준   그러니까… 애국회 엑스파일이 어디 있는지 우리가 모르고 있을 뿐이라는 거죠?

용문구   그래.

강하준, 욕망에 불타는 눈빛으로 생각에 잠긴 용문구를 슬쩍 본다. 그러더니-

강하준   근데… 노태남 말입니다. PTSD 전조 증상일 겁니다.

용문구   (무관심하게) 뭐, 그렇겠지. 치료받으면 돼.

강하준   참 무심하네요.

용문구   (피식) 그런가?

강하준   근데 그게 뭘 의미하는지… 혹시 아시겠습니까?

용문구   (생각하다가) 의미?

강하준   네.

용문구   (갑자기 표정 굳어지며 아뿔싸!!) …외상 후 스트레스 장애로… 의병제대?

강하준   (피식 웃으며) 이재식 장관님, 용문구 대표님, 그리고 제 강스 솔루션의 비즈니스가 속도를 내야 한다는 거죠. (용문구 보며) 지금 앉아 계신 그 자리를 뺏기지 않으시려면.

강하준의 말에 표정 확 일그러지면서 굳는 용문구의 얼굴. 두 사람, 계속 밀담을 나누는데 그 모습을 보는 설악.

설악   (궁금해 죽는) 대체… 뭔 얘기를 저리 하는 걸까…?

지리   (술잔 소리 나게 팍- 놓으며) 형님! 우리 꼴이 시방 이게 뭡니까?

설악   (용문구 향했던 시선 돌려 확 보는)

지리   (불만) 우리가 무슨 군대 5분대기조도 아니고 말입니다.

설악	입 안 닫냐? 우리가 왜 5분대기조여?
지리	그럼 지금 시방 여기서 뭐 하고 있는 겁니까? 저 기생오래비 같은 놈한테 옆자리도 뺏기고, 형님은 겸상도 못 해 구석탱이에 지랑 같이 앉아 있고.
설악	아우… 이 한심한 놈아… 아, 내가 몇 번을 말했냐? 지리야. 용대표님 사업이 번창할수록 적들도 두 배 세 배로 많아지잖여! 언제 어디서 칼 든 놈이 튀어나와서 쑤실지 모르니까 5분 안에 우리가…
지리	(확 끊고) 그게 5분대기조 아닙니까? 형님!
설악	(맞는 말인데 미운) 끄응… (지리 째리는) 근디 이놈이… 대가리 커졌다고 혓바닥도 길어지네…
지리	(용문구 가리키며) 저 인간 만난 뒤로 돈통이나 배달하고, 군인들 뒤치다꺼리나 하고. (자존심 상하는) 얼라들이나 맞는 비비탄 총알도 맞았습니다. 그게 얼마나 치욕적인지 형님이 아십니까? 우리 이래 봬도 상위 1% 담당 아니었습니까?
설악	(분노 참으며) 입 닫아라. 나도 참고 있응께. 내 안에 웅크리고 있는 또 다른 살벌한 인격을 깨우지 말란 말이여…

그 말에 잔뜩 취한 지리가 설악 얼굴에 술을 팍- 끼얹는다.

지리	이제 그만 깨어나십쇼. 깨어나라구요! 형님 원래 육시럴하게 무서운 분 아니셨습니까?
설악	(도배만처럼 술잔 손으로 팍 깨며 본능 꿈틀대는데) !!

21. 노화영의 사단장실 [낮]

노화영, 굳은 얼굴로 앉아 있다. 그때- 문이 벌컥 열리고 들이닥치는 이재식과 허강인.

이재식	(격노) 노화영, 니 입으로 분명히 말했어. 또다시 니 아들이 문제를 일으키면 책임을 지겠다고.
노화영	장관님, 사고 보고도 제대로 듣지 않고 오신 겁니까?
이재식	뭐?
노화영	이번 사건… 제 아들은 운명을 달리할 수도 있었던 피해잡니다.
이재식	뭐가 됐든 관련된 건 맞잖아? 내가 니 아들을 몰라? 총을 직접 들진 않았어도, 총을 들게 만들었겠지!
노화영	(강하게 이재식 보며) 말을 너무 함부로 하시는군요, 장관님.
이재식	뭐? 뭐가 어째?
허강인	지금 발언 당장 해명하고! 사단장 사단에서 터진 일이니 책임지세요! 장관님께 군복 벗겠다고 했다면서요? 군복 벗을 사람이 뭔 말이 그리 많아요?
노화영	(이재식 노려보며 노련하면서 기세당당히) 지금부터 제가 하려는 말을 부군단장도 듣게 하실 겁니까? 바로 입을 열까요? 장관님을 배려해 드리는 거니까… (비소) 선택하시죠.
허강인	(대단하다) 와… 이 노화영… 정말… (아우 씨…)
이재식	(분노 올라오며) 나가 있어라, 부군단장.
허강인	장관님!
이재식	(버럭) 나가 있어!!

허강인, 어쩔 수 없다. 얼굴 와락 구겨져서 나간다.

22. 노화영의 사단장실 앞 복도 [낮]

허강인, 밖으로 쫓겨나듯 나온다. 밖에 대기 중인 양 부관.

| 허강인 | 노화영, 너 반드시 내 손으로 끝낸다! (문 쪽에 귀를 대 보는데) 아우, 이 문은 왜 이렇게 두꺼워. (짜증 팍) 왜 하나도 안 들려! |

그런 허강인을 살짝 한심하다는 듯 몰래 쳐다보는 양 부관.

23. 노화영의 사단장실 [낮]

이재식, 애써 분노를 참고 있는 얼굴. 반면, 노화영은 뭔가 믿는 구석이 있는지 얼굴에서 살짝 여유가 느껴진다.

이재식   (호통) 너! 당장 보직 해임 처분받고 후방에 가 있어. 잠잠해지면
          다시 부르마. 이게 내가 너한테 베풀 수 있는 최대한의 배려다.

노화영   고작 이런 일로 사단장 자리를 내놓을 수 없습니다.

이재식   (대노하며) 뭐, 고작? 고작? 니 사단 병사 13명이 목숨을 잃었어!

노화영   만약 이번 사태에 대해 책임을 지고 자리를 내놓아야 한다면 그
          건 제가 아니라 장관님입니다.

이재식   (표정 일그러지며) 뭐가 어째? (그 말이 믿기지 않아 재차) 뭐라고?

노화영   지금 서 계신 그 자리, 장관님 스스로 올라갔다고 생각하십니까?
          제가 장관님을 거기 올려놓은 겁니다. 이 노화영이.

이재식   (혈압 팍 올라) 뭐야? 니년이 아들 때문에 단단히 미쳤구나! 이
          제야 내 앞에서 그 더러운 민낯을 드러냈어!!! (쐐기 박는) 더 들
          을 것도 없어. 넌 당장 불명예 전역이야! (노려보며) 이건 명령이
          다!!! 노화영!

이재식, 나가려고 몸 돌리며 몇 걸음 걸어간다. 잠시 후- 노이즈
섞인 (도청) 음성이 들린다!

노화영 (F)   주신 명령 완벽히 수행했습니다!

이재식 (F)   그 수사관 부부. 알아듣게 만들 방법을 찾으라고 했지, 내가 언
           제 죽이라고 했어?

얼굴 파랗게 질리며 자리에 멈춰 서는 이재식. 천천히 돌아서

면- 노화영, 예의 그 섬뜩한 미소를 짓고 있다! 노화영, 손에 들려 있는 핸드폰. 녹음 파일이 재생되고 있다! (11화 1신 상황이다.)

노화영 (F)   문제가 될 만한 건 밑동까지 잘라 버리는 게 제가 찾은 방법입니다. 그래야 뒤탈이 없습니다.

이재식 (F)   너 정말…

노화영 (F)   대령님은…

탁- 재생 끊어 버리는 노화영. 섬뜩한 미소로 이재식을 향해 천천히 다가간다.

노화영   이제 저와 함께 가셔야 합니다. 제가 군대에 있는 한… 끝까지. (앞에 딱 멈춰 서서) 라고 그때 말씀드렸죠.

이재식   (눈빛 흔들리며) 너… 너… 니가 감히… 어떻게 감히!

노화영   (증오의 미소) 오랫동안 장관님을 도청해 왔습니다. 이 말은 곧, 이 녹음이 빙산의 일각이라는 거죠.

이재식   너까지 끝장날 수 있는 거… 알면서도 이러는 거냐?

노화영   자기 손에 피 안 묻히고 이길 수 있는 싸움은 없습니다. 모든 전쟁은 피로써 이기는 거니까요.

이재식   (눈 커지면서 기세에 밀리는)

노화영   제가 지금보다 더 높이 올라가려면 제 발밑에는 피로 가득 찬 웅덩이가 있게 될 걸 늘 각오해 왔습니다. 이곳은 자기 손에 피 묻는 걸 겁내는 남자들 세상이니까요.

이재식   (입 다물어지지 않는데)

노화영   그러니까 그 자리 하루라도 더 보존하고 싶으시면, 당장 이번 일 처리하세요. 이번엔 내가 명령합니다, 장관님.

섬뜩한 노화영. 그런 노화영을 감당하지 못하는 이재식인데-

24. 노화영의 사단장실 앞 복도 [낮]

밖에서 초조한 얼굴로 서성이던 허강인. 그때- 이재식이 파랗게 질린 얼굴로 나온다.

허강인   (놀라서) 어떻게 되신 겁니까? 장관님.

대답 무시하고 그냥 가 버리는 이재식. 서운한 얼굴로 그 자리에 서 있는 허강인. 그러다 빠른 걸음으로 이재식을 뒤따라가는데.

한편, 둘의 모습을 뒤에서 지켜보고 있는 도배만. 그때 걸려 오는 전화, 핸드폰 받아 든다.

서주혁 (F)   (평소와 다르게 무겁게 가라앉은) 도 검사, 내 방으로 와.

25. 법무참모실 [낮]

서주혁 앞에 도배만과 차우인이 서 있다. 어느 때보다 진지하고 심각한 얼굴의 서주혁.

서주혁   (무거운) 총기 난사 사건 조사는 어떻게 되어 가지?
도배만   편상호 일병이 범행 일체를 인정하고 있고, 생존 병사들 증언에 따라 범행 경로와 행적 등이 대부분 파악된 상탭니다.
서주혁   (심각) 보통 총기 난사 사건에 따라붙게 되는 사고 원인 말이야.
차우인   가혹 행위 여부는 현재 확인 중에 있습니다.
서주혁   생존 병사들 증언 기록은 읽었어. 그래도 면밀하게 확인해 봐야지.

한층 더 무거운 얼굴 되는 서주혁.

서주혁	이런 사건이 일어나는 군대에 어떤 부모가 자기 자식을 보내고 싶겠어? 예전에 이런 난사 사건이 벌어졌을 때 사건을 축소 은폐하다 국민의 분노를 더 샀던 일이 있었다.
차우인	(보는)
서주혁	(차우인 보며) 이런 사건일수록 우리 군검사는 냉정을 잃지 않고 진실을 정확히 밝혀야 한다.
차우인	(의외의 서주혁 모습 보며) 네, 참모님.
서주혁	(웃지 않는) 그래. 가 봐.

모두 일어서서 경례하면- 받는 서주혁.

26. 자료 보관실 [낮]

자료 정리 중인 안유라와 윤상기. 분위기가 여느 때와는 다르게 무거운데-

안유라	윤 계장님도 총기 난사 현장은 처음이셨을 텐데… 가 보니 어떠셨습니까?
윤상기	(진저리치며) 전쟁이 이런 거구나… 내 눈으로 보고 왔다… 진짜 참혹 그 자체였어.
안유라	편 일병이 범행 동기에 대해 일절 말을 안 하는데… 두 군검사님들 이번 구형 내리시기 정말 쉽지 않을 거 같아요.
윤상기	가혹 행위가 있었는지 없었는지… 도 검사님이 판독해 내실 거야. (안유라 보며) 왜… 의사들 엑스레이 사진만 척 봐도 진단이 바로 나오는 거 알지?
안유라	(듣는)
윤상기	노련한 군검사님들도 같아. 도 검사님 하면 촉! 이잖아! (회상하며) 과거에도 엄청났지. 오죽하면 도 점술사라고 했겠냐고… 후배들이… 지금은 5년 된 걸어 다니는 인간 빅데이터랄까?

안유라	(그러고 보니) 근데… 전부터 궁금했던 건데… 윤 계장님은 도 검사님이랑 무슨 인연이십니까? 어쩔 땐 도 검사님께 형이라고 부르시는 것도 들었는데…
윤상기	(과거 생각하니 빙긋 웃음 나는데) …뭘 또 알려고… 그래…

27. [과거] 조사실 [낮]

조사실에 사건 피의자로 앉아 있는 병장 계급장을 단 윤상기.
그 앞엔 도배만이 앉아서 노트북으로 조서를 작성 중이다.

도배만	(키보드 치며) 윤상기 병장, MC 상기라는 아이디로 군 커뮤니티에 소대장 비방 글을 수십 페이지에 걸쳐 도배한 혐의… 맞나?
윤상기	MC 상기는 제 아이디 맞지만… 제가 안 썼습니다.
도배만	그럼 해킹이라도 당했다고? 근데 딱 니네 소대장 얘기던데?
윤상기	(놀라는) 군검사님… 저희 소대장님을 아십니까? 말이 나왔으니 말인데… 소대장 그 새끼… 완전 진상 쓰레깁니다. 소대원 누가 썼어도 같은 내용일 겁니다.
도배만	군검사 앞에서 상관 욕을 대놓고 하고? 너… 상관 모욕죄 (하면)
윤상기	(끊고) 군형법 제 64조 2항 여러 공연한 방법으로 상관을 모욕한 사람은 3년 이하의 징역이나 금고에 처한다… 저도 다 압니다.
도배만	(요놈 봐라 싶은) 군형법도 제대로 아는 거 보니 (떠보는) 안 쓴 거 맞네.
윤상기	맞다니깐요! 아니 어떤 바보가 자기 이름 걸고 상관 욕을 그렇게 공개적으로 도배하겠습니까? 해킹당한 겁니다.

도배만, 윤상기 보더니 피식- 웃는다.

도배만	해킹당한 척하고 있는 건 아니고?
윤상기	네? 제가요?

도배만	관련 법령 알아보고 지금처럼 적발되더라도 상관 모욕죄 적용 안 될 정도로 교묘하게 피해서 작성한 거잖아. 아슬아슬하게 선을 타면서 소대장 비리 사실 고발하면서 화풀이도 하려고.

급격히 흔들리는 윤상기의 눈빛. 도배만의 예리함에 손과 다리가 미세하게 달달 떨린다.

도배만	왜? 소대원들 위해서 소대장 보내 버리고 싶었어?
윤상기	(벌떡 일어나며) 군검사님! 더한 것도 차고 넘치는데 수위 조절했습니다! 소대장 새끼. 술 처먹고 소대원들 때리고, 제 여동생 사진 보고 성희롱하고!
도배만	근데… (보면서) 너 금방 자수했다~
윤상기	(헉) !!
도배만	(노트북 탁 덮더니) 니가 골라라. 자수로 갈래? 피해 사실 진술로 갈래?
윤상기	(두려운) 네? 저보고 고르란 말입니까?
도배만	자수면 상관 모욕죄로 니가 죗값 받고. 피해 사실 진술하면 내무 부조리 고발로 소대장이 죗값 받고. 어때?
윤상기	(입 쩍 벌어지는데) 군검사! 저도 군검사라는 직업을 택하겠습니다!

마치, 신을 보듯 광채가 나는 도배만을 쳐다보는 윤상기인데-

28. (현재) 자료 보관실 (낮)

안유라	(역시 멋져) 도 검사님이 윤 계장님을 군수사관의 길로 들어서게 한 거군요~!!
윤상기	(옛 생각에 젖는) 도 검사님 같은 군검사가 돼 보려고 법대를 다시 가려고 했으나 역부족. 그리고 군수사관 되려고 코피 좀 쏟았지. 뭐, 그 코피가 오늘 내 피가 되고 살이 된 거지만. (코피 바

로 나오는) 어? 이거 뭐야… 추억의 코피? 내가 요즘 무리했지…
무리했어… (휴지 가지러 뛰어가는데)

미소 짓고 그 모습 보는 안유라의 얼굴에서-

29. 국방부 대회의실 [낮]

벽에 걸린 '강스 솔루션 & IM 디펜스 - 국방부 신무기 도입 사
업 MOU 체결' 플래카드. 그 앞 테이블 상석에 이재식이 앞에 놓
인 계약서에 사인을 하고 있다. 이어서 양옆에 앉아 있던 용문
구와 강하준도 사인을 하고- 만족스런 얼굴의 세 사람. 그런 세
사람을 향해 카메라 플래시가 번쩍인다.

30. 용문구의 IM 집무실 [밤]

자리를 옮겨 집무실에서 대화를 나누는 용문구, 강하준 그리고
이재식.

용문구	(환하게 웃는) 이걸로 계약 체결입니다. (허리 굽히며) 저를 신뢰해 주신 은혜, 절대 후회하지 않으실 겁니다. 감사합니다, 장관님.
강하준	(역시 이재식에 고개 숙이고) 신무기 도입 사업은 군사기밀이니 용 대표님께 많이 배우겠습니다.
용문구	그게 바로 방산비리를 쉽게 끊어 낼 수 없는 이유지. 비밀 유지 도 되고, 뒤탈도 없어. (이재식 보며) 그런데 혹시… 계약을 서두 르신 특별한 이유가 있으십니까?
이재식	(분노 오르는) 이번 신무기 계약을 계기로 노화영을 완전히 끝장 내 버려야겠어.
용문구	(생각지 못한 기쁜 소식에 표정 관리하면서) 네? 갑자기 그게 무슨 말씀이신지…
이재식	용 대표가 노화영에게서 IM을 완전히 가져오는 데 내 온 힘을

다 보태지.

용문구   (벌어지는 입 억지로 관리하면서) 정말 감사합니다. 제 온 충성을
        바치겠습니다. 제 위에 누군가 계셔야 한다면 바로 장관님 한
        분입니다.

        둘의 모습을 쳐다보는 강하준. 그 위로-

기자 (E)   다음은 국방부 소식입니다. 국방부가 유력 방산업체인 강스 솔
        루션과 IM 디펜스가 참여한 컨소시엄과 신무기 사업 업무 협약
        을 체결했습니다.

31. (교차) 노화영의 사단장실 + 용문구의 차 안 (낮)

        뉴스를 보고 있는 노화영. 점점 표정이 일그러진다.

기자 (E)   이번 협약으로 강스 솔루션과 IM 디펜스는 국방 예산의 10%가
        집행되는 역점 사업을 수주하여 본격적인 국산 신무기 기술 개
        발에 나설 예정이며…

        노화영, TV를 끄더니 핸드폰을 들어 용문구에게 전화를 건다.
        정차된 차 안에서 통화를 하는 용문구.

용문구   (여유) 뉴스 보시고 전화하신 거군요.
노화영   왜 내가 저 내용을 뉴스로 알아야 하는 거지?
용문구   안 그래도 조만간 찾아뵙고 설명드리려고 했습니다.
노화영   확실하고 납득할 만한 설명이 있어야 할 거야.
용문구   (미소) 염려 마십쇼, 장군님. 한 방에 이해되실 겁니다.

        노화영, 핸드폰 내린다. 그러나 안색이 불편한 티가 역력한데-

32. 다방 아지트 - 비밀의 방 [낮]

틀어 놓은 TV에서 협약 뉴스가 흐르고 있다.

차우인   용문구와 강 대표, 이재식까지 협약을 했네요.

도배만   애국회 내분이 시작됐다는 분명한 징후지.

차우인   홍무섭이 축출돼서 이제 애국회 군인들은 이재식과 노화영, 둘
         중 한쪽을 택해 충성 경쟁을 벌일 겁니다.

도배만   전쟁터에는 피아 식별이 중요해.

차우인   그러다 보니 입지가 위태로워진 한 명이 생겼죠.

도배만   그래, 허강인 부군단장.

'복수의 지도'에 떠 있는 허강인 사진 위로-

인서트

- 4화 23신. 화장실, 노화영의 군홧발에 밟히고 있는 허강인 모
습. 그 광경을 한식집 종업원 복장으로 변장한 차우인이 지나가
면서 본다!

차우인   무능력하고 남성 우월주의에 젖은 군인의 상징. 여자의 명령은
         절대 받지 않는다는 신념으로 군복을 입었지만… 여자의 군홧
         발에 무참히 밟히는 신세가 됐죠.

플래시백

- 10화 46신. 고급 한식집 앞. 이재식, 노화영, 홍무섭, 용문구 다
떠나가고 혼자 남은 허강인. 그 모습을 차 안의 차우인이 보고
있다.
- 24신. 사단장실 앞 복도. 이재식이 허강인을 무시하고 그냥 가
버린다. 그 모습 뒤에서 보고 있는 도배만.

도배만	홍무섭이란 줄을 단단히 잡고 지금까지 살아남았지만 그 줄이 끊어진 지금 본인의 군인 생명줄이 위태롭지.

다시 다방 아지트.

도배만	노화영에겐 무시당하고, 이재식에겐 인정받지 못하고 있지.
차우인	(허강인 사진 보며) 허강인을 미끼로 쓸 생각입니다.
도배만	미끼? (차우인 보며) 사냥감이 아니라?
차우인	네, 허강인은 미끼입니다. 대어를 낚기 위한 미끼.
도배만	(피식) 오~! 그거 괜찮은데.
차우인	용문구가 애국회 엑스파일을 노리고 있는 지금, 우리도 큰 거 한 방이 필요합니다.
도배만	일단 편 일병 재판부터 끝내고 미끼로 대어를 낚아 보자고.

'복수의 지도' 속 허강인의 사진에서-

33. 부대 앞 (낮)

부대 앞에 도착하는 도배만과 차우인. 그때, 누군가가 다가오는데- 두 사람을 기다리던 편 일병 모, 다리를 절뚝이며 다가온다. 초라한 행색과 슬픔에 젖은 얼굴이지만 기다리던 도배만과 차우인 보자 얼굴 조금 펴지면서-

편 일병 모	저기… 군검사님들…

멈춰 선 도배만과 차우인. 편 일병 모, 도배만에게 뭔가를 건네는데 보면- 안경집이다.

편 일병 모	(간절한) 저, 이것 좀 제 아들놈에게 전해 주실 수 있을까요. 어떻

게 전해야 할지 도무지 방법을 몰라서요. 군검사님들 오시기만 여태 기다렸어요…

차우인   (안타까운 얼굴로 보는)

편 일병 모   부탁드립니다. 애가 시력이 많이 안 좋아서요. (고개 깊이 숙이는)

도배만   (잠시) 어머니 마음은 충분히 이해하지만 재판을 앞두고 피고인 측 어머니를 만나는 건 좀 곤란합니다. 죄송합니다.

편 일병 모   (절망적인) …

돌아서는 편 일병 모, 걷지 못하고 그 자리에 잠시 서서 멍하니 가만히 있는다. 도배만과 차우인, 무겁게 돌아서 걸어간다.

도배만   편상호 일병 2차 조사는 차 검이 진행해. 난 사단장실 가서 보고를 해야 하니까.

차우인   지난번엔 저 어머님 접견까지 시켜 주셨으면서 안경 전달은… 왜 거절하신 겁니까?

도배만   (잠시) 그렇게 해서라도 편 일병 진술을 받아내야 했으니까. 나로서도 어쩔 수 없었어. 이해하지?

차우인   네, 하지만 (착잡) 저 어머니는 죄가 없지 않습니까?

도배만   차 검 마음은 알지만… 더 이상의 감정 이입은 곤란해.

차우인   …알겠습니다.

도배만, 먼저 자리를 떠나면- 차우인, 혼자 남아 서 있다.

34. 부대 일각 (낮)

절뚝이며 걸어가고 있는 편 일병 모. 차마 안경집을 가방에 넣지도 못하고 손에 쥐고 있다. 그러다 손에 힘이 풀려 안경집을 떨어트리고, 허리를 숙여 주우려는데- 먼저 안경집을 집는 손, 차우인이다.

편 일병 모	(놀라며 보는) 군검사님.
차우인	(안경집 챙기며) 제가 전달하겠습니다.
편 일병 모	(연신 허리 숙이며) 정말… 고맙습니다. 고맙습니다… 뭐라고 감사를 드려야 할지…

목례하고 자리를 떠나는 차우인. 혼자 남은 편 일병 모, 참았던 눈물이 터진다.

35. 노화영의 사단장실 [낮]

사단장실에 들어서는 도배만. 책상에 앉아서 서류를 보고 있는 노화영이 보인다. 도배만, 경례를 하는데- 노화영, 도배만 쳐다본다.

노화영	방금 전에 법무참모한테 보고받았어. 생존 병사들 모두 가혹 행위는 없었다는 동일한 증언을 하고 있다고?
도배만	그렇습니다.
노화영	노태남 이병은 뭐라고 했지?
도배만	가혹 행위는 없었다고 했습니다.
노화영	그래. 가해자 진술도 같은가?
도배만	차우인 검사가 지금 추가로 조사 중입니다.
노화영	(싸늘) 추가 조사? 가혹 행위나 혹여 다른 이유가 있다고 생각한다는 거야?
도배만	피해자가 많은 만큼 더 확실히 조사하겠다는 법무실 방침입니다.
노화영	그래?

노화영, 천천히 자리에서 일어나더니 도배만의 앞에 선다.

노화영	도배만, 이번 사건도 내게 어머니와 사단장의 입장을 따져 물을

수 있겠나?

도배만   (답하지 못하는)

노화영   이번 사건… 난 피해 병사의 어머니야. 내 아들은 목숨을 건졌지만, 정신적으로 큰 충격을 받았어.

도배만   (보는)

노화영   생존자들의 아픔을 더 이상 파헤치지 마. 명심해야 할 거야.

냉정한 노화영의 눈빛과 도배만의 눈빛이 마주하는 데서-

36. 조사실 (낮)

조사실에 앉아 있는 차우인. 문이 열리고- 안유라가 편 일병을 데리고 들어온다. 안유라 나가고 편 일병, 자리에 앉는다. 차우인, 안경집을 꺼내 편 일병에게 건넨다.

차우인   어머니가 전해 달라고 하셨어.

편 일병   (놀라서) …우리 어머니 말씀이십니까?

차우인   이제… 재판받기 전까지는 어머니 얼굴 보긴 어려울 거야.

편 일병   (눈물 맺히는) …제가… 이걸 받아도 됩니까?

차우인   (대답 대신 가만히 보는)

떨리는 손으로 안경집을 열어 보는 편 일병, 곱게 접힌 안경 닦이 위로 안경이 놓여 있다. 차마 안경을 쓰지도 못하고- 눈물만 뚝뚝 흘린다.

차우인   (보는) …써 봐… 어머니가 어렵게 전해 주신 거야.

편 일병   (눈물) …제가 이걸 어떻게 쓰겠습니까…

차우인의 시선으로 편 일병의 안경 다리 검은 테이프가 보인다.

차우인	그 안경… 언제부터 그렇게 된 거지?
편 일병	(바로 대답하지 못하는) …
차우인	(이상한 느낌) 어려운 질문… 아니잖아. 왜 대답하기가 어렵지?
편 일병	… (뭐라 해야 좋을지 모르겠는데) …
차우인	(대답하지 않는 편 일병 보며) 누가 일부러 망가뜨린 거 같은데… 아니면 고장 나서 이렇게 테잎을 붙여서 쓰는 거야?
편 일병	(잠시) 네… 부러진 거… 노태남 이병이 고쳐 줬습니다.
차우인	(놀라는) 노태남 이병이?

플래시백_____

10신 상황이다.

차우인	편 일병이랑 친했니? 병사 기록을 보니 분대 맞선임이던데.
노태남	(고개 젓는) 아뇨… 아뇨… 친하게 지낸 적 없어요!

다시 조사실. 차우인, 편 일병 똑바로 보면서 묻는다.

차우인	편상호 일병… 너… 노태남 일부러 살려 준 거지?
편 일병	(생각지 못한 질문에 당황하여 표정 관리 안 되는데) …
차우인	(편 일병의 표정이 변하는 거 보며 점점 물고 늘어지는) 노태남 빼고… 나머지는 그러지 않았으니까… 내 말이 맞지?

뭐라 대답해야 할지 얼굴에 땀 흐르면서 당황하는 편 일병인데.

37. 영상 조사실 (낮)

영상 조사실에서 조사실 보고 있는 안유라. 문 열리고- 도배만 이 들어선다.

안유라	도 검사님!
도배만	한창 조사 중인 것 같길래… 여기서 보려고.

도배만, 조사실에 있는 편 일병 보다가- 편 일병 앞에 놓인 안경 집을 본다.

도배만	하여간 차우인… (결국 갖다줬네)
안유라	(빠져서 보고 있는) 차 검사님이 진술을 받아 내고 있으십니다.
도배만	그래? 차우인, 잘 크고 있네?

도배만, 미러 너머 차우인을 보는데-

38. 조사실 [낮]

차우인과 마주한 편 일병의 눈빛이 심하게 흔들린다.

차우인	생존 병사들은 가혹 행위가 단 한 번도 없었다고 했어. 모두 너 한테 잘해 줬다고 했고.
편 일병	(그럴 줄 알았다는 듯 침묵하는) …
차우인	지난번 조사할 때… 너… 범행 동기가 뭐가 중요하냐고 했었지? 네가 하는 말이 모두 변명같이 들릴 거라고…

39. 분식집 [낮]

같은 시각. 편 일병 모의 분식집 앞. 편 일병 모가 가게 앞에 도착한다. 가게 앞에 '살인범 엄마', '꺼져라', '나가라', '살인범 가게', '학살범' 빨간색 스프레이로 곳곳에 온갖 비난의 말들이 적혀 있다. 편 일병 모, 슬픈 가슴 부여잡으며- 가방 안에 있던 물티슈를 꺼내 지워 보려 하는데-

40. 조사실 (낮)

편 일병, 엄마가 주고 간 안경집을 매만지며 간신히 조사를 견
뎌 내고 있다. 그러다 안경집 맨 밑에 있던 엄마와 함께 찍은 사
진을 발견한다. 분식집 앞에서 엄마와 환하게 웃으며 찍은 과거
어느 날의 사진이다. 그 사진 보면서 심하게 동요하는 편 일병
의 눈빛… 눈물이 흘러내린다.

차우인   어머니는 네 말을 변명이라고 듣지 않으실 거야. 네가 아무 말
을 하지 않으면… 너의 어머니는 무자비한 살인범의 엄마로…
평생 그 이름으로 살아가셔야 해…

사진 속 엄마의 얼굴을 보고, 눈물을 쏟아 내는 편 일병.

편 일병   (마침내 말하는데) …있었습니다, 가혹 행위.

플래시백_____

- 11화 18신 인서트. 편 일병의 양팔을 붙잡고 낄낄거리는 병사
들. 마 병장이 입에 치약을 짜 넣는다.

편 일병 (E)   처음엔 마 병장이랑 몇 명이 전부였지만…

- 취침 중인 생활관. 혼자 어둠 속에서 땀을 뻘뻘 흘리며 기마
자세로 방탄모에 소총을 들고 얼차려 받는 편 일병. 지나가던
불침번 고참이 방탄모를 툭 치고 간다.

편 일병(E)   제가 참는 동안… 다른 병사들도 절 괴롭히기 시작했고 괴롭히
지 않는 놈들은 제 모습을 보고 비웃고… 모른 척하고… 소초장
님, 부소초장님도 마찬가지였습니다. 모두 악마였습니다.

- 10화 50신. 편 일병, 마 병장이 들어가 있는 침낭 속으로 쏙 들어간다. 마 병장, 편 일병을 안더니 침낭 지퍼를 쭉 올린다.

편 일병 (E)   하루하루가 생지옥… 다음 날이 또 온다는 게 무서웠습니다.

마침내 자백을 마친 편 일병. 그런 편 일병 보는 차우인의 모습에서-

41. 법무실 (낮)
법무실에 서 있던 도배만. 조사를 마친 차우인이 들어선다.

도배만   결국… 그 안경 덕에 진술 받아 냈네.
차우인   (착잡) 역시 소대 내 가혹 행위가 원인이었습니다.
도배만   편 일병 재판이 끝나면 가혹 행위 후속 수사에 바로 들어가자구.
차우인   조직적인 은폐가 있었을 겁니다. 관련자들 모두 다 처벌해야죠.
도배만   문제는… 생존자들이 하나같이 입을 맞추고 있다는 거지. 증언을 받아 내기 힘들다는 건데… (차우인 보며)
차우인   그래도 그 증인들 중에 한 명은 마음 돌릴 가능성이 있다고 생각합니다.
도배만   (궁금한 눈으로 차우인 보며) 한 명?
차우인   (의미 있는) 네.

42. 국군 병원 입원실 (밤)
쉬고 있는 생존 병사들이 보이고- 혼자 떨어져서 누워 있는 노태남. 틀어 놓은 TV에서 나오는 뉴스.

기자 (E)   국방부는 GOP 총기사고로 희생된 장병에 대한 영결식을 사단장(葬)으로 치르기로 했다고 밝혔습니다.

화면 등지고 누워 있는 노태남. 증세가 올라오는지 귀를 막는다. 하지만, 그 위로 들려오는 목소리.

안 병장 (E)   여기서 어떤 사고가 터져도, 사람들은 모두 너부터 의심해. 왜냐면, 넌, 고탈병(고자탈영병) 노태남이잖아?

43. (과거) GOP 건물 일각 (아침)

13화 14신 이후 상황이다. 통쾌하게 실실 웃음 남기고 가는 안 병장. 남겨진 노태남, 입술 깨물면서 참을 수밖에 없다. 그때, 멀리 있다가 눈치 보며 다가오는 편 일병.

노태남   (안 병장 향해서) 개같은 새끼.
편 일병   태남아, 왜 그런 욕을 해?
노태남   (소리 빽) 나 지금 빡쳤으니까 건들지 마시죠!
편 일병   우리는 아무리 화가 나도 개에 비유하지 말자. (미소 지으며) 안 병장, 마 병장은 개랑은 비교도 안 되는 인간쓰레기야.
노태남   (보는)
편 일병   (허공 보며) 난 사람보다 개가 훨씬 낫다고 생각해. 개는 욕심 없고, 착하잖아. 인간은 욕심 많고, 이기적이고 (서글픈) 여기 선임들처럼 다 못돼 처먹었고….
노태남   (보는)
편 일병   사람에게 개는 일부지만, 개한테 사람은 전부잖아.

진심 어린 편 일병의 얼굴. 노태남도 볼트가 생각난다.

노태남   (그리운) 맞아요. 볼트는 내게 가족이에요. 유일한 가족.
편 일병   우리 애견인들은 개를 접두어로 쓰는 거 (손가락) 금지!
노태남   (화가 풀려 피식 웃으며) 네, 뭐. (어색하게) 금지!

서로 보며 웃는 노태남과 편 일병의 모습에서-

44. (현재) 국군 병원 입원실 (밤)
굳은 얼굴의 노태남. 이어지는 뉴스.

기자 (E) 육군은 중앙전공사상 심사위원회를 열어 희생자에 대한 순직
        처리와 추서 진급 심의 등을 진행할 계획이며…

뉴스를 보던 마 병장. 화색이 도는데-

마 병장   (크게) 야야!!!! 우리한테도 위로금 나온다는 얘기네?
생존 병사 1   (눈 번쩍) 그게 정말입니까?

생존 병사들, 갑자기 생기가 돌면서 좋아한다. 등지고 문 쪽으
로 누워 있던 노태남. 그때- 병사 하나가 문을 열고 들어오면
열린 문 사이 복도로- 총 든 편 일병이 천천히 지나간다. (노태
남의 환영)

노태남   (눈동자 급격히 떨리며) 아아아… 살려 줘… 제발… 제발…

외상 후 스트레스 증세가 다시 올라오는지 귀를 막고 흐느끼는
노태남. 그러나 마 병장과 생존 병사들은 위로금 소식에 막 웃
고 떠드느라 노태남의 흐느낌을 듣지도 않고, 관심도 없다.

45. 길가 - 포장마차 (밤)
퇴근하던 길인 도수경. 서주혁이 사복 차림으로 혼자 소주를
마시고 있다. 착잡하고 고뇌에 찬 표정. 많이 마셨는지 얼큰히
취해 있다. 맞은편에 앉는 도수경. 포장마차 주인이 빈 소주잔

과 계란말이, 테이블에 놓는다.

도수경   (자기 잔에 따르며) 이 집 내 단골인데… 참모님 혼자 웬일이십
          니까?

서주혁   (원샷 하는) 군법무실 맡은 이래… 이런 대형 사건은 첨입니다.
          요 며칠 잠도 안 오고 (괴로운) 앉으나 서나 사건 생각뿐입니
          다… 죽은 병사들 생각하면 (저려 오는) …가슴이 아파요…

도수경   (노려보며) 참모님, 이번 사건은 절대 검사로서만 판단하셔야 합
          니다. 윗사람들 눈치 보고 그러면 (눈 부라리며) 그땐 내가 가만
          안 둡니다.

서주혁   (취기 확 올라와 욱-) 뭐요? 이봐요! 사람을 어떻게 보고!! 나도
          검삽니다! 나도 젊을 땐 차우인 같은 군검사였다구!!!

도수경   아구! 깜짝이야! 차 검사 같았다구요? (에헤~) 전혀 상상이 안
          되네~

서주혁   (속마음 확 터져 나오는) 군대가 날 이렇게 만든 거라구! 계급이!
          명령이! (서러운) 내가 이 나이까지 장가도 못 가… 이 나라 군
          대를 위해서 얼마나 몸 바쳤는데!!!

도수경   (서주혁의 진심에 미안해지는) …참모님…

서주혁   (도수경 눈 바라보면서) 나도 법무실 참모로 이번 사건 제대루 지
          시했다구요! 도 검사, 차 검사한테요!!

도수경   (서주혁 달라 보이는데) …서 참모님… 이제 보니… 남자네.

서주혁   (도수경과 눈 맞추며) …나 …남자? (설레는) 남자로 보여요? 나?

도수경, 잔에 술 따르더니- 서주혁 팔에 끼고 과감하게 러브샷!

도수경   말 나온 김에 우리 오늘부터 썸… (하다가) 아니다 그런 귀찮은
          거 건너뛰고 (과감) 사귑시다! 만나 봐야 똥인지 된장인지 알 거
          아니냐고!

서주혁	(눈 커지며) 네?
도수경	왜요? 싫어요? 싫으면 바로 접수하고! 나 질척이는 여자 아니니까!
서주혁	(수줍은) …그래도 하루 이틀 생각은 해 보고…

도수경, 일어나서 서주혁에게 어깨 두른다.

도수경	2차 갑시다~! 생각은 사귀고 나서 해도 충분해요! 나 아무하고 나 사귀어 주는 여자 아니에요! 내가 후회 안 하게 만들어 주면 되잖아?

서주혁, 수줍게 도수경에게 안기는 표정에서-

46. 관사 앞 (밤)

관사로 귀가하는 도배만과 차우인.

도배만	노태남을 증인석에 앉힌다고 달라지는 건 없어.
차우인	네, 알고 있습니다. (어두워지며) 이번 재판은 어떤 판결이 나오느냐가 중요한 게 아니니까요.
도배만	(보는)
차우인	이런 힘든 사건, 전에도 맡아 보셨습니까?
도배만	처음이야, 나도.

잠시- 서로를 보는 두 사람.

도배만	병사들은 피해자야. 우린 그걸 절대 잊으면 안 돼.
차우인	네. 피해자가 가해자가 됐고, 가해자는 피해자가 된 사건이죠.
도배만	수많은 죄가 있고… 죄를 진 사람 또한 많아. 그들에게 정확한

죄의 값을 매겨야 하는 게 군검사인 우리의 숙명이고.

차우인   전 노화영의 죄를 묻는다는 생각 하나만으로 군검사가 됐습니다. 그래서 더 이번 재판이 어렵게 다가옵니다.

도배만을 보는 차우인의 얼굴 위로-

기자 (E)   내일 군사법원에서 4사단 GOP 총기 난사 사건의 공판이 열립니다.

47. 보통군사법원 앞 [낮]

기자 (E)   살인 혐의 외에도 다수의 혐의를 적용해 기소한 것으로 알려진 가운데 편 모 일병에게 어떤 선고가 내려질지 귀추가 주목되고 있습니다.

법원 앞에 보이는 노태남과 마 병장을 비롯한 생존 병사들. 생존 병사들과 섞이지 못하는 노태남, 혼자 덩그러니 떨어져 있다. 생존 병사들이 한꺼번에 법원으로 들어가 버리고- 혼자 남는 노태남. 그때- 군용차량 도착하더니 윤상기와 정병들이 내리고 이어 편 일병도 내린다.

노태남   (편 일병에게 시선 꽂히는) !!

미결수 복장, 채워진 수갑, 몰라보게 수척해진 얼굴. 정병들이 각각 편 일병의 양팔을 나눠 잡고 법원으로 들어가고 있다. 노태남, 그런 편 일병 앞으로 다가간다.
편 일병에게 카메라를 들이밀며 취재 경쟁을 벌이고 있는 기자들. 연신 플래시 터지고- 그렇게 기자들을 뚫고 지나가는 와중에 편 일병이 고개를 들다 노태남과 눈이 마주친다.

노태남	(흔들리는 눈빛으로 보는) !!
편 일병	(노태남을 보고 순간적으로- 살짝 웃어 보이는)
노태남	!!

편 일병, '나는 괜찮아.'라는 의미의 슬픈 미소. 그렇게 법정으로 끌려가는 편 일병의 뒷모습을 뚫어지게 보고 있는 노태남인데.

48. 보통군사법원 법정 (낮)

자막 - 4사단 GOP 총기 난사 사건 공판

군검사석에 도배만, 차우인. 피고인석에 편 일병과 군변호사. 특별석에 노화영. 방청석은 노태남, 마 병장을 비롯한 생존 병사들과 피해 유가족들 등등.

군판사	군검사 측 모두진술 하세요.

도배만, 자리에서 일어나 법정 중앙에 선다.

플래시백_____

도배만의 모두진술에 중간중간 13화 해당 장면들이 적절히 끼어든다. 그 위로-

도배만	사건의 시작은 경계 근무를 서던 피고인이 함께 있던 선임을 폭행하면서부터입니다.

- 13화 39신. 편 일병, 소총 개머리판으로 김 병장을 친다.

도배만	그 직후 수류탄과 총기를 챙겨 생활관으로 향했고, 휴게실의 병

사들을 향해 수류탄을 투척했습니다.

- 13화 40신. 편 일병, 휴게실을 나가며 뭔가를 바닥에 던지고 문을 닫아 버리는데. 주르륵- 병사들 발밑으로 굴러오는 수류탄. 병사들 경악하면서 비명 지른다.

도배만   이후 복도를 떠돌며 사병들을 향해 난사했고.

- 13화 43신. 복도를 뚜벅뚜벅 걸으며 문을 열고 총을 갈기는 편 일병. 드르륵- 드르륵-

도배만   생활관에서 취침 중이던 사병들을 살해했습니다.

- 13화 44신. 드르륵- 편 일병, 안 병장과 병사들을 향해 방아쇠를 당긴다.

도배만   마지막으로 화장실에 있던 마범락 병장에게 한 차례 총격을 가하고, 폭행하던 중 진압 병력에 포위돼 현장에서 체포되었습니다.

- 13화 55신. 편 일병, 소총 개머리판으로 마 병장을 두들겨 패고 있다. 그때 편 일병 주위를 에워싸는 특임대원들, 편 일병에게 달려들어 포박한다.

도배만, 피고인석의 편 일병을 보며 모두진술을 마무리한다.

도배만   총 13명이 사망했고, 다수의 피해 소대원들이 치료 중에 있습니다. 이에 검사는 피고인에 대하여 군형법을 적용, 상관 살해 혐의 등 공소장에 기재된 7개 혐의로 공소를 제기하였습니다.

군판사	피고인 측 공소 사실 인정합니까?
군변호사	공소 사실 전부 인정합니다. 다만, 범행동기로 군내 가혹 행위를 주장합니다.
군판사	군검사 측 인지하고 있는 사항입니까?
도배만	네. 수사 과정에서 피고인의 진술을 확보했습니다. 다만, 생존 병사들은 모두 가혹 행위 여부를 부인하고 있습니다.

그 말에 방청석의 마 병장, 피식 엷게 웃는다. 노화영도 비교적 평온한 얼굴이다. 하지만-

도배만	다만, 범행 동기와 경위에 대한 사실 확인이 필요하단 의견엔 동의합니다.
마 병장	(멈칫) !!
노화영	(멈칫) !!
도배만	이에 노태남 이병을 증인으로 신청합니다.

그 순간, 법정 내 모두의 시선이 노태남에게 집중되는데-

49. (시간 경과) 보통군사법원 법정 (낮)

오프닝 상황이다. 증인석에 앉아 있는 노태남이 보인다. 증인 선 서문을 들고 있다.

노태남	양심에 따라 숨김과 보탬이 없이 사실 그대로 말하고… 만일 거 짓말이 있으면 위증의 벌을 받기로 맹세합니다.

선서하는 노태남의 모습을 보는 노화영. 도배만, 천천히 걸어가 노태남 앞에 선다.

도배만　　총기 난사 사건이 발생하기 전⋯ GOP 소대에서 편상호 일병이
　　　　　　　가혹 행위를 당했습니까?

　　　　　　　노태남, 고개 돌리면- 특별석의 노화영과 눈이 마주친다.

노태남　　(잠시) ⋯없었습니다⋯ 가혹 행위⋯

　　　　　　　그 대답을 듣는 도배만과 차우인. 장내 분위기도 무겁게 가라앉
　　　　　　　는다. 편 일병, 고개를 숙이는데. 특별석의 노화영, 예의 그 섬뜩
　　　　　　　한 미소 짓는다. 이어서 차례로 대답하기 시작하는 생존 병사들.

생존 병사1　　가혹 행위 없었습니다.
생존 병사2　　말도 안 됩니다! 전혀 없었습니다.
생존 병사3　　절대 없었습니다.
생존 병사4　　없었습니다, 가혹 행위.
김 상병　　저랑 전반야 근무 서다가 갑자기 마 병장님 죽여야 된다고 미
　　　　　　　친놈처럼 중얼중얼거리더니 저 기절시키고 근무 이탈했습니다.
　　　　　　　편 일병, 정신이 완전히 돌아서 난사한 겁니다.

　　　　　　　옆에서 생존 병사들의 증언을 듣는 노태남의 표정이 조금씩 굳
　　　　　　　어져 간다. 그리고 마지막으로 마 병장의 증언이 시작된다!

마 병장　　(진심 어린) 편 일병 같은 관심병사 들어오면 고참들이 정말 힘
　　　　　　　듭니다. GOP 와서 적응 못하고 겉돌고⋯ 불면증도 심하길래⋯
　　　　　　　제 옆에 재우고 충고까지 해 주고 신경 많이 썼습니다. 그걸 갈
　　　　　　　군다고 생각했나 봅니다. 전 편 일병만 생각했습니다!!

　　　　　　　마 병장의 진술을 들을수록 얼굴이 미세하게 일그러지는 노태남.

마 병장 (감정 복받쳐 올라) 정말… 소대원들이 편 일병한테 얼마나 잘해 줬는지 모릅니다. 그렇게 잘해 준 애들을! 아무 잘못도 없는 애들을 총으로 무자비하게 갈긴 겁니다. 편 일병 저놈은 정말 군인도 아니… 인간도 아닙니다.

진실과 전혀 다른 진술. 일그러져 가는 노태남. 그러다 특별석에서 마 병장의 진술을 들으며 살짝 미소 짓는 노화영을 본다. 갑자기 어지러워지면서 주위가 도는 것 같은 노태남. 아득하게 총소리 들려오고-

플래시백
16신. 노화영이 노태남에게 말한다.

노화영 그래. 내가 시켰어. 그래야 이 엄마가 자리를 지킬 수 있다. 비난의 화살을 편 일병한테 온전히 돌려야 돼.

다시 법정. 노태남, 피고인석의 편 일병을 본다. 끼고 있는 안경다리에 검은 테이프!

플래시백
9화 42신 상황이다.

편 일병 내가 왕고참 되면 싹 다 바꿀 거니까 그때까지만 참아.

인서트
47신 다음 상황이다. 편 일병, 노태남에게 짓던 그 찰나의 슬픈 미소.

편 일병 (E)   괜찮아. 고참들처럼 말해도… 나는 괜찮아… 태남아.

다시 증인석의 노태남. 한 줄기 눈물이 주르륵 흘러내린다!

노태남   (작게) 괜찮은 척 웃기는… 괜찮긴 뭐가 괜찮아. (피고인석의 편 일
병 보며) 참을 거면 끝까지 참지.

도배만, 노태남의 혼잣말과 눈물을 발견했다!

도배만   증인, 방금… 뭐라고 했습니까?
노태남   (마음을 결정하려는 얼굴)
도배만   (세심하게) 증인?
노태남   …가혹 행위… 있었습니다!
노화영   (순간 크게 얼굴 일그러지는) !!
편 일병   (상상하지 못한 노태남의 말에 눈 커지는데) !!
도배만   …지금 증언을 번복하는 겁니까?
노태남   (눈물 담은 눈으로 보는)
도배만   증언을 번복하는 이유가 있습니까?

노태남, 자리에서 일어난다. 울분 어린 눈빛과 얼굴로 모두를 향
해서-

노태남   (혼잣말) 이건 아니야. (방청객 보며) 이건 정말 아닙니다!! 안 그
래요? (방청석 군인들 향해) 당신들 이러려고 군대 온 거 아니잖
아… (편 일병 향해) 총 쏜 너도 벌받고… (생존 병사들 향해) 총 쏘
게 만든 니들도 다 벌받아야 돼! (방청석 보며) 니가 그런 말을 왜
하냐고요? 맞아… 내가 이런 말 할 자격 없는 거 나도 알아!! 나
는 쓰레기니까. (일갈하는) 근데 이러면 안 되는 거는 맞잖아?

| 군판사 | (감정 없이 사무적) 증인, 발언 조심하세요! |

노태남, 특별석의 노화영 보는데- 노화영, 분노 가득한 얼굴로 노태남을 보고 있다. 그 모습 캐치하는 도배만! 그 찰나의 순간을 놓치지 않고 일갈한다.

| 도배만 | (큰 소리로) 증언을 번복하게 만든 사람이 누굽니까? |

노태남, 시선 돌려- 특별석의 노화영을 보고 소리친다!

노태남	어머니! 아니 노화영 사단장님.
노화영	(강하게 표정 관리하면서 포커페이스 유지)
노태남	어머니는 그 군복을 지키기 위해 저한테 위증을 강요했습니다.
군판사	증인! 자리에 앉으세요!
노태남	(슬픔 가득, 버럭) 어머니… 이게 어머니가 만들고 싶은 군대입니까? 대답해 주세요. 이게 어머니가 만들고 싶은 군대냐구요!!!
군판사	정병, 증인 당장 퇴정시키세요!

정병에게 끌려 나가는 노태남. 장내는 혼란에 빠진다. 노화영, 벌떡 자리에서 일어나 나가는데-

50. 보통군사법원 복도 (낮)

분노 가득한 얼굴로 복도를 걸어 나가는 노화영. 양 부관도 뒤를 따른다. 걸어가던 노화영, 제자리에 탁 멈춘다. 한쪽 장갑을 벗어 분노를 담아 바닥에 패대기친다.

51. 보통군사법원 법정 (낮)

다시 모두가 숨죽여 보고 있는 긴장 속 법정, 편 일병에게 다가

가는 차우인.

| 차우인 | 피고인, 마지막으로… 할 말 있습니까? |
| 편 일병 | (울먹거리며) 모… 모두 다 제 잘못입니다… 조금 더 참지 못한 제 잘못입니다. 끝까지 참았어야 했는데… 죄송합니다. 진심으로… 죄송합니다… |

편 일병, 방청석을 향해 허리 굽혀 연신 고개를 숙인다. 그 모습 보던 편 일병 모, 가슴 치며 숨죽여 운다. 엄마와 아들의 안타까운 모습을 보는 도배만과 차우인의 모습에서-

52. (시간 경과) 보통군사법원 법정 (낮)
차우인, 구형을 내리기 위해 자리에서 일어난다.

| 차우인 | 한 병사가 무수한 가혹 행위를 당했습니다. 그로 인해 되돌릴 수 없는 참혹한 비극이 벌어졌습니다. |

장내 모든 이들이 숨죽이고 차우인의 말에 집중한다. 피해 유가족들 일부는 소리 내 울기 시작한다.

| 차우인 | 조직 내에서 발생하는 폭행은 대부분 침묵으로 덮입니다. 그 침묵의 장막이 열리는 계기는 대부분 비극적인 사건 이후입니다. 장막이 열리기 전 피해자는 가해자가 되었고, 장막이 열린 후 가해자는 피해자가 되었습니다. 저는 이 사건을 맡은 군검사로서 가장 고통스러운 이 순간을 피하고 싶었습니다. (잠시) 하지만 국민을 대신해 정의를 판단해야 하는 군검사를 제 숙명으로 받아들이고 피고인이 차마 모두 드러내지 못한 아픔은 그냥 제 가슴에만 묻어 두겠습니다. (단호한) 정의의 이름으로 그 |

어떤 살인 행위도 정당화될 수 없기 때문입니다. 이에 피고인 편상호 일병에게 (힘겹게) 법정 최고형인 사형을 선고해 주시기 바랍니다.

무거운 얼굴의 차우인. 도배만, 그런 차우인을 보는 데서-

53. (시간 경과) 보통군사법원 법정 (낮)

군판사, 판결문을 펼쳐 낭독하기 시작한다.

군판사 제반 사정을 종합해 볼 때, 피고인에 대한 법정 최고형의 선고가 불가피하므로, 다음과 같이 선고합니다. 주문, 피고인을 사형에 처한다.

피고인석에서 일어나 묵묵히 사형을 받아들이는 편 일병.

54. 보통군사법원 일각 (낮)

재판이 끝난 법원 일각, 구석에 편 일병 모가 우두커니 앉아 있다. 슬픔조차 잊은 멍한 얼굴이다. 판결을 마치고 나오는 도배만과 차우인, 둘 다 말없이 편 일병 모를 보는데-
차우인, 편 일병 모에게 다가간다. 차우인을 보자 힘겹게 일어서는 편 일병 모. 차우인, 편 일병 모에게 검은 테이프가 붙여진 낡은 안경을 전해 준다.

편 일병 모 (눈물 흘리며 안경 받아 드는)
차우인 어머니가 주신 새 안경… 편 일병에게 전달했습니다.
편 일병 모 (차우인 손 꼭 잡으며 눈물 흘리는데) 먼 길 가는데 앞이 안 보일까 봐서요… 꼭 전해 주고 싶었어요. 군검사님… 제 소원을 들어주셔서 정말 감사합니다…

편 일병 모, 허리 굽혀 인사하고 아들의 안경 소중하게 가슴에 품고 돌아선다. 차우인, 말없이 그 뒷모습을 바라본다. 그 모습을 도배만도 보고 있다.

55. 보통군사법원 로비 (낮)

기자들이 몰려 있는 로비. 재판을 마친 도배만과 차우인이 밖으로 걸어 나온다. 저 앞에 대기하는 기자들을 잠시 보는 도배만과 차우인.

도배만   차 검이 브리핑해.
차우인   제가 하라구요?
도배만   이 재판, 난 그저 차가운 머리로만 일관되게 대했지만… 차 검은 편상호, 노태남… 가해자와 피해자 모두를 포기하지 않았어. 그러니 차 검이 해.
차우인   (차분하게) 네.

차우인 무거운 얼굴로 기자들 앞에 선다. 빗발치는 플래시들. 말없이 차우인을 보고 있는 도배만.

차우인   이 재판과 관련해 가혹 행위에 연루된 병사들은 물론… 사건을 축소 은폐하는 데에 가담한 모든 관련자들에 대한 조사가 진행될 것이며…

56. (몽타주) 총기 난사 사건 이후

차우인의 멘트 위로 깔리며-

차우인 (E) 또한, 재판 도중 제기된 노화영 사단장의 위증 교사 시도 정황에 대해서도 철저한 수사를 통해 반드시 진위 여부를 밝히겠습니다.

- 국군 병원 병실. 마 병장과 생존 병사들이 차례로 수갑에 채워
져 밖으로 나간다.
- 국군 병원 병실. 노태남만 덩그러니 남는 모습.
- 부대 앞. 윤상기에 의해 1대대장이 수갑에 채워진 채 나온다.
- 법무참모실. 도배만, 서주혁 앞에서 수사 보고를 올리는 모습.
다음 신으로 이어진다.

57. 법무참모실 (낮)

도배만, 서주혁 앞에서 수사 보고를 한다. 옆에 차우인, 윤상기,
안유라도 있다.

도배만　　　1대대장을 통해서 노화영 사단장이 사건을 은폐하고 진상 규명
을 방해한 혐의가 확인됐습니다. 그에 이번 노화영 사단장 조사
를 시작으로 숱하게 의혹이 제기돼 왔던 거대 군비리 게이트에
대한 본격적인 수사를 시작하겠습니다.

58. 사단장실 앞 복도 (낮)

도배만과 차우인, 그리고 윤상기와 안유라가 사단장실로 향하
고 있다.

59. 노화영의 사단장실 (낮)

문 활짝 열리면서 들어서는 도배만과 차우인. 그리고 윤상기와
안유라. 자기 체어에 앉아 기다리고 있던 노화영.

도배만	사단장님. 부하범죄 부진정* 혐의로 압수 수색 시작하겠습니다.

그 말에 여유 가득한 얼굴로 두 팔을 살짝 벌리는 노화영. 마음대로 수색하라는 제스처다!

노화영	뜻대로 해, 도배만, 차우인. 하지만 뒷감당을 해야 할 거야.
도배만	뒷감당은 사단장님이 하셔야 할 겁니다.

강한 눈빛으로 노화영을 보는 차우인. 전혀 밀리지 않는 기세의 도배만에서-

---

* 군형법 제93조. 부하가 다수 공동하여 죄를 범함을 알고도 그 진정(鎭定)을 위하여 필요한 방법을 다 하지 아니한 사람은 3년 이하의 징역이나 금고에 처한다.

15화

1. (오프닝) 폐창고 (낮)

화면 열리면- 피투성이가 된 모습으로 기둥에 묶여 있는 도배만. 도배만을 둘러싼 설악 일당들. 그 덩치들을 가르고 나타나는 누군가. 용문구다! 독기가 완전히 오를 대로 오른 얼굴. 도배만에게 다가가 마구 발길질한다.

도배만   (고통스럽게 맞는) 아아아…
용문구   (발길질) 니가 나한테 한 짓에 비하면 (퍽) 이걸로도 분이 (퍽) 풀리지 않아. (악에 받쳐서) 않는다고! 이 새끼야!

피투성이가 된 얼굴, 부어터진 눈과 입술, 바닥에 튀는 핏물. 심하게 얻어터져 말할 힘도 없을 것 같은 도배만. 그런데-

도배만   (힘겹게) …고맙다, 용문구.
용문구   (이건 뭔 소리야?) 뭐?
도배만   고막은 내가 나간 거 같은데… 귓구멍 막혔냐? (씨익 웃으며 완전 크게) 고맙다고!
용문구   (열받아 더 차는) 니가 왜! (퍽) 왜! (퍽) 뭘 고마워 해! 건방진 새끼!
도배만   날… 군대에 집어넣어 줘서.
용문구   (멈칫) !!
도배만   5년 전, 그 거절할 수 없는 제안. 그걸 나한테 하지 않았다면… 넌 지금 그 꼴을 당하지 않았을 거야.
용문구   (표정 일그러지는)
도배만   너한테 개처럼 부려지고 있는 나를 차우인이 꺼내 주지 않았다면… 넌 여전히 와인 상자 돌리면서 잘 먹고 잘살고 있었을 거야.
용문구   …
도배만   (피침 뱉으며 힘겹게) 모든 게 니 탐욕이 부른 나비효과인 거다. (흐흐) 재밌지 않냐? 한 치 앞도 모르는 인생이…

344

여유롭게 미소 지으며 용문구에 응수하는 도배만. 용문구, 열이 머리끝까지 올라 다시 발길질한다. 바로 그때-

설악   잡아 왔습니다, 강하준!

도배만, 놀란 표정으로 힘겹게 고개를 들면- 피떡이 된 강하준이 지리에게 끌려오고 있다. 피를 뚝뚝 흘리면서 바닥에 질질 끌려오는 강하준.
지리, 강하준을 도배만 옆에 던져 버린다. 기둥에 처박혀 쓰러지는데- 피투성이 강하준, 무거운 표정으로 도배만을 바라본다.
도배만, 용문구에 놀란 시선 돌리면- 두 사람 보며 입꼬리 올리는 용문구의 모습에서-

용문구   자, 그럼 이제 본론으로 들어가 볼까!

자막 - 며칠 전

2. 노화영의 사단장실 [낮]

회의 테이블에 앉아 있는 세 사람. 도배만과 차우인이 노화영을 취조 중이다.

도배만   노화영 사단장님. 부하범죄 부진정 혐의 관련 취조를 시작하겠습니다.

노화영   (엷은 미소) 그 전에… 내 방을 멋대로 압수 수색해서 뭐라도 찾아냈나?

차우인   (당당) 멋대로 하지 않았습니다. 법적인 절차를 따랐습니다.

노화영   법적인 절차? 그럼 자네들이 소환한 1대대장 입에서 내 이름이 나왔어? 나한테 가혹 행위 은폐 지시를 받았다는 진술 말이야.

자신만만한 노화영의 얼굴 위로 1대대장의 목소리가 깔린다.

1대대장 (E)   노화영 사단장님은 모르는 일이야.

3. [과거] 조사실 [낮]

도배만과 차우인 앞에- 1대대장이 굳은 얼굴로 앉아 있다.

1대대장   14GOP에서 가혹 행위가 있었다는 사실을 사단장님께 보고한
         적 없어.

도배만   그렇다면 총기 사건 발생 직후 은폐 지시를 받은 적은 없습니까?

살짝 갈등하는 1대대장의 얼굴 위로-

플래시백_____

14화 2신. 사단장실에서 1대대장이 노화영 앞에 서 있다.

노화영   내 말 잘 들어! 그 어떤 징후도 없었던 거야. 알았어?

다시 조사실. 1대대장, 이내 결심한 얼굴로-

1대대장   (단호) 지시받은 사항 없어.

4. [현재] 노화영의 사단장실 [낮]

도배만   마음의 편지를 몇 차례 받았지만 본인 선에서 묵살했다고 진술
         했습니다.

노화영   (엷은 미소) 그렇겠지. 그게 사실이니까.

차우인   (굳은 얼굴로 보는)

노화영   양종숙 중위 취조도 진행했지? 내 부관은 뭐라고 하던가?

5. [과거] 조사실 [낮]

도배만과 차우인 앞에 있는 양 부관.

차우인   총기사고 발생 직후, 노화영 사단장이 바로 14GOP에 도착해서 노태남 이병과 접촉했다는 목격 증언이 있습니다.

양 부관   (대답 없이 보는)

차우인   노태남 이병이 국군 병원에 입실하기 직전에도 노화영 사단장이 접촉했다는 목격 증언이 있고…

플래시백_____

– 13화 50신. 육공트럭 안에 노화영이 노태남과 있다.

노화영   총기 난사… 니가 쏜 거냐고 물었어. 너 때문에 벌어진 일이냐고!

– 14화 16신. 국군 병원 일각. 노화영이 노태남 앞에 서 있다.

노화영   군검사들한테 이 말 한마디만 해. 가혹 행위는 전혀 없었다고.

양 부관, 거리 두고 사람들이 출입하지 못하게 앞을 지키고 있다.

다시 조사실. 차우인이 강한 눈빛으로 양 부관에게 묻는다.

차우인   그 자리에서 노화영 사단장이 노태남 이병에게 위증을 지시했습니까?

양 부관   (단호) 그런 사실이 없습니다.

차우인   진실을 감춘다면 양종숙 중위도 처벌을 받을 겁니다.

양 부관   제 대답은 같습니다. 사단장님은 그런 지시를 한 적이 없습니다.

군건한 얼굴로 차우인 보는 양 부관.

6. (현재) 노화영의 사단장실 (낮)

차우인	양 부관도 1대대장 진술과 같습니다.
노화영	그럼 자네들한테 남은 건 노태남 이병이 법정에서 한 진술뿐이군.
도배만	사단장님 조사가 끝난 후에 정식으로 취조를 받을 겁니다.
노화영	그 증언을 누가 믿지? 노태남 이병은 사고의 충격으로 정상이 아니야.
차우인	사단장님 살겠다고… 아들을 정신 이상으로 몰고 싶은 겁니까?
노화영	(차우인 보며) 그게 사실이잖아?
도배만	(보는)
노화영	분명히 말했지만 난 이번 사건 피해자의 어머니야. 내가 받은 마음의 상처는 전혀 염두하지 않는군.

군은 얼굴로 노화영을 보는 도배만과 차우인.

7. 조사실 (낮)

다음 날이다. 도배만과 차우인이 노태남을 취조하고 있다. 군은 얼굴로 앉은 노태남, 과거 탈영하고 체포되어 조사받던 때와는 다르게 약간 군기가 들어 있다.

노태남	병원 입실 직전 사단장님께 가혹 행위에 대해 위증 지시를 받았습니다.
차우인	그래.
도배만	(잠시 보다가) 하지만 사단장은 그 증언을 무위로 돌리려 하고 있어.
노태남	(의아) 네? 그게 어떻게 가능하죠? 전 법정에서 분명히 말했는데.
도배만	위증 지시 혐의를 빠져나가기 위해서 니가 지금 겪고 있는 외상

후 스트레스 장애를 이용할 거야.

노태남 (놀라서) 네? (당황스러운) 법정에서 증언할 땐 아무 문제 없었습니다.

도배만 내 말이 매정하게 들리겠지만 그렇게 될 거야. 사단장이 널 의병제대 시키려는지만 보면 돼.

노태남 (믿을 수 없는) …어머니가… 제 병을 이용할 거란 말입니까?

노태남, 순간- 어지러움과 아찔해지는 느낌… 증세가 다시 시작된다. 차우인, 이쯤에서 끊어야 할 것 같다.

차우인 그 부분은 우리가 법정에서 다뤄야 할 부분이니까 (하는데)

노태남 (괴로움에 호흡 가빠 오지만 어머니가 그럴 리는 없다) 절대 그건 아닐 겁니다…

도배만, 노태남 보는데 왠지 측은한 느낌이 든다. 서류 내밀며-

도배만 여기까지 하고… (서류 내미는) 조사 끝내자.

노태남 (서류에 사인하고 일어나는)

도배만 (보다가) 좀 있음 일병 휴가지. 나오면 찾아와라.

노태남 (의아하게 보는) ?

도배만 볼트, 내가 보호하고 있다.

노태남 (생각지도 못한) 정말… 입니까?

도배만, 사진을 한 장 건네준다. 도배만이 볼트와 찍은 사진이다. 덥석 받아 드는 노태남.

도배만 나랑 되게 친해졌어. 질투 날 거야.

노태남 (볼트 사진 보다가 고마운 눈으로 도배만 보는) …

8. 병실 (밤)

취조를 마치고 병실에 들어서는 노태남. 생존 병사들 모두 체포되어 텅 빈 병실이다. 공허한 얼굴로 자기 침대에 앉는 노태남, 도배만이 준 볼트 사진을 본다. 잠시, 눈물 고이는 데서. 그 위로-

차우인 (E) 노화영, 자기 죄를 피할 수 있다면 아들 정도는 쉽게 끊어 낼 수 있죠.

9. 다방 아지트 - 비밀의 방 (밤)

복수의 지도를 보고 있는 도배만과 차우인.

차우인 부하범죄 부진정 혐의 같은 걸로 노화영은 꿈쩍도 하지 않을 겁니다. 어머니라는 이름조차 잊은 사람이니까요.

도배만 거기다 1대대장도 모든 걸 뒤집어쓸 생각이야. 군복 벗는 걸로 모든 책임을 떠안고 나가는 스텝.

차우인 1대대장도 애국회 일원이니까요. 불명예 전역하더라도 IM 디펜스 취업을 보장했을 겁니다, 노화영.

도배만 그래. 이번에 애국회라는 뿌리를 뽑아내지 않으면 안 돼. 그래서 말인데 (차우인 보며) 이번 사냥은 우리가 각각 다른 사냥감을 노리자구.

차우인 서로 다른 사냥감이라…

도배만, 복수의 지도에 가까이 다가간다. 노화영 사진 크게 보이면-

도배만 노화영은 더 큰 혐의를 추가해서 병합으로 군사법정에 세우고… (용문구와 이재식의 사진 앞으로 가서) 용문구는 이재식과 방산비리로 묶어서 민간 법정으로 보내자고.

복수의 지도 속 강하준을 보는 차우인의 표정이 어둡다.

| 도배만 | (차우인 보는) 강하준도 이재식, 용문구와 묶어야지. 우리의 적이
된 이상 피할 수 없는 순간이 온 거야. |
| 차우인 | (무겁게 보는) 네… 어느 누구라고 해도… 죄를 지은 이상… 죄를
묻고 단죄를 해야 하는 게 우리 일이니까요. |

차우인, 원기춘 사진으로 시선을 돌린다.

차우인	노화영의 더 큰 혐의라는 건… 원기춘 사망 사건을 말하는 거죠?
도배만	그때는 증거가 부족했지만, 그사이 차 검사에게 링크가 생겼 잖아?
차우인	링크요?
도배만	양종숙 부관.
차우인	(멈칫) !!
도배만	나는 용문구가 벌이는 신무기 사업을 파 볼 테니… 차 검사는 양종숙 부관을 설득해. 분명히 원기춘의 죽음에 대해 알고 있는 게 있을 거야.
차우인	(도배만 보며) 네.

복수의 지도 위에 부착된 '원기춘 수색대대장 사망' 뉴스 위로
탕- 총성이 울리는데.

10. (과거) 원기춘의 관사 + 폐군부대 내무반

- 9화 48신 인서트 상황이다. 탕! 소음기 달린 권총에서 발사되
는 총알. 노화영이 당긴 방아쇠. 원기춘 쓰러지고. 그 뒤에 있던
양 부관 모습.
- 8화 60신 폐군부대 내무반 상황이다. 다리 자르는 노화영을

옆에서 덜덜 떨며 보는 양 부관의 모습.

11. (현재) **양 부관의 관사** (밤)

눈 크게 뜨면서 일어나는 양 부관. 이마에 가득한 식은땀. 꿈에
서 깨어났는데도 진정하지 못하는 얼굴. 양 부관의 급격히 흔들
리는 눈동자. 그때- 핸드폰이 울린다! 액정에 떠 있는 '차우인
군검사'. 잠시 고민하다가 받는 양 부관의 모습에서-

12. **관사 앞** (밤)

차우인이 관사 앞에서 양 부관을 기다리고 있다. 굳은 얼굴로
나오는 양 부관.

양 부관	무슨 일이시죠? 이 시간에? 제 조사는 다 끝난 거 아닙니까?
차우인	노화영 사단장에 대한 강한 충성심… 군인으로서 상명하복 하는 직업적인 이유입니까?
양 부관	(보는) 왜 그런 걸 물으시죠?
차우인	지난번 홍무섭 군단장 재판 때 노화영 사단장이 제게 양 부관의 증언을 제안했었습니다. 재판을 이길 수 있는 증인이라구요.
양 부관	(듣는) …
차우인	결국 양 부관의 증언으로 사단장은 군단장을 몰아내는 데 성공했죠.
양 부관	…
차우인	노화영 사단장의 가장 가까이에 있는 부관이지만… 사단장을 가장 모르고 있단 생각은 해 본 적 없습니까? (강한 눈으로 다시 묻는) 정말 없습니까?
양 부관	(강하게 차우인 보다가) 사단장님은 저와의 약속을 지키신 분입니다. 전 상관을 의심하지 않습니다. 그만 들어가 보겠습니다.

양 부관, 가려다가 멈추더니-

양 부관 홍무섭 군단장 재판 때는 (가볍게 목례) 감사했습니다, 군검사님.

관사로 들어가는 양 부관, 그 모습 보는 차우인의 모습에서-

13. 고급 카페 외경 (밤)

14. 고급 카페 (밤)
상 위에 턱 올려지는 와인 상자. 강연희와 용문구가 있다.

강연희 (와인 상자 열어 보며 미소) 강스 솔루션 건에 대한 보상인가요?
용문구 (환한 미소로 한 잔 마시며) 우리 사이에 보상은 무슨… 파트너십에 대한 우정의 표시라고 해 두지.
강연희 IM 디펜스가 국방부랑 계약한 뉴스 봤습니다.
용문구 어? (입꼬리 올라가는) 내가 그거 때문에 요즘 웃음이 끊이질 않아.
강연희 미리 좀 흘려 주시지. 주식 좀 사 두게.
용문구 워낙 변수가 많아서 이번엔 비밀 유지 좀 했어.
강연희 근데, 계약 주체가 한 군데가 더 있더군요. 강스 솔루션. 저한테 압수 수색해서 좀 밟아 달라고 부탁했던 강하준 대표!
용문구 (생각나는) 아… 하하하.
강연희 (미묘한 의심) 두 분이 환하게 웃으면서 사진까지 찍으셨던데…
용문구 그게 그렇게 됐어, 강 검사.
강연희 이번은 아무것도 묻지 않고 넘어가 드리겠습니다.
용문구 고마워… (와인 잔 내밀며 건배) 자, 마셔.

15. 고급 카페 앞 (밤)
용문구를 태운 차가 떠나가면 정중히 배웅하는 강연희. 그때-

도배만이 다가와 강연희 앞에 선다.

도배만	(강연희가 들고 있는 와인 상자 보며) 비싼 와인 받으셨네요, 강연희 검사님?
강연희	누구시죠?
도배만	방금 만난 사람은 검사 시절 직속 선배인 용문구 대표?
강연희	(버럭) 너, 뭐야? 너 누구냐고?
도배만	도배만이라고 합니다. 군검사.
강연희	군검사? (조롱하는 눈빛) 군검사도 검사야? 별게 다…

강연희, 자기 차가 주차된 곳으로 가려는데-

도배만	근무하시는 지검에 좋은 선배 검사님들 차고 넘칠 텐데… 하필 용문구 같은 쓰레기한테 못된 짓만 배우셨더군요.
강연희	(표정 확 굳어서 멈추는) !!
도배만	(강연희 앞으로 와서) 멀쩡히 연구만 몰두하던 강스 솔루션을 쑥대밭 만들어 놓으셨잖아요. (쐐기 박듯) 보통… 기획 수사라고 하죠?
강연희	당장 꺼져. 사람 부르기 전에…
도배만	그래서 말인데 (미소) 저도 기획 수사 하나 청탁하려고 합니다.
강연희	(어이없는) 뭐?
도배만	선택하십쇼. (손에 서류 들고) 제가 드리는 정보로 대어 낚아서 스타 검사 되시든지…
강연희	(보는)
도배만	아니면 그 정보 다른 검사한테 가서 강 검사님 이전 비리들에 대해 낱낱이 해명해야 하는 처지에 놓이실지.
강연희	!!
도배만	(서류 가리키며) 여기에 검사님이 강스 솔루션 작업한 내용도 있거든요. 그것만 빼 드릴 마지막 기획입니다.

강연희   (표정 와락 굳는) !!

여유롭게 웃는 도배만의 모습에서-

16. 도배만의 관사 (밤)

도배만, 편한 옷으로 갈아입고 있다. 그때- 핸드폰이 울린다. 액
정에 '강연희 검사'.

도배만   (여유) 어떻습니까? 다 차려진 밥상 맛있게 드시기만 하면 되죠?
강연희 (F)   이 자료 출처가 어딥니까?
도배만   네~ 그 질문 나올 줄 알았습니다.
강연희 (F)   출처가 회사 내부에서 나온 게 분명한데…
도배만   그렇죠. 내부 제보자가 아니면 나올 수 없는 자료죠.
강연희 (F)   대체 누굽니까?

엷은 미소 짓던 도배만, 대답하려는데-

17. 용문구의 IM 집무실 (밤)

같은 시간. 용문구와 와인을 마시는 강하준. 그의 얼굴 위로 도
배만 목소리가 깔린다.

도배만 (E)   아마… 상상도 못 하실 겁니다, 제보자의 정체.

강하준, 살짝살짝 용문구 기색 살피면서 적당히 분위기 맞춰 주
고 있다.

강하준   신무기 개발사업 이면 계약서로, 사업 예산의 절반 이상을 운용
해 IM 주식 매매, 이재식 정치 자금도 챙겨 주고. (웃음) 역시 전

쟁에서 승리하는 방법은 군자금이네요.

용문구 (만족) 강 대표랑은 말이 잘 통해서 좋아. 이래서 사업가는 타고 나는 거지! 이번 일 강스 솔루션이 잘 처리해 줘야 할 거야. 절 대 탈 나지 않게. (강하준 보며) 내가 자넬 확실히 믿은 건… 자네 가 가져온 선물 때문이니까.

강하준 SSD 하드 말씀하시는 겁니까? (미소) 마음은 물건으로 보여 줘 야죠.

노크하고 들어오는 최 전무. 최 전무를 본 강하준, 눈 커지고- 최 전무 역시 놀란다.

강하준 (일어서며) 오랜만입니다, 전무님.

최 전무 (놀라운) 여기서 뵐 거라곤… 정말 예상하지 못했군요, 강하준 대표님.

용문구 (둘 보며) 하긴… 두 사람… 예전에 안면이 있었겠네.

최 전무 임시 주주총회 일정 확정됐습니다. 신무기 개발사업 덕분에 대 표님 그림대로 흘러갈 것 같습니다.

용문구 (미소) 그래야지. 회사 창립 이래 이런 성과는 없었으니까.

강하준 안건이 뭔지 궁금하네요.

용문구 내 회장 선출 건이야.

강하준 회장 선출이요? (피식) 노화영한테 대대적으로 선전포고를 하시 네요.

용문구 전쟁? (피식) 이미 이기고 시작하는 전쟁이 무슨 전쟁이야?

최 전무 (보는)

용문구 (만족 가득한 얼굴) 주주총회에서 내가 회장으로 선출되면 이제 IM은 온전히 내 손에 들어오는 거지.

최 전무 축하드립니다, 대표님.

욕망으로 가득 찬 용문구의 표정, 그 모습 보고 몰래 피식 웃는 강하준의 얼굴에서-

18. 도배만의 관사 [밤]

16신에 이어지는 상황이다.

강연희 (F)   강스 솔루션 강하준 대표가 제보자라구요?

도배만   (미소) 네.

강연희 (F)   강 대표는 이번 신무기 사업 당사자 아닙니까?

도배만   누구나 살다 보면 가면을 써야 할 때가 한 번은 있으니까요.

19. 공터 [밤]

어두운 공터에 주차된 차량. 그 앞에 혼자 서 있는 강하준이 보인다. 잠시 후, 두 대의 차량이 도착하고- 각각 도배만과 강연희가 내린다. 믿기지 않는 얼굴로 다가가 강하준을 보는 강연희. 도배만도 선다.

강하준   (미소로 강연희 보며) 저 맞습니다, 강하준.

도배만   (강연희 보며) 이제 확실히 움직여 주시는 겁니까?

강연희   (피식) 해야죠. 제 검사 인생에서 가장 큰 건이 될 거 같은데.

도배만   (강하준 보는) …

강연희   헌데 (강하준 보며) 정상참작 되더라도 실형을 면하지는 못할 겁니다.

강하준   알고 시작한 일입니다.

강연희   그럼 다시 뵙죠, 두 분 모두.

강연희, 차에 올라 떠난다. 남겨진 도배만과 강하준.

도배만	잘 살아 있네?
강하준	(피식) 우인이는 잘 지내?
도배만	용문구 날릴 때 너도 같이 날릴 거라고 하니까… 차 검 표정이… 참… 그렇더라. 그거 보고 있는데 되게 미안하더라고.
강하준	(쓸쓸하게 웃다가) IM 디펜스 주주총회 날짜, 정해졌다.
도배만	안 그래도 나한테도 문자 왔더라구… (핸드폰 켜 보여 주는)
강하준	도 검사한테? 왜?
도배만	나 거기 주주야. 한 주.
강하준	(피식) 가서 재밌는 구경하려고 미리 사 뒀구만. (잠시) 니가 말한 대로 애국회 엑스파일. 용문구한테 흘렸더니 파일 찾는 데 온통 혈안이 돼서 (하는데)
도배만	국군 병원에 왔더라. 노태남에게 있는지 알아보려고 왔겠지. (피식)

도배만, 차에 탄다. 유리창 내리더니-

도배만	몸조심 단단히 해. 너한테 뭔 일 생기면, 내가 먼저 가만 안 둬.
강하준	(닭살 돋는) 뭐야. 징그럽게 웬 브로맨스? 으이~
도배만	(피식) 간다~

떠나는 도배만 차량 보는 강하준의 모습에서-

20. 용문구의 차 안 (밤)

뒷자리의 용문구, 얼굴 가득 만족감이 넘친다. 그때- 울리는 핸드폰. 노화영이다!

노화영 (F)	(날카로운) 임시 주주총회? 니가 회장이 되겠다고?
용문구	네.

노화영 (F)	(분노 참으며) 지난번 말하지 않은 이재식 장관과의 신무기 도입 계약까지. 당장 와서 해명해.
용문구	해명할 생각 없습니다. 해명은 아랫사람이나 하는 거죠.
노화영 (F)	지금 뭐라고 했어?
용문구	가서 통보드리죠.

먼저 툭 끊는 용문구인데. 씨익 입꼬리 올리며 자신만만한 얼굴이다.

21. 노화영의 관사 (밤)

노화영이 소파에 앉아 있다. 그때- 자신감 있는 표정으로 들어오는 용문구.

노화영	(분노 참으며) 내일 주주총회가 니 뜻대로 될 거 같애?
용문구	(대답 대신 피식 웃는)
노화영	회장이 돼서 뭘 어쩌겠다는 거야? 그래 봤자 껍데기인 건 마찬가지야.
용문구	노화영 장군, 당신에게 보여 주기 위함입니다.
노화영	뭐?
용문구	대주주들이 당신이 아니라 나를 선택했다는 걸.

용문구, 책상 위에 서류를 올려놓는다. 입구가 봉해진 서류 봉투.

용문구	당신이 불법으로 IM 임직원 65명 계좌로 보유 중인 차명주식 내역입니다.
노화영	(생각지도 못한) !!
용문구	최 전무가 큰 역할을 했죠. 오래전부터 제 사람이었으니까요.
노화영	(표정 일그러지는) !!

용문구	이제 국세청 조사가 시작됩니다. 차명 주식을 하루라도 빨리 빼야 할 겁니다.
노화영	(분노 최고조) 용문구…
용문구	(비열) 그러니까 군대랑 회사 중 하나만 가지고 가시지.

노화영, 서류 봉투를 들어 용문구에게 던진다. 정면으로 맞았지만 오히려 미소 짓는 용문구.

| 용문구 | 이제 더 이상 당신은 차명으로 IM을 지배할 수 없을 겁니다. 대신 IM은 제 지분, 제 사람들로만 채워지게 될 거고… 이 모든 건, 주총 때 증명해 보이겠습니다. 제가 IM의 진짜 주인이 되었다는 걸. |

용문구, 기세등등하게 나가고- 그 모습 분노로 보는 노화영의 모습.

22. 다방 아지트 - 비밀의 방 (밤)

도배만과 차우인. 복수의 지도 속 용문구와 노화영을 보고 있다.

차우인	내일 IM 주주총회 세팅은 다 끝났습니까?
도배만	(자신감 뿜는) 물론이지!!

도배만, 노화영과 용문구 사이가 끝났다는 의미로 복수의 지도에 X 표시를 한다.

도배만	(기대하는) 내일이 용문구 인생 최고이자… 최악의 날이 될 거야.
차우인	(미소) IM을 손에 넣을 뻔한 순간, 눈앞에서 놓쳐 버리는 표정을 못 보는 게 아쉽네요.
도배만	대신 차 검사는 노화영 표정을 볼 거잖아. 그쪽도 만만치 않을

거야.

차우인   (피식)

도배만   양 부관은 어때? 설득이 될 거 같아?

차우인   노화영에 대해 상관 이상으로 느끼는 것 같습니다. 쉽진 않아
           보이지만 해야죠.

           강한 눈빛으로 서로를 보는 도배만과 차우인의 모습에서-

23. IM 디펜스 외경 (낮)

24. IM 디펜스 대회의장 (낮)

           대회의장 단상 위에 'IM 디펜스 주식회사 2022년 1분기 임시 주
           주총회' 현수막 보이고- 일렬로 놓인 테이블들. 주주들이 속속
           들어오고 있다. 설악과 지리도 보이고- 그때, 긴 머리에 냄새 풀
           풀- 노숙자 행색의 남자가 들어선다. 그 위로-

안유라 (E)   윤 계장님, 대체 어디 간 거야? 외근 나갔나?

인서트_____

           법무실. 안유라, 윤상기 자리를 둘러보면- 책이 한 권 놓여 있다!

안유라   어? 웬 책? (하면서 책을 들어 보면)

           개인 출판사가 낸 조악한 책 표지.《주총꾼으로 워렛버핏 되기》
           얼굴에 물음표 가득한 안유라인데-

           다시 대회의장으로 돌아오면, 노숙자 남자의 정체는 변장한 윤
           상기다! 윤상기가 자리를 찾아 앉자 다른 주주들, 얼굴 찡그리

며 멀리 떨어져 앉고- 잠시 후, 우아한 음악이 흐르고 포마드로 머리를 정리하고 최고급 슈트를 차려입은 용문구가 들어선다. 터지는 박수 소리! 미소로 화답하며 단상 앞에 서는 용문구. 의장의 권한으로 주총을 진행한다.

용문구   지금부터 IM 디펜스 1분기 임시 주주총회를 시작하겠습니다. 오늘의 의제는 대표이사인 저의 회장 선출 건입니다.

그때- 주주들 사이에서 손을 번쩍 들며 일어나는 윤상기!

윤상기   잠깐만요! IM의 주주로서 용문구 대표님께 질문이 있습니다! (당당) 비록 한 주지만!!

용문구를 비롯해 모두의 시선이 윤상기에게 몰린다.

용문구   (젠틀하게) 한 주 가지신 분도 저희 IM의 소중한 주주시죠. 네, 주주님 질문 들어 보겠습니다.
윤상기   이번 국방부와 체결한 신무기 사업 계획. 우리 IM에 큰 먹거리를 가져오신 점, 칭찬드립니다.
용문구   아? (어이없지만) 칭찬? 네. (형식적 미소) 감사합니다, 주주님.
윤상기   헌데, 그 계약이 대국민 사기라는 썰이 있습니다. 사실입니까?

그 말에 웅성거리는 주주들. '사기라고?' '사기?' 설악과 지리도 주주들 표정 살핀다.

용문구   (태연하게) 전혀 근거 없는 낭설입니다.
윤상기   이면 계약서까지 있다고 하던데요?
용문구   (살짝 무섭게) 분명히 말씀드렸습니다. 없는 사실이라고.

윤상기의 귀에 박힌 에어팟으로 파고드는 비주얼.

인서트_____

그 시각. 대회의장 복도. 사복 차림의 도배만이 끼고 있는 에어
팟으로 나오는 비주얼.

도배만   사기 밝혀지면 회사 골로 가고, 내 주식도 골로 가고!

피식 웃으며 에어팟으로 지령을 전달하는 도배만.

다시 대회의장. 난리치고 있는 주총꾼 윤상기.

윤상기   …내 주식도 골로 가고! 나도 한강 간단 말이야!!! 한강 가기 싫
어!!

회사에 우호적인 주주들이 윤상기에게 버럭한다. '저 새끼 끌어
내려.' '야, 입 처막아.'

용문구   주주 여러분들 소란 죄송합니다. 방금 안건에 대한 이의 없으시
니 투표 시작 (하는데)
윤상기   (끊고, 입고 있던 옷을 벗어 던지며) 이의 있어, 이 새끼야!!

용문구가 설악에게 눈짓한다. 살벌한 표정으로 설악과 지리가
윤상기에게 다가간다.

용문구   네, 그럼 소중한 투표 시작하겠습니다.
윤상기   주주 무시할 거면 주총은 왜 하고 지랄이야? 회장은 지랄. 회사
에서 내쫓는 투표나 해라! 이 자식들아!

지리에 의해 밖으로 끌려 나오는 윤상기. 윤상기를 무섭게 위협하는 설악과 지리. 윤상기, 기세에 밀려 잠시 움찔한다.

지리   (개무시) 한 주 가졌다고? 차비 줄게. 꺼지라고.

설악   (살벌) 여기가 구멍가겐 줄 아냐? 어디서 약을 팔아?

윤상기   (밀리지 않는) 니들… 나 건드리면 죽어!!

25. IM 디펜스 대회의장 복도 (낮)

강연희와 수사관들이 무서운 기세로 걸어오고 있다! 그러다 복도에 있던 도배만과 마주치는 강연희. 둘 잠시 미소 나누고- 강연희 그대로 걸어 나간다.

26. IM 디펜스 대회의장 (낮)

다시 대회의장으로 들어오는 윤상기. 설악과 지리, 윤상기 입 틀어막고 포박하지만 윤상기, 고래고래 소리친다.

윤상기   (핸드폰 꺼내 IM 주식 매도 화면 사람들에게 보여 주며) 주주 여러분, 빨리 던지세요. 이제 곧 여러분 주식은 휴지가 아니라… 먼지처럼 사라집니다!!

설악   (냅다 치려다) 이게 미쳤나? 어디서 가짜 뉴스를 남발하고 지랄이여!

윤상기   (지리의 귀에 대고) 니들도 얼른 던져. 깡통 차기 전에!!

지리   (그 말에 갈등하는)

설악   (놀라서) 지리 너도 주주였냐?

지리   (핸드폰 열고 주식 창 띄우는데) 잠시만유… 뭔가 있긴 헌 거 같은데요?

그때- 대회의장 문이 열리면서 들이닥치는 강연희 검사와 수사

관들!! 용문구, 갑자기 나타난 강연희 보고 눈 커지는데-

강연희   용문구 씨, 당신을 방위사업법 위반, 특정경제범죄 가중처벌법 위반 혐의로 긴급 체포합니다. (수사관 보며) 당장 연행하세요.

용문구   (황당) 너… 지금 이거 뭐 하는 거야?

강연희   가 보시면 압니다. (용문구 귀에 대고) 선배 땜에 저까지 큰일 날 뻔했어요.

용문구의 손에 수갑을 채우는 수사관. 용문구, 어안이 벙벙한 얼굴로 강연희를 보는데- 상황 알아차린 주주들, 일제히 핸드폰 주식앱 띄우고 IM 디펜스 주식을 모두 내던지는데!!! 그때- 대회의장에 들어서는 도배만, 용문구 앞으로 걸어 나온다. 용문구, 동공 커지며-

도배만   (용문구 귀에 대고) 혹시… 거절할 수 없는 제안이라고 들어 보셨습니까? 제가 강연희 검사에게 그거 했습니다.

용문구   (극도의 분노로) …도배만!!! 너!!!! 이 새끼!!!!

도배만   (핸드폰 주식 창 열며) 여기 들어오기 전에 팔았습니다. 떨어지기 전에 잘 팔았네!

용문구, 도배만이 보여 주는 주식 창 보면- 1주 매도 완료! 창 뜨는데- 강연희, 도배만에게 몰래 미소 날리고 먼저 앞장서면- 수사관들에게 연행되는 용문구. 그 모습 미소로 보는 도배만. 그러다 구석에 있는 윤상기에게 윙크! 뒤에서 그 모습 어리벙벙하게 보고 있는 설악과 지리.

기자 (E)   사상 초유의 방산비리 사태가 터졌습니다. 올해 국방부의 역점 사업으로, 구식무기를 신무기로 둔갑시켜 이면 계약서를 통해 국방 예산을 횡령하려는 정황이 포착되었습니다.

27. (몽타주) 방산비리 사건

- 경찰차에 태워지는 이재식 모습.
- 허강인도 경찰차에 태워진다. 그 위로-

기자 (E)   수사를 담당한 중앙지법 강연희 검사는 이재식 국방부 장관과 허강인 육군 제4부군단장, 용문구 대표를 긴급 체포해 수사를 진행할 것이며, IM 디펜스와 강스 솔루션에 대해서도 대대적인 압수 수색을 진행할 것이라며 수사 방침을 발표했습니다.

28. 노화영의 사단장실 (낮)

태블릿 PC로 방산비리 사건 뉴스를 보고 있는 노화영. 태블릿 PC를 확 집어던진다. 텅텅 구르더니 사단장실 문 앞에서 멈추는데. 그때- 들어서는 차우인. 태블릿 PC를 들고 걸어와 노화영 앞에 탁 내려놓는다.

차우인   (미소) 마침 뉴스를 보고 계셨군요.
노화영   갑자기 내 방에 무슨 용무로 온 거지?
차우인   검찰 쪽에서 방산비리 수사 관련해서 허강인 부군단장에 대한 수사 협조를 요청해 왔습니다. 그 점 보고드리려고 합니다. 그리고, 제 개인적인 보고도 있습니다.
노화영   개인적인 보고?
차우인   (테이블에 놓인 태블릿 PC 뉴스 화면 보더니) 지금 사단장님은… 웃고 계십니까? 아니면… 울고 싶으십니까?

도발적인 차우인의 말이 노화영에게 확 꽂힌다!

노화영	(눈썹 치켜뜨며) 뭐?
차우인	용문구 몰락한 건 기쁜 소식. 회사가 망가진 건 나쁜 소식이니까요.

노화영, 태블릿 PC를 집어 들어 벽에 던져 버린다. 부서지는 태블릿 PC.

노화영	(소리치는) 당장 나가! 차우인!
차우인	나가기 전에 한마디만 더 드리겠습니다. (노화영 똑바로 보며) 전 군검사로서 당신을 법정에 세우고… 그 자리까지 오르기 위해 저지른 모든 악행들이 당신을 무너뜨리게 만들 겁니다.
노화영	니 아버지의 복수를 위해 군검사가 되고, 날 파멸시키려고 하지만… (보는) 차우인… 죽은 사람은 복수에 관심 없어.
차우인	…
노화영	복수는 오로지 산 사람을 위한 거니까.
차우인	분명 제가 행하는 과정이 정의롭지는 않을 겁니다. 하지만 결과는 정의로울 겁니다. 당신의 죗값을 치르게 만들 거니까요.
노화영	(비소) 네 인생만 철저히 망가질 거야.
차우인	아뇨… 내 인생은 정의를 이루면서 완성될 겁니다. 그날은… 얼마 남지 않았습니다.

차우인, 말하고 나간다. 남겨진 노화영의 분노 가득한 얼굴에서-

29. 검찰청 앞 (밤)

검찰청 앞을 나오는 용문구. 기다리던 최 전무가 다가와 같이 걷는다.

최 전무	고생 많으셨습니다. 바로 나오셔서 다행입니다.

용문구	이재식 장관은?
최 전무	체포 직전에 관련 서류들을 파쇄하려다가…
용문구	(걸음 멈추더니) 증거 인멸 시도를 했다고?
최 전무	거기다 도피까지 시도해서 구속됐습니다. 허강인 부군단장은 군검찰로 이송됐구요.
용문구	(비웃는) 하여간 멍청들 하기는… (잠시) 그럼 강하준은?
최 전무	대표님처럼 불구속 수사로 진행되는 것 같습니다.

얼굴 잔뜩 일그러진 용문구인데-

30. 용문구의 IM 집무실 (밤)

압수 수색 뒤의 난장판이 된 집무실. 용문구가 터덜터덜 걸어 들어온다. '대표이사 용문구' 명패도 바닥에 떨어져 있고- 도저히 믿기지 않는다는 얼굴의 용문구. 의자에 털썩 앉아서 눈을 감는다. 그때- 최 전무가 들어온다.

최 전무	(보면서) 대표님.
용문구	(대답할 기력도 없는) …
최 전무	(확 무거운 얼굴로) 보고드릴 사항이 있습니다.
용문구	…뭐지…?
최 전무	오늘 무산된 임시 주주총회는 3일 후에 의제를 바꿔 다시 소집하기로 결정되었습니다.
용문구	주총 의제를 바꾼다고?
최 전무	네. (눈치 보더니) 대표이사 해임 건… 입니다!
용문구	…날 이 방에서 내쫓는다고?
최 전무	…죄송합니다.

인사하며 나가는 최 전무. 용문구, 멍한 얼굴로 서 있다가- 손에

잡히는 물건마다 집어 던진다. 매만졌던 머리는 엉망이 되고 최고급 양복은 다 구겨졌다. 그때, 설악이 헐레벌떡 뛰어 들어온다. 엉망이 된 집무실을 보고 놀라는데-

설악   이게 대체 뭔 일입니까? 대표님?

용문구, 계속 미친 듯이 물건을 집어 던지는데- 설악, 가까스로 용문구를 말린다. 미친 사람처럼 웃다가 집어 던지다 하던 용문구, 갑자기 설악의 멱살을 잡는데-

용문구   (눈 뒤집히며) 대체 어디서 정보가 나간 거야? 너지? 너야?
설악   (답답) 저는 주식 한 주도 없습니다!
용문구   (희번덕) 그럼… 대체 도배만이 어떻게 알고 있었지?
설악   그러게요. 어떻게 검사들 들이닥칠 때 딱 맞춰 온 건지. 검사들도 단톡방 있습니까?

그러다- 갑자기 설악 잡았던 멱살을 놓고 뭔가를 감지하는 용문구.

용문구   (눈 번쩍!!) 강하준…!!
설악   거기도 같이 이 꼴 나지 않았습니까? 왜 그 족제비 같은 놈이 (하다가) 그러고 보니… 대표님 말씀이 맞을 수도 있겠네요!
용문구   (눈동자 제자리로 돌아오는) 먼저… 사실인지 아닌지… 직접 들어봐야지.
설악   (보는)
용문구   (극도의 분노로 차분해지는) 당장 잡아 와… 도배만, 강하준 두 놈다…
설악   … (용문구 표정에 겁 나는데) …

| 용문구 | 만약 두 놈이 짜고 친 일이면… 둘 다 죽일 거니까. |

악마 같은 표정을 짓는 용문구의 모습에서-

31. 노화영의 사단장실 [밤]

차우인이 나간 후 앉아 있는 노화영. 그때, 양 부관이 들어선다.

양 부관	부르셨습니까?
노화영	(시선 고정)
양 부관	(기다리면서 보는) …
노화영	양종숙 부관.
양 부관	네, 사단장님.
노화영	지난번엔 내가 너에게 약속을 지켰지?
양 부관	(고개 숙이며) 네.
노화영	이번엔 니가 날 위해 할 일이 있어.

노화영, 서랍에서 뭔가를 꺼낸다. 권총이다! 놀라는 양 부관.

| 노화영 | 죽여, 차우인. |

차가운 얼굴로 양 부관을 보는 노화영, 동공 커지는 양 부관의 얼굴에서-

32. 양 부관의 관사 [밤]

어두운 양 부관의 관사. 바닥에 웅크리고 앉아 있다. 발밑에 놓여 있는 권총 한 자루. 흔들리는 눈빛으로 권총을 보고 있는 양 부관의 얼굴에서-

33. 부대 앞 (낮)

일병 휴가를 받아 부대 앞으로 나오는 군복 차림의 노태남 모습. 전투모 작대기가 두 개. 어디로 가야 할지 모르겠는지, 그 자리에 멍한 얼굴로 우두커니 서 있는 노태남. 그때, 군용차량이 멈추더니 양 부관이 내려 노태남 앞에 선다.

양 부관   사단장님께서 관사에서 기다리고 계십니다.

잠시 멈칫하다 이내 차량에 타는 노태남.

34. 노화영의 관사 (낮)

관사에 들어서는 노태남. 노화영이 소파에 앉아 기다리고 있다. 휴가 나온 아들을 맞이하는 어머니라고는 볼 수 없는 굳은 얼굴이다.

노화영   와서 앉아.

노태남   (앉는)

노화영   넌, 나에게 영원히 회복할 수 없는 죄를 저질렀어.

노태남   (대답 대신 고개 숙이는)

노화영   하지만… 그럼에도 난 너에게 약속했던 것들을 모두 지켜 줄 거다.

노태남   (생각지 못한 말에 고개를 드는) !!

노화영   첫째, 넌 곧 의병제대를 하게 된다. 니 군 생활이 이제 끝이라는 거지.

노태남   (눈빛 흔들리는) !!

노화영   둘째, 넌 의병제대를 하고 일정 기간 자숙을 한 뒤, 다시 IM을 맡게 될 거다.

노태남   (눈빛 흔들리는) !!

노화영	군대 들어가기 전, 니가 누렸던 모든 걸 다시 되돌려받게 될 거야.

노태남, 그러나 기쁜 얼굴은 아니다. 오히려 담담한 표정이다!

노화영	이번에 나한테 했던 잘못들을 IM 대표 자리에 앉아 평생에 걸쳐 갚아야 할 거야.
노태남	…알겠습니다.
노화영	(이해가 안 돼서) 알겠습니다? 고맙습니다가 아니라?
노태남	…
노화영	니가 바라던 모든 일을 내가 해 주는데… 왜 기쁜 얼굴이 아닌 거지?
노태남	(노화영 똑바로 보면서) 고맙습니다. 기쁩니다. 기뻐요, 어머니.

노화영 보며 애써 미소 짓는 노태남인데-

35. (시간 경과) 노화영의 관사 (밤)

어두운 관사에 혼자 우두커니 앉아 있는 노태남. 중대한 마음의 결심을 하고 있는-

플래시백

7신 조사실 상황이다.

도배만	총기 사고로 니가 겪고 있는 증상을 이유로 들겠지. 혐의를 빠져나가기 위해서.

노태남의 처연한 얼굴에 한 줄기 눈물이 흘러내린다.

노태남	어머니에게 전 아들이 아니라… 그저 어머니 인생을 위해서 쓰

이는 도구일 뿐이네요.

36. 도수경의 집 (밤)

도수경, 화장도 하고 머리도 하고 신경 써서 단장했다. 여느 때
와는 아주 다른 모습. 식탁 위에 꽃도 꽂아 놓는데- 그때, 비번
누르고 도어록을 여는 소리 들리고- 도수경, 미소 짓고 나가면
도배만이다! 달라진 도수경의 모습에 깜짝 놀라는데. 도수경, 당
황함 애써 숨기는 티가 역력하다!

도배만   우와~ 고모~ 오늘 무슨 일 있어? (눈 비비는) 고모 맞아?

도수경   너… 연락도 없이 어쩐 일이야? 올 거면 연락을 하고 와야지!

도배만, 식탁을 보면 벌써 차려져 있는 저녁 식사. 밥공기 두 개,
숟가락도 두 개. 잡곡밥에 미역국, 된장찌개, 계란말이, 제육볶
음, 잡채, 쌈 채소까지… 정성스런 집밥.

도배만   나 올 줄 알고 다 차려 놓은 거야? (앉자마자 급 식욕) 오늘은 반
찬도 신경 되게 썼네? (바로 먹는) 와… 이게 얼마 만에 먹는 집
밥이야?

도수경, 안절부절못하다가 도배만 몰래 뒤돌아 눈 질끈 감고-
핸드폰에서 '주혁 씨' 찾아 문자 보내려고 하는데- 그때 들리는
도어록 비번 누르는 소리! 도수경, 동공 커지면서 현관으로 달
려 나가는데- 벌써 도어락 풀리고- 밖에서 문 열면 서주혁이 양
복 차림에 꽃다발 들고 수줍게 미소 지으며 서 있다!

서주혁   (애교 가득) 수경 씨~!! 저예용~

도수경   (아으… 미치겠다… 입 모양으로 얼른 가라고 하는데)

그때- 그 위로 들리는 도배만의 목소리. 문 앞에 선 서주혁을 보고 말았다.

도배만　(놀라는) 참모님?

도수경　(아… 다 들통났네…) 헉!

서주혁　(꽃다발로 바로 얼굴 가리는데) 아우…

도배만, 두 사람 번갈아 보다가- 사건(?)의 전말을 다 눈치챈 얼굴.

도배만　(웃음 참으며) 들어오십쇼, 참모님.

서주혁　(꽃다발로 얼굴 가린 채) …저기… 그게… 도 검사… 오해하면 안 되고… 도 형사님이 지난번 군검경 합동수사에 협조를 잘해 주셔서 인사를 하려고 온 거야… (애써 둘러대는) 그래… 인사차…

도배만　(킥킥킥) 수사는 아주 오래전에 끝났죠, 참모님. 비번은 언제 공유하신 겁니까?

도수경　(에이 이왕 들킨 거 화끈하게 털어놓자!) 그래! 공유한 지 좀 됐다! (서주혁 꽃다발 확 내리면서) 어차피 배만이도 언젠간 알 일인데 오늘 다 밝힙시다!

서주혁　(얼굴 빨개지고) 이거 이거… (얼굴 손으로 가리며) 부끄럽구만… 도 대위… 아웅…

도수경　부끄럽긴 뭐가 부끄러워요? 우리가 뭐 죄지었나? 이 나라 경찰과 군인으로 늦은 나이에 대한민국 출생률에 기여 좀 하겠다는데 공무원으로서 애국하고 있는 거야! 우리!

도배만　(그 말에 더 놀라는) 네? 두 분… 언제 그렇게까지… (차마 말잇못) (본인이 더 부끄러워지며 후다닥 현관으로 나가며) 눈치 없이 죄송합니다. (서주혁, 도수경에게 경례) 좋은 시간 되십쇼!

획 나가는 도배만. 도수경이 급하게 따라 나간다.

37. 거리 (밤).

소동이 끝나고 도배만을 배웅하는 도수경. 함께 걷고 있다.

도수경   (빙긋) 군인하고는 떼려 해야 뗄 수 없는 팔자네, 내가. 아버지,
        오빠, 너… (수줍) 서 참모까지…

도배만   잘되길 바래, 고모. 참모님… 내가 오래 봤지만… 속은 여리고
        순한 사람이야. (잠시 미소) 고모 스타일이 참모님일 줄이야…

도수경   (도배만 보더니) 넌?

도배만   나? 내가 뭐?

도수경   차우인 검사.

도배만   무슨 소리야? 나랑 차 검이 무슨…

도수경   난 차 검사랑 너… 잘되길 바라고 있다.

도배만   (당황) 빨리 들어가. 참모님 기다리고 계시겠다. (귀에 대고) 이쁘
        다, 울 고모.

도수경, 미소 지으며 도배만에게 손 흔들며 들어가고- 그 모습
잠시 보고 걷기 시작하는 도배만. 금방 고모 얘기가 생각난다.

도배만   차우인…

핸드폰 들고 만지작거리는 도배만. '차우인' 영상 통화 버튼 누
를까 말까-

38. 차우인의 관사 (밤)

'원기춘 사건 관련 수사 보고서' 보고 있는 차우인. 그때, 전화가
온다. 도배만의 영상 통화다.

인적 하나 없는 거리에 서 있는 도배만. 핸드폰 너머로 차우인이 화상으로 연결되고-

차우인   (낮은 목소리) 도 검사님?

도배만   (민망한 척) 어어… (주절) 그냥 통화 버튼을 누른다는 게 영상 통화로 잘못 눌렀네… 내가…

차우인   그런 겁니까?

도배만   (어색하게) 어… 용문구… 지금은 불구속이라 자유롭지만 혐의 추가돼서 조만간 체포될 거야.

차우인   네, 주총 때 도 검사님 봤으니까 지금 분노로 가득 차 있겠네요. 몸조심하십쇼.

도배만   (웬일?) 지금 내 걱정 해 주는 거야?

차우인   (정색) 거기 도 검사님 뒤로 보이는 야경이 좋네요. 오랜만에 거리 구경이나 시켜 주시죠.

도배만   (급 미소) 아, 그럴까?

도배만, 핸드폰으로 일부러 거리의 꽃을 찾아 차우인에게 보여 주는데- 차우인, 잠시 엷은 미소로 본다.

차우인   어디십니까?

도배만   고모 집 앞이야. (함박미소) 정말 빅뉴스가 있어. 내일 출근해서 말해 줄게~

차우인   뭔가 좋은 일 같은데 뭡니까?

도배만   (혼자 킥킥 웃음 나는데) …하하하… 내일 내일…

도배만, 야경을 보여 주며 쭉 찍어 가는데- 핸드폰 들고 서 있는 도배만의 뒤에 차량의 불빛이 빛나고 있다. 도배만에게 다가

오는 차. 속도가 빨라지고- 그러다 차우인이 보고 있는 화상 통화 화면이 갑자기 어지럽게 돌더니 바닥을 구른다. 화면 너머로 도배만이 차에 들이받히는 소리 들리고- 바닥에 떨어진 핸드폰 시점으로 도배만에게 다가서는 무리가 보인다. (그립톡이 부착된 핸드폰)

차우인 (F)   (동공 커지는데) 도 검사님! 도 검사님!

도배만을 친 차량에서 내리는 지리. 길에 쓰러져 정신을 잃은 도배만을 발로 툭툭 쳐 본다.

지리   차에 실어.

일당들이 도배만을 차에 싣고 떠나는데-

40. 차우인의 관사 (밤)

흔들리는 차우인의 눈동자. 핸드폰에 '도 검사님' 소리 계속 질러 봐도 소용없다. 급히 채비를 차리고 밖으로 나가는 차우인의 모습에서-

41. 차 안 (밤)

급하게 차를 몰고 있는 사복 차림의 차우인. 분노한 얼굴 위로-

플래시백_____

- 39신. 바닥에 떨어져 기울어진 영상 통화 화면에 지리 얼굴이 보인다!
- 9화 25신. 차우인, 폐창고에 들어서자 구 병장을 납치했던 일당 중 지리 얼굴이 보인다.

차우인, 핸드폰으로 도수경에게 전화를 건다.

차우인   도수경 형사님, 지금 찍어 드리는 위치로 출동 부탁드립니다.

그러고는 분노한 얼굴로 액셀을 깊숙이 밟는데.

42. 폐창고 (낮)

오프닝 상황이다.

설악   잡아 왔습니다, 강하준!

도배만, 놀란 표정으로 힘겹게 고개를 들면- 피떡이 된 강하준이 지리에게 끌려오고 있다. 지리, 강하준을 도배만 옆에 던져버린다. 기둥에 처박혀 쓰러지는데- 피투성이 강하준, 무거운 표정으로 도배만을 바라본다. 도배만, 용문구에 놀란 시선 돌리면- 두 사람 보며 입꼬리 올리는 용문구.

도배만   (강하준 보며) 괜찮냐… 많이 아파 보이는데…
강하준   (도배만 보는) 아파… 죽겠다…
용문구, 도배만과 강하준에게 다가온다.

용문구   자 그럼 이제 본론으로 들어가 볼까!

용문구, 품에서 칼을 꺼내 든다. 설악, 예상외로 세게 나오는 용문구에 놀라는데-

용문구   니들이 작당하고 나 엿 먹인 거… 그건 일단 킵 해 놓고. 애국회 엑스파일 그것만 말해.

도배만	(힐끔 보는)
용문구	(강하준 보며 버럭) 니가 말한 거니까… (도배만 보며) 너도 알고 있지? 당장 말해! 당장! (미친 사람처럼 고래고래) 애국회 엑스파일 어딨어?
도배만	… (다시 힐끔)
용문구	그래, 도배만. 너한테 있잖아. 어? 노화영한테 복수하려고 찾은 거 맞지?
도배만	(힘겹게) 그건 말이야…
용문구	(완전 달아올라서) 말해. 그거 어딨어?
도배만	(귀에 대고) 그거 뻥카야. 그냥 흘린 거.
용문구	(믿기지 않아) 뭐?
도배만	너하고 노화영 사이가 얼마나 벌어졌는지 확인해 보려고…

용문구, 순간 눈앞이 캄캄해지며 이성을 잃는 얼굴인데- 그 시선 그대로 강하준 본다.

강하준	(고개 숙이며 놀리듯) 죄송합니다.

용문구, 차오르는 분노를 더 이상 이기지 못해 '으아아아아악' 소리치면서 칼로 도배만을 찌르려고 하는 그 순간! 설악이 막는다.

설악	참으시죠. 여기서부턴 오법니다.
용문구	이거 안 놔! 니가 감히 날 막아. (설악 팍팍 치며)

그때- 문이 열리면서 차우인이 나타난다. 용문구, 설악과 지리- 갑자기 들어오는 강한 빛에 눈이 부셔 잘 보이지 않는데… 피투성이 도배만과 강하준 상태를 보고 놀라면서 분노하는 차우인. 도배만과 강하준, 차우인을 보고 완전히 겁에 질린 얼굴.

차우인	(도배만, 강하준 보며 카리스마 작렬) 둘이 같이 왜 여기 있는 건지는 나가서 들을게. 하지만 (서슬 퍼런) 각오해, 둘 다.
도배만, 강하준	(두려움에 침 꿀꺽) !!
지리	(피식) 요새 여자들… 다들 왜 이리 겁이 없냐…

말을 마치기도 전에 때려 맞는 지리. 차우인, 설악 일당과 처절한 액션을 벌인다. 화려하면서도 인정사정없는 액션. 용문구, 차우인의 모습에 혀를 내두르고- 차마 차우인 앞에까지는 못 가고 헛칼질만 허공에 해 댄다. 그 모습 보던 차우인, 용문구 앞으로 서서히 다가오는데-

용문구	(뒷걸음치며 소리치는) …차우인…
차우인	(분노 가득 담아서) 용문구, 오늘을 오래 기다려 왔어.

차우인, 용문구를 두들겨 팬다. 곤죽이 되도록 두들겨 맞는 용문구.

용문구	(극도의 고통) 그만 그만!! 제발… 제발…

그때 폐창고 주위로 들리는 경찰차 사이렌 소리. 주위의 덩치들 순식간에 우왕좌왕하고- 용문구 붙잡고 있던 차우인. 그때- 설악이 강하준의 목에 칼을 들이댄다.

설악	대표님 빨리 넘겨. 안 그러면 요 족제비는 끝인겨.
차우인	경찰 출동했잖아. 상황 끝났어!
설악	빨리 넘기라고!!! (칼로 강하준 더 위협하는)
강하준	(차우인 보며 살려 달란 얼굴) …우인아…

차우인, 어쩔 수 없이 용문구 붙잡았던 손 푼다. 지리가 뒷문을 열어 용문구와 먼저 탈출하자, 설악도 강하준을 내팽개치고 줄행랑친다. 곧이어 폐창고 문 열리며-

도수경   (고래고래) 배만아!! 누구야? 감히 어떤 새끼가 내 조카를 건드려?

도수경과 경찰들 들이닥친다.

43. 다방 아지트 (밤)
차우인이 테이블에 앉아 있다. 큰 눈으로 잔뜩 노려보고 있는데. 맞은편엔- 상처 가득한 얼굴에 반창고를 붙인 도배만과 역시 상처가 남은 강하준이 손 들고 벌을 서고 있다. 둘 다 차우인과 차마 시선을 맞추지 못하고 있다.

차우인   (강하준 보는) 그러니까… 강 대표는 날 속인 거고… (도배만 보는) 도 검사님도 날 속인 거네요?

도배만과 강하준, 서로 딴청 피우고 시선 피한다.

차우인   (도배만 보며) 도 검사님부터 말씀해 보시죠. 언제부턴지?
도배만   (차우인 보지 못하면서) 그러니까… 그게 정확히… 내가 차 검을 위로했던 그날 밤이었어.

44. (과거) 강스 솔루션 앞 (밤)
강스 솔루션 앞에서 강하준을 기다리고 있는 도배만의 모습. 그 위로-

도배만 (E)   내 감으로는… 아무리 생각해도 강 대표가 차 검을 배신할 것 같지가 않았어. 그래서 알아보기 시작했지.

나오는 강하준. 도배만 발견하더니 그냥 무시하고 지나치려는데-

도배만	(보다가) 강하준… 너 아니지?
강하준	(무시하고 가는)
도배만	(따라붙으며) 니가 질투 때문에 차우인을 배신했다? 차 검과 나는 니가 질투할 만한 일을 한 적이 없고… 설령 그랬다 해도 그걸 확인도 안 하고 배신을 했다고?
강하준	(도배만 보는) …
도배만	(강하준 보며 고개 젓는) 넌 상처 입을 순 있어도 배신까지 할 놈은 아니지. 그렇다면 니가 말한 대로 회사 때문에 용문구하고 손잡는다… 이것도 이해 안 가지만, 백번 양보하고 그랬다 치고… 그럼… 이건 뭐지? 이게 설명이 안 되는데?

핸드폰 보여 주는- 그러자 눈 커지는 강하준. (이때, 핸드폰 화면은 보이지 않는다.)

도배만	이거 설명 못 하면 (보는) 넌 지금 우릴 속이고 있는 거지.
강하준	(심각한 얼굴로 보는) 자리 좀 옮기자.

강하준, 먼저 가면- 뒤따라가는 도배만.

45. (과거) 강스 솔루션 일각 (밤)

인적 드문 일각에 서 있는 도배만과 강하준. 강하준, 날선 표정으로 도배만 보는데-

강하준	도 검사! 날 얼마나 안다고 아는 체야?

도배만	(어이없는) 뭐야… 너 차우인 배신한 거 진짜야?
강하준	(강하게 보는) …
도배만	(허탈) 와… 정말 믿을 사람 없네!! (또 때릴 준비하면서) …차우인 보단 내가 나을 거다.
강하준	군인이 민간인 또 때려도 되냐?

도배만, 강하게 팔 뻗어 때리려고 하다가- 얼굴까지 가서 멈추는데.

도배만	왜 그랬냐. 응? 왜? 진짜 이유나 들어 보자.
강하준	넌 나한테 멀었어. 적을 속이려면 먼저 아군부터 속여야 하는 거야. 군인이 그런 전술도 몰라?
도배만	(하… 어이없는) …뭐?… (잠시) 난 차우인 속이기 싫다.

핸드폰 꺼내서 바로 차우인에게 전화하려고 하는데- 막는 강하준.

강하준	안 돼! 도배만!
도배만	(보는)
강하준	(간절) 절대 우인이한텐 말하지 말아 줘. 우인이는 날 무조건 막을 거야. 그러면 그동안 내가 준비해 온 게 다 수포로 돌아가.
도배만	(보는) 뭘 준비하는데?
강하준	우인이는 6년 동안 복수를 준비했지만, 나는 우인이 옆에서 다른 걸 준비했어.
도배만	다른 거?
강하준	우인이에게 IM 디펜스를 돌려줄 방법.
도배만	(멈칫) !!
강하준	지금 우인이한테 말해 버리면 내 오랜 노력이 허사가 돼.

도배만	니가 스파이로 들어가 있는 걸 모른 척하라고?
강하준	(끄덕이며) 끝까지… 꼭… 부탁한다, 도배만.

간절한 얼굴로 도배만 보는 강하준. 잠시 고민하는 도배만. 그러더니-

도배만	(참나…) 얼굴 보니 진짠가 보네…
강하준	(환해지며) 말 안 할 거지?
도배만	(부러운) …찐 우정이네… (하다가) 우정 맞지? 친구로서.
강하준	이왕… 이렇게 된 거… (힐끗) 전략상 공조로 가자! (강조하는) 전략상 !! 너도 알지? 우리 안 친한 거?
도배만	그럼!! 잘~ 알지! 나도~!

46. (현재) 다방 아지트 (밤)

차우인	핸드폰으로 보여 준 게 뭐였죠?
도배만	그때, 박살 난 강스 솔루션에 인수합병을 제안했던 회사가 한두 군데가 아니었어. 그런데 하필 용문구와 손을 잡았지.
차우인	(강하준 노려보며) …아주 완벽하게 날 속였네.
강하준	(그제야 차우인 겨우 보면서) 우인아… 내가 다 설명할게… 다…

그러자 바로 날아드는 차우인의 주먹. 퍽- 강하준의 얼굴이 돌아간다. 바닥에 툭 떨어지는 강하준의 어금니. '헉' 하는 도배만의 얼굴!

도배만	(강하준 보며) …아프겠다.

그러고서 미소 짓고 차우인 보는데- 그대로 강하게 날아드는 차우인의 주먹. 도배만의 큰 몸이 휘청거린다.

도배만   (예상외의 충격) 와… 핵편치네… 차우인.

아픔으로 말을 못 잇는 도배만과 강하준. 차우인, 냉랭한 얼굴로
비밀의 방으로 들어가 버린다.

도배만   (강하준 보며) 들어가 봐…

강하준, 얼굴 잡고 아픔 참으며 비밀의 방으로 들어가는데-

47. 다방 아지트 - 비밀의 방 [밤]
굳은 얼굴로 서 있는 차우인. 강하준이 다가선다.

강하준   (너무 미안한) 우인아… 내가 IM에 들어가서 많은 준비를 해 놨
           어. 니가 다시 IM에 복귀할 수 있게…
차우인   …
강하준   최 전무 손에 지금 노화영 차명 계좌와 주식 명단이 있어. 용문
           구 때문에 최 전무까지 지금 입지가 불안한 상황이라 (하는데)
차우인   (끊고) 강하준!

강하준, 더 말을 못 하고 고개를 숙인다. 차우인, 고개 숙인 강하
준을 잠시 본다.

차우인   무사해서 다행이다, 강하준.
강하준   (그 말에 고개를 드는)
차우인   그리고 미안해.
강하준   (놀라서) 응?
차우인   믿지 못한 거… (잠시) 정작 도 검사님은 너에 대한 믿음을 가지
           고 널 의심했는데 난 그러지 못했어.

| 강하준 | (보는) 우인아… |

서로 우정 가득 담아 보는 강하준과 차우인의 모습에서-

48. 다리 밑 (낮)

인적 없는 다리 밑에 주차된 설악의 SUV. 용문구와 설악, 지리가 타고 있다. 어딘가에서 경찰차 사이렌 소리가 들리자 설악과 지리가 움찔한다! 용문구, 여전히 분노로 가득한 눈빛.

설악	이제 어쩌실 겁니까? 대표님?
용문구	(미친 듯 계속 말하는) 애국회 엑스파일을 찾아야 돼! 그것만 있으면 돼!
설악	그건 이미 도바리가 뺑카라고 털지 않았습니까?
용문구	그걸 나더러 믿으라고? 내가 두 번 속을 거 같아?
설악	(걱정스러운 눈으로 보다가) 거기에 대체 뭐가 있는데 그러십니까?
용문구	애국회 군인들, 방산업체들 약점. 그것만 있으면 나… 다시 복귀한다고!

강한 눈빛으로 뭔가를 응시하는 용문구, 그 모습 불안하게 보는 설악과 지리인데-

49. 다방 아지트 (밤)

가방을 멘 노태남이 들어선다. 낯선 느낌에 한 번 둘러보는데- 그때 어디선가 볼트가 뛰어나온다. 노태남과 볼트, 서로를 끌어안으며 기뻐한다. 정말 오랜만의 상봉이다.

| 노태남 | (눈물 글썽) 너무 보고 싶었어… 볼트… |

노태남, 가방에서 가져온 대형 개껌(고기 붙은 것)을 꺼낸다. 볼트, 좋아하면서 껌에 붙은 고기를 먹는다. 미소 지으며 그 모습 보는 노태남.

노태남   니가 좋아하던 거잖아. 그동안 못 먹었지… 많이 먹어, 볼트…

차우인의 시선으로 보이는 노태남과 볼트. 노태남도 시선 돌리다 차우인을 본다. 차우인, 자판기에서 커피 가져와서 노태남에게 건넨다. 테이블에 앉는 노태남. 노태남 아래 자리 잡고 앉는 볼트.

차우인   노태남 이병. 외상 후 스트레스 증상은 좀 어때?
노태남   (애써 웃어 보이는) …멀쩡해요. 아주 멀쩡해졌어요.

그렇게 말하는 노태남, 주위를 돌아보면- 생활관에서 죽은 병사들이 다른 테이블에 앉아 있다. 그러다 다시 시선 돌리면- 병사들이 없다! 노태남, 애써 스스로를 진정시키며 아무렇지도 않은 듯 차우인 보는데-

노태남   군검사님들 말이 맞았네요. 어머니가 날 의병제대 시키려고 합니다.
차우인   (딱한 얼굴로 보는) …
노태남   참 아이러니하죠. 그토록 날 군대에 넣고 싶어 했던 어머니가 이젠 어떡해서든 날 군대에서 빼려고 한다는 게.

그러면서 작은 상자를 테이블에 올린다.

노태남   (차우인에게) 편지를 두 통 썼습니다. 세나하고… 군검사님들한테.

도배만 (E) (냉랭한) 세나한테 참회의 편지라도 썼어? 읽어 보지도 않을 텐데. 우리한테도? 왜?

노태남, 돌아보면 도배만이 와 있다. 볼트, 도배만에게 가서 옆에 선다. 도배만, 볼트 한 번 쓰다듬어 주는데- 그 모습 보는 노태남.

노태남 …닮았네요, 도 검사님하고 볼트…

노태남, 볼트에게 다가가 한 번 더 안아 본다. 눈 잠시 감고 볼트의 감촉 느끼고 일어서는데-

노태남 고마워요. 볼트 잘 돌봐 줘서… 그리고 잘 부탁해요, 앞으로도…

그러더니 바로 다방 아지트 나가는데- 도배만과 차우인, 복잡한 눈으로 노태남 보는 데서-

50. (교차) 다방 아지트 밖 + 노화영의 사단장실 (밤)

밖으로 나온 노태남. 뭔가 결심한 얼굴이다. 핸드폰 꺼내 들어 노화영에게 전화를 건다.

노태남 어머니… 접니다.

사단장실에서 전화를 받는 노화영.

노화영 너, 어디야. 당장 관사로 와.
노태남 어머니… 주소 보내 드릴게요. (의미심장하게) 거기로 오세요. 어머니도 아는 곳이에요. (핸드폰 끊는)

사단장실. 노화영의 핸드폰에 문자가 온다. 주소 보더니 눈빛이 급격하게 흔들리는 노화영. (그 장소의 의미를 알기 때문) 황급히 나가려 한다.

양 부관	(다가와) 모시겠습니다.
노화영	(놀라움 숨기며) 아니야. 나 혼자 가야 할 거 같아.
양 부관	네.
노화영	차우인은?
양 부관	(고개 숙이는) …
노화영	(양 부관 보는) …아직도 망설이는 거야?
양 부관	…아닙니다. 지금 바로 시행하겠습니다.
노화영	그래. 실수 없이 완수해.
양 부관	…네, 사단장님!

노화영, 급하게 나가고- 남겨진 양 부관, 굳어지는 얼굴에서-

51. 다방 아지트 (밤)

노태남이 놓고 간 상자를 여는 도배만. 편지 두 통이 있다. 〈한세나〉 …그리고 〈군검사님들에게〉라고 적힌 봉투를 열어 보는데 USB가 툭 떨어진다!

도배만	(들며) USB가 있네?
차우인	(궁금한 눈으로 보는) …

그때, 차우인에게 걸려 오는 전화. '양종숙 부관'. 바로 받아 드는 차우인.

차우인	네, 양 부관님.

양 부관	군검사님께 협조하겠습니다.
차우인	잘 생각하셨습니다.
양 부관	혼자 오실 수 있겠습니까?
차우인	네, 지금 갈게요.

차우인, 핸드폰 끊고 급하게 일어난다. 도배만, 차우인 보는데-

차우인	(일어나는) 양 부관이 마음을 정한 것 같습니다.
도배만	그래. 난 이 편지하고 USB 확인하고 있을게.

차우인, 나가면- 도배만, 편지를 읽기 시작하는데- 점점 커지는 도배만의 눈동자에서.

52. 다방 아지트 밖 (밤)

황급히 밖으로 나오는 도배만. 그 순간, 저 멀리서 택시를 잡고 있는 노태남이 보인다!

도배만	(크게 소리 지르는) 노태남!!

하지만 노태남을 태운 택시가 출발한다. 도배만, 필사적으로 뛰어가지만 놓친다. 택시 번호판을 눈에 담는 모습에서-

53. 차우인의 차 안 (밤)

운전대 잡고 있는 차우인. 그때- 핸드폰이 울린다. '도배만'이다. 받아 들면-

도배만 (F)	노태남이 남긴 편지. 유언장이야.
차우인	(멈칫)

도배만 (F)	노태남, 지금 죽을 생각이야.
차우인	(놀라서) 네? 막아야 돼요!
도배만 (F)	타고 간 택시 위치 확보했고… 내가 지금 가고 있어.
차우인	서둘러 주세요. 전 양 부관만 만나고 바로 갈게요.
도배만 (F)	그래.

전화 끊는 차우인. 불안한 얼굴에서-

54. 군부대 창고 (밤)

창고에 들어오는 노화영. 그러자 저쪽 어두운 구석에 노태남이
서 있다.

노태남	(노화영 보는) …
노화영	(느낌 좋지 않은) 너… 지금 뭐 하는 거야…

어머니를 향해 슬프게 미소를 짓는 노태남의 얼굴에서-

55. 도배만의 차 안 (밤)

급하게 차를 몰고 있는 도배만. 그 위로-

노태남 (E)	도배만, 차우인 군검사님 두 분 덕분에 증언을 할 수 있었습니다. 어머니에 대한 두려움과 속박에서 벗어날 수 있었습니다. 감사와 속죄를 담아… 그동안 아무에게도 말하지 못했던… 저 혼자만의 비밀을 동봉했습니다.

56. (과거) 노화영의 관사 (밤)

35신 이후 상황이다. 관사에 혼자 있는 노태남. 개인 금고처럼
생긴 납작한 철제 상자를 열면 몇몇 서류와 (도배만에게 전한)

USB가 보인다. 그 위로-

노태남 (E)   동봉한 USB는 IM 디펜스의 전 주인이었던 차호철 회장이 남긴 '애국회 엑스파일'입니다. 제가 후임 회장이 된 지 한 달 뒤에 차호철 회장이 사용했던 의자 안에서 발견했습니다.

노태남, 노트북에 USB를 꽂자 자료들이 주르륵 나온다.

노태남 (E)   USB 속에는 차호철 회장이 애국회와 어머니를 무너뜨리려고 오랜 기간 모아 온 자료들이 있습니다. 저는 어머니와 IM을 지키겠다는 마음으로 애국회 엑스파일을 오랫동안 숨겨 뒀습니다.

57. (과거) 다리 밑 (밤)
인적 없는 다리 밑. 후드티 남자에게 상자를 건네받는다. 돈을 건네는 노태남. 후드티 남자가 가고 나서 상자를 열어 보면- 안에 담겨 있는 물건, 수류탄이다! 그 위로-

노태남 (E)   하지만 이젠 어머니를 막기 위해 이 파일이 세상에 공개되어야 한다는 것을 깨달았습니다. 그래서 두 분께 드리기로 결심했습니다.

58. (현재) 군부대 창고 (밤)
거리 두고 대치 중인 노화영과 노태남.

노화영   (다가가며) 태남이… 너, 대체 무슨 생각을 하고 있는 거야?
노태남   어머니… 가까이 오지 마세요…

노태남, 품에서 수류탄을 꺼낸다. 그러자 돌처럼 자리에 딱 멈춰

서는 노화영.

노화영   (눈빛 크게 흔들리는) …너… 그거 당장 내려놔!

노태남   예전에 여기서… 그러셨죠? 어머니가 내 안전핀이 되어 주겠
다고…

노화영   (노여움과 분노, 걱정 가득 담아) 당장 내려놓으라고!

노태남   그 군복을 입고 있는 한… 어머니는 멈추지 않겠죠?

플래시백_____

3화 12신.

노화영   오늘의 기억을 절대 잊지 마. 내가 너의 안전핀이라는 걸 항상
명심해.

다시 군부대 창고.

노태남   이젠 제가 어머니의 안전핀이 되어 드릴게요.

노태남, 수류탄에서 안전핀을 딱 빼 버린다! 동공 커지며 경악하
는 노화영.

59. 다리 밑 (밤)

인적 없는 다리 밑에 차우인의 차가 도착한다! 차우인 내려서
주위를 돌아보면- 구석진 곳에 있던 양 부관이 나타난다! 차우
인, 반가운 얼굴로 다가가면- 품에서 소음기 달린 권총을 꺼내
는 양 부관.

차우인   !!!!

얼음처럼 그 자리에 굳어 버리는 차우인. 양 부관도 얼음장 같
은 표정으로 보고 있다. 두 사람 대치된 그 상황에서-

60. 군부대 창고 앞 (밤)

군부대 창고 앞에 차량이 멈춘다. 급하게 내려 뛰어가는 도배만.

61. 군부대 창고 (밤)

도배만이 들어오자, 노화영은 완전히 얼어 버린 얼굴로 그 자리
에 서 있고- 노태남은 안전핀 뺀 수류탄을 들고 있다! 도배만,
노태남 쪽으로 다가간다. 노태남과 노화영, 주위의 아무것도 의
식하지 못한 채… 서로를 바라보고 있다.

도배만 (소리치는) 노태남, 그거 내려놔…

수류탄을 쥐고 있는 노태남. 눈물이 한 줄기 흘러내린다. 노화영
보며 마지막 말.

노태남 …엄마…
노화영 !!
노태남 나… 엄마의 아들로 태어난 게… 미안했어.
노화영 태남아!!! 안 돼!

노태남, 잡고 있던 수류탄 레버를 손에서 놓고 바닥에 떨어뜨린
다. 그러자, 그때- 도배만이 본능적으로 몸을 던진다! 바닥을 데
구르르 구르는 수류탄.
5… 4… 3… 도배만, 수류탄을 집어 깊게 팬 차량 정비용 구덩이
에 수류탄을 던져 넣는다. 2… 1… 노태남을 잡아채 같이 몸을
피하는데- 콰아앙- 수류탄 터지고!!!

62. 다방 아지트 (밤)

바닥에 누워 있던 볼트. 무슨 예감이 들었는지 갑자기 고개 쳐들며- '우우우웅' 구슬프게 운다.

63. 다리 밑 (밤)

차우인 향했던 양 부관의 총구. 탕!!! 총성 울리며- 차우인을 향해 발사된다! 뒤로 튕겨 나가 쓰러지는 차우인의 모습.

64. (교차) 군부대 창고 + 다리 밑 (밤)

수류탄 폭음 연기가 걷히면- 노화영의 얼굴이 드러난다. 덜덜 떨리는 눈빛. 그녀의 눈에서 처음으로 눈물이 흐른다. 노화영의 시선으로 보이는- 노태남을 끌어안고 있는 도배만 모습.

한편, 다리 밑의 피투성이 차우인. 정신을 잃고 눈을 감은 채 쓰러져 있다. 도배만, 차우인, 노화영, 노태남, 네 사람의 얼굴 걸고 엔딩!

16화

1. [몽타주] 아이러니

        - 12화 46신. 군법정 상황이다.

차우인   피해자가 죽음으로밖에 결백을 증명할 수 없다면… 영혼을 사
        살하는 이 범죄는 살인에 비견할 수밖에 없습니다.

        자신을 위해 최후 진술하는 차우인을 보는 양 부관. 단절되듯
        화면이 끊어지면-

        - 15화 59신. 그런 차우인을 향해 총구를 겨누고 있는 양 부관.
        끼릭- 방아쇠 당긴다!
        - 4화 63신. 찌그러진 차문을 열더니 어린 도배만을 끌어내리는
        노화영. 화면 끊어지면.
        - 15화 61신. 군부대 창고, 노태남을 위해 몸을 던지는 도배만.
        - 다리 밑과 군부대 창고에서 탕! 총성과 퍼엉! 폭발음 들린다!
        그 위로 시작되는 도배만의 내레이션.

도배만 (Na)   삶은 잔인한 아이러니로 가득 차 있다.

2. 국군 병원 복도 [밤]

        긴박하게 달리고 있는 두 개의 이동 침대. 각기 다른 방향에서
        노태남과 차우인을 싣고 수술실로 향하고 있다. 이동 침대 위에
        서 둘 다 피범벅이 된 채 눈을 감고 있다. 그 위로-

도배만 (Na)   삶은… 불운 속에 행운을, 성공 같은 실패를, 빛처럼 흩어지는
        어둠을, 선을 가장한 악을 함께 가진다.

3. 국군 병원 수술실 앞 (밤)

상처투성이 도배만과 노화영 각각 시간 차를 두고 수술실 앞에서 결과를 기다리고 있다. 둘 다 초조한 얼굴. 화면 어두워진다. 그 위로-

도배만 (Na)   그 아이러니들 속에서 삶의 모습이 결정되고 내가 누구인지 알게 된다.

화면 어두워진다.

4. 국군 병원 병실 (낮)

화면 밝아지면, 병실 침대에 누워 있던 차우인이 눈을 뜬다. 눈앞에 환자복 차림의 도배만이 서 있다. 얼굴엔 반창고 붙어 있고, 소매 밖으론 붕대 감은 팔이 보이는데-

도배만   (놀랍고 반가운) 차 검! 이제 정신이 들어?
차우인   (여기가 어딘지… 정신 가다듬는) …
도배만   3일 만에 눈을 떴어.
차우인   (아득한) 3일이나요?
도배만   총알이 어깨를 관통했어. 위치가 좀 더 위였으면 큰일 날 뻔했고… 무사해서 정말 다행이야, 차우인.
차우인   (그제야 도배만 환자복 알아차리고 놀라는) 도 검사님은 왜…?
도배만   (자기 환자복 보며) 노태남 수류탄을 터트렸어. 그래서 (하는데)
차우인   (놀라는) 수류탄이요? 괜찮으십니까?
도배만   난 운이 좋았지. (어두운) 근데… 노태남은…
차우인   무사합니까? 노태남?

5. 국군 병원 중환자실 (낮)

미세하게 흐르는 바이털 사인. 노태남이 사경을 헤매고 있다. 그 앞에 굳은 얼굴로 앉아 있는 노화영. 그 위로-

도배만 (E)   파편이 몸에 박혀서 아직 의식을 회복하지 못하고 있어. 의사 말로는… 가능성이… 매우 희박하다고… 해.

노화영, 밖으로 나온 노태남의 손을 바라본다. 그러고는 떨리는 손을 노태남에게 뻗는다. 그러다가- 이내 멈추고, 노태남을 보는데.

6. 국군 병원 병실 (낮)

회복실에 있는 도배만과 차우인.

도배만   양 부관… 분명히 노화영에게 살인 교사를 받았을 거야.

그때- 들어서는 강하준. 깨어난 차우인 보고 가슴을 쓸어내리며 안심한다.

강하준   (너무 놀라서 말이 안 나오다가) …누구야?!! 대체 누가!!!
차우인   강 대표… 나 괜찮아. 너무 걱정 마.
도배만   양종숙 중위 짓이야.
강하준   노화영 부관? 그럼 (눈 커지는데) 노화영이 사주한 거라고? (분노 올라오는) 아!! 노화영!!
도배만   일단 양 부관 수배부터 내리고 (하는데)
차우인   (끊고) 아니요. 퇴원하면 양 부관 찾는 것도, 설득하는 것도 다 제가 할 겁니다.
도배만   차우인!

차우인	영원히 입을 다물고, 다 끌어안고 갈 수도 있어요, 양 부관.
도배만	(보다가) 그래, 양 부관은 차 검이 끝까지 맡아.
차우인	네.
강하준	(잠시 차우인 보다가) 근데… 우인이한테 소식 전했어?
차우인	무슨 소식?
도배만	애국회 엑스파일을 얻었어.
차우인	!!

7. 국군 병원 복도 (낮)

중환자실에서 복도로 나오는 노화영. 맞은편에서 오는 도배만과 마주친다.

노화영	차우인, 깨어났다면서? 정말 다행이야.
도배만	(차갑게) 양종숙 부관 어딨습니까?
노화영	연락 두절이야. 자기가 저지른 짓을 감당 못 하겠지. 내 부관이 나쁜 생각을 먹기 전에 하루라도 빨리 신병을 확보해 줘.

가증스럽게 말하는 노화영을 빤히 보던 도배만. 그러더니-

도배만	20년 전에도 그 얼굴이었습니까?
노화영	(멈칫) !!
도배만	내 부모를 죽여 놓고도, 그 죄를 빠져나갈 때의 얼굴이.
노화영	(표정 확 차갑게 돌변해서 보는) 말 조심해, 도배만.
도배만	당신은.
노화영	당신?
도배만	…스스로 만든 지옥에서 영원히 빠져나올 수 없을 거야.
노화영	(일그러진 미소) …
도배만	차우인을 건드린 순간, 이제 내겐… 당신을 심판할 일만 남았어.

도배만, 가 버린다. 남은 노화영, 분노로 보는 얼굴에서-

8. 다리 밑 [낮]

다리 밑에 주차된 설악의 밴. 밖에 있던 설악에게 지리가 다가
온다. '수배 전단지'를 보여 주는데. 용문구, 설악, 지리가 나란히
실려 있다.

설악   (눈 커지며) 이게 뭐여. (밴 쳐다보며) 저 인간이 귀인인 줄 알았는
데 귀신 씨나락 까먹는 놈이었구먼.

설악, 밴에 타고 있는 용문구에게 다가간다. 눈 감고 쉬고 있던
용문구.

설악   (전단지 보여 주며) 우리 셋 다 지명수배 떴습니다.
용문구   (눈 확 뜨며 전단지 뺏어 보는) 지명수배?
설악   (절망적인) 제 조직 설악천지! 초토화됐다 이 말입니다!
용문구   (전단지 구겨 버리며) 상관없어.
설악   (버럭) 지금 그런 태평한 말 할 때 아니라구요!
용문구   (피식) 애들 다시 모으는 데 얼마 들어? 바로 쏴 줄게.
설악   (에?) 정말이십니까?
용문구   일단 출발해. 여기 너무 오래 있었다.
설악   (환해지며… 역시 용 대표다) 네!! 충성~! 충성!

9. 은행 앞 [낮]

설악의 밴이 은행 앞에 멈춘다. 용문구가 지갑을 꺼내 지리한테
카드 대여섯 장을 준다.

용문구   니가 가서 인출해 와. (지리 보면서) 이거… 니가 협박해서 내 카

드 뺏은 거다! 혹시 잡히더라도 절대 내 위치 노출하면 안 돼!

지리   (분노) 이젠 공갈 협박범까지 되란 말입니까? 도망 다니는 것도
         억울해 미치겠는데!

설악   (용문구에게) 계좌에는 얼마쯤 있습니까?

용문구   9천억.

지리   (입 딱 벌어지며) 구구구천억!!!

설악   (지리 당장 차 밖으로 내쫓으며) 당장 꺼내 와!

         지리, 빈 가방 어깨에 메고 얼굴 팍 가리고 은행으로 들어가는데-

10. (시간 경과) 은행 앞 (낮)

         멀리 은행 앞. 지리가 후다닥 뛰어나와 바로 밴에 타고 문을 닫
         는다. 시간 차를 두고 은행에서 뛰어나오는 청경들. 지리 찾는지
         이리저리 둘러보는 모습.

지리   (가슴을 쓸어내리며) 아휴휴휴… 잡힐 뻔했습니다.

설악   (놀라며) 바로 알아봐? 너를?

지리   네. 우리 몽타주 지대로 팔려 버렸습니다. 이를 어쩐다요?

용문구   (지리가 잡히든 말든 상관없어서) 얼마나 꺼내 왔어?

지리   3천억…

설악   (확- 밝아지는) 오메~~ (하다가) 다 찾아오지 왜 남겨?

지리   (표정 험악하게 바뀌면서) 은 개뿔. 십 원 한 장 못 꺼냈습니다요.

용문구   (당황) 뭐? 그게 무슨 소리야?

지리   인출도 이체도 안 됩니다. 그래서 은행 아가씨가 바로 신고 먹
         인 겁니다.

설악   (다급) 대표님, 어찌 된 일입니까?

용문구	(잠시) 수사팀에서 추징보전*을 걸었어.
설악	(아뿔싸) 벌써 말입니까?
용문구	(분노) 강연희 검사!! 날 말려 죽이려고 아주 작정을 했어.
설악	그 말은… 용 대표님… 지금 십 원 한 장 없는 개털이란 겁니까!!!
용문구	(분을 삼키는)
지리	(대놓고 무시) 9천억 있음 뭐 합니까? (자기 지갑 꺼내서 만 원짜리 몇 장 자랑) 저보다도 가난하신데… 거참 아이러니하다, 아이러니해.

용문구, 여전히 눈빛은 살아 있다.

용문구	애국회 엑스파일만 찾으면 돼. 그럼 다 원점으로 되돌릴 수 있어.
설악	(짜증) 아이고, 귀에 딱지 지겠습니다. 그놈의 애국회 엑스파일.
지리	그거 대체 누가 가지고 있습니까?
용문구	(생각하는) 노태남. 그때 물어보지 못했으니 지금이라도 물어봐야지.

화면 가득 용문구의 얼굴에서-

11. 국군 병원 병실 (낮)

똑똑 문 두드리는 소리 나고, 서주혁과 꽃다발 든 윤상기, 안유라가 들어온다.

서주혁	차 검~!
차우인	(생각지 못한 방문에 놀라며) 참모님! 계장님들!

---

* 범죄로 얻은 것으로 의심되는 재산을 유죄가 확정되기 전에 동결시키는 절차.

윤상기	(차우인에게 꽃 전달하면서) 참모님이 준비하셨습니다.
서주혁	(진심으로 걱정) 총상이라니… (버럭) 차우인 쏜 범인이 누구야? (차우인 보며) 누구냐고?
차우인	(서주혁 보며) 오실 거라고 생각지도 못했는데… 감사합니다.
안유라	얼마나 놀랐게요? (차우인 살피며) 아우… (가슴 쓸어내리고)
서주혁	범인 얼굴 봤다며… 말 안 하는 이유가 뭐야? 대체?
차우인	노화영 사단장 재판 준비하면서 다 말씀드리겠습니다.
서주혁	(눈 커지는) 사단장님하고 관련 있어?

윤상기, 안유라도 놀라는데-

12. 국군 병원 복도 (밤)

어두운 복도에 들어서는 용문구와 설악, 지리. 주위를 둘러보며 중환자실로 가고 있다.

13. 국군 병원 중환자실 (밤)

용문구와 설악이 들어선다. 지리는 밖에서 지키고 있다. 의식불명에 빠진 노태남 보고 놀라는 용문구.

설악	오마야, 총기 난사 때 살지 않았습니까? 병원에서 봤을 때도 요랬습니까?
용문구	(열 뻗쳐서 버럭) 나도 몰라, 모른다구. 왜 이 꼴로 있는지! 아… (예상 밖 상황) 대체 그새 무슨 일이 있었던 거야?
설악	몰래 들어온 거라 간호사들한테 이유를 물어볼 수도 없고…
용문구	(노태남 흔들며 미친 듯) 정신 차려. 엑스파일 어딨어? 너 알고 있잖아.
노태남	(의식 없는)
설악	(용문구 말리며) 그만하십쇼! 코마 환자가 그렇게 해서 깨어납

니까?

용문구	(손 뿌리치며) 이거 놔. 이 새끼 깨워서 엑스파일 찾아야 돼.
설악	의사들도 못 깨운 걸 어찌 깨웁니까? 제발 정신 차립쇼, 대표님!
지리	(급히 들어와) 간호사들 오고 있습니다. 빨리 피해야 할 것 같습니다.
용문구	안 돼! 절대 못 가!
설악	대표님이 지금 어떤 처지인지 아셔야죠. 지명수배잡니다! 아시겠어요?

미련을 버리지 못하는 용문구. 설악이 억지로 용문구를 잡아끌며 밖으로 나간다.

14. 국군 병원 주차장 (밤)

급히 시동 걸며 출발하는 설악의 SUV. 차량 떠나면- 나타나는 도배만, 입꼬리 올린다.

15. 국군 병원 공원 (낮)

봄꽃으로 화사한 공원. 어깨에 붕대를 한 차우인이 벤치에 앉아 노트북으로 애국회 엑스파일을 보고 있다. 그때, 바닥에 놓여지는 백팩. 보면- 사복 차림의 도배만이 차우인의 옆에 앉는다. 여전히 얼굴엔 반창고 붙인 상태.

차우인	(놀란) 벌써 퇴원하십니까?
도배만	(살살 팔목 돌려 보며) 군의관 말론 좀 더 입원해야 한다는데 그럴 시간이 없잖아. 차 검한테 말한 90일 이제 진짜 얼마 안 남았고.
차우인	(피식) 저도 곧 합류하겠습니다.
도배만	(아무렇지 않게) 용문구, 간밤에 여기 왔었어.
차우인	(놀라서 노트북을 옆에 놓으며) 용문구를 봤는데 놓쳤습니까?

도배만	놓친 거 아니야. 그냥 놔줬어.
차우인	애국회 엑스파일 때문에 용문구가 올 걸 예상하셨군요.
도배만	내가 계획 중인 게 있으니 차우인 검사님은 완쾌에 최선을 다해 주시기 바랍니다.
차우인	(미소) 보고 태도 아주 좋습니다~!!

서로 보며 밝게 웃는 두 사람. 그러다가 도배만의 시선이 노트북으로 옮겨진다.

도배만	차 검사 아버님이 남긴 애국회 엑스파일이 돌고 돌아서 결국 차우인에게 돌아왔네.
차우인	제가 아는 것보다 훨씬 치열하게 살아오셨어요. 어떻게 이걸 조사하고 알아내셨을까… 어쩌면 아버지가 바라는 복수는… 아버지가 끝내지 못한 일을 제가 완성하는 게 아닐까 하는 생각이 들었어요.
도배만	(보는) …
차우인	이 파일 속 내용을 확인해 줄 사람이 필요합니다.
도배만	그렇지.
차우인	네. 애국회와 방산업체 사이의 비리 혐의를 검증해 줄 사람…
도배만	(미소 번지며)
차우인	우리가 미끼로 쓰기로 한…
도배만	(미소) 허강인 부군단장.
차우인	무능력한 군인이라서 애국회 사업에 가장 적게 관여했어요. 가서 그 무능력이 자신을 구했다는 걸 깨닫게 해 주세요.

16. 조사실 [낮]

화면 가득 허강인이 보인다. 그 앞에 앉아 있는 도배만. 허강인, 짜증 난 얼굴로 (차우인이 전 씬에서 보던) 노트북을 확 덮는다.

허강인	도배만. (당황) 이걸 어디서 어떻게 입수했냐?
도배만	엄청나죠? 애국회와 결탁한 썩어 빠진 방산업체와의 비리들이 차곡차곡 정리되어 있으니까.
허강인	(모르쇠) 난 모르는 일이야.
도배만	반응 보니 잘 알고 있는 내용이신데?
허강인	(버럭) 인정 안 한다고! (발악) 장관님처럼 내가 당할 거 같애?
도배만	(피식) 보통 찔리면 발끈하죠. 겁먹으면 짖는 거고.
허강인	(분노) 도배만, 너 이 새끼! (고민하다가 방법이 없다) …그냥 나는… 군복 벗는 걸로 어떻게 퉁쳐 주면 안 되겠냐?
도배만	(고개 젓는) 군복 입고 저지른 죄는 군복 입고 받으셔야죠.
허강인	(울상 되는) 하… (에잇!! 발끈하며) 난 그저 지시에 따른 거밖에 없어! 너도 알잖아? 군인이 별수 있냐고?
도배만	이거 하나는 약속드리죠.
허강인	(보는) 뭔데? 뭔데?
도배만	부군단장님이 저지르지 않은 죄에 대해서는 벌받지 않게 해 드리죠. 모든 건 이재식 장관한테 지시받은 거니까.
허강인	당연하지. 내가 무슨 힘이 있다고 혼자 결정해? 다 장관님이 결정했지.
도배만	방금 그 표정 좋았습니다. 이재식 장관 재판에서 부탁드리죠.

아뿔싸!! 거의 울 것 같은 허강인의 모습에서-

17. 법무실 (낮)

강연희가 앉아 있다. 수사 자료가 담긴 상자를 넘기는 도배만.

도배만	증언은 허강인 부군단장이 해 줄 겁니다.
강연희	이거… 처음보다 사이즈가 다섯 배는 커졌네요.
도배만	그래서 제가 게이트라고 하지 않았습니까?

강연희	(호기심 어린 얼굴로 자료 들춰 보는) 오호…!!
도배만	이재식 장관. 고작 방산비리 한 건으로 보낼 생각 없습니다.
강연희	(매우 만족) 수사 정보 제공에, 재판 AS까지~!! 도 군검사님, 도 베르만 같은 분이라고 들었는데 정말 확실하시네~
도배만	(웃는)
강연희	노화영 사단장 재판 준비는 잘되고 있습니까?
도배만	물론이죠. 용문구를 움직이게 하고 있습니다. 자기가 움직여지는 것도 모른 채.

18. 다리 밑 (밤)

다리 밑에 주차된 설악의 밴. 용문구와 설악, 지리가 사발면을 먹고 있다.

용문구	조수찬 군의관 잘 보관하고 있지?
설악	그럼요~ 물론입죠.
용문구	지금으로선 군의관이 유일한 카드야. 노화영과 협상할 때 쓸 거니까.
설악	(눈 번쩍) 아!!
용문구	노화영 이제 곧 재판이 시작될 거야. 도배만이 노화영을 법정에 올릴 수 있는 혐의는 부하범죄 부진정 혐의 하나지. 고작 그 혐의로는 흠집 하나 내지 못해. 온갖 혐의들을 다 끌어다가 병합을 하겠지. (잠시) 군의관 어딨어?
설악	전당포에 맡겨 놨습죠.
용문구	전당포?
설악	(비릿) 원래 전당포란 데가 취급 품목이 다양하지 않습니까? 그 전당포는 사람도 취급합니다.
용문구	(컵라면 국물 마시고) 그래.
설악	날 밝으면 출발하겠습니다, 대표님.

19. 다방 아지트 앞 (낮)

차우인이 도배만과 통화를 하며 다방 아지트 앞으로 가고 있다.

도배만 (F)   (걱정 어린) 벌써 퇴원했다고? 아직 상처가 다 아물지 않았잖아.
차우인   누워 있는 거 적성에 안 맞습니다.
도배만 (F)   하여간… 차우인… (하다가) 참, 용문구가 움직이기 시작했어.
차우인   (미소) 이제 구경할 일만 남았네요. 기대됩니다.

다방 아지트로 들어가는 차우인의 모습에서-

20. 다방 아지트 - 비밀의 방 (낮)

차우인, 다방 아지트에 들어오면- 뭔가 스산한 기운이 느껴진
다. 그러다가- 비밀의 방으로 통하는 문이 열려 있는 걸 발견하
는데. 놀란 차우인, 바로 비밀의 방에 들어간다. 들어서면- 노화
영이 '복수의 지도'를 보고 있다. 손에 들려 있는 빨간 가발까지!

차우인   !!!
노화영   (빨간 가발 차우인 발 앞에 던지며) 내게 복수를 하기 위해서라는
            명분 아래 이걸 쓰고… 참 여러 가지 일들을 했더군, 차우인.
차우인   (보는) …
노화영   니 아버지도 같았어. 본인의 신념만 가지고 날 무던히도 협박
            했지.
차우인   (잠시) 아버지가 당신을 특별하게 여긴 거라면… 아버지 성격
            에… 폭주하는 당신을 막으려고 했을 거야.

그 말에 입꼬리 올라가며 웃는 노화영.

노화영   우리가 다른 관계가 될 수도 있었단 거… 널 혼란시키려 했던

| 차우인 | 말이었어. (비소) 역시 니 아버지와 넌, 지독히도 닮았구나. |
| | |

| 차우인 | !! |

| 노화영 | 이번엔 운 좋게 살아남았지만… 너도 곧 니 아버지처럼… 될 거야. 난 날 가로막는 건 다 해치울 거니까. |

| 차우인 | 과연 그럴까? 내가 군검사가 된 이상 절대 그럴 수 없어! (일갈) 부하의 충성심을 이용하는 당신… 언제까지 그럴 수 있을까? |

| 노화영 | (피식) 부하가 못 하면… 내가 직접 니 머리에 총알을 박아 줄 수도 있어. |

| 차우인 | 얼마든지 와. 기다리고 있을게, 노화영. 우리 아버지에 대해 안다면 내가 어떨지도 알고 있겠지. |

| 노화영 | … |

| 차우인 | 이제 당신의 끝이 얼마 남지 않았어. |

노화영, 차우인 보면서 엷은 미소 짓고 나가는 데서-

21. 전당포 건물 앞 (낮)

다 쓰러져 가는 낡은 건물. '전당포' 간판이 크게 보인다. 건물 앞에 도착한 설악의 밴. 용문구와 설악과 지리가 내리더니 건물로 들어간다.

22. 전당포 건물 복도 (낮)

간단하게 '전당포' 표시만 되어 있는 철문이 닫히면서 용문구가 나온다. 그 뒤로- 설악과 지리 손에 끌려 나오는 조수찬! 오랜 보관에 행색이 말이 아니다. 꾀죄죄한 옷에 말라붙은 피와 떡진 머리.

| 지리 | 하, 전당포 새끼들. 물건을 잘 보관해 달라고 했음 처음 상태 그대로 돌려줘야지 이래 상해 가지고 어따 쓰냐. |

| 설악 | 이놈이 대표님의 인생 2회차 아이템이 될 거라 그 말씀이지유? |
| 용문구 | (기대에 차서) 사단장실에 당장 쳐들어가서 노화영하고 거래하고 싶어 입이 근질근질하군. |

섬뜩한 느낌의 용문구를 입꼬리 올리며 보는 설악.

| 설악 | 대표님도 저희랑 살 맞대고 먹고 자고 그러시더니 스며드나 봅니다. 어째 스타일이 점점 저희 쪽에… 가까워지시고… |

그렇게 대화하며 걸어가는 용문구 일행. 코너를 쓱 도는데- 저 앞에 누가 기다리고 있다. 도배만이다!

| 용문구 | (생각지도 못한) 도배만! |
| 설악 | (짜증 확) 도바리? 니가 여길 어떻게 알고 쳐왔냐? 이 지겨운 새끼야! |

피식 웃는 도배만. 누군가와 통화를 하며 다가오고 있다. 그 위로-

인서트_____

14신 병원 주차장이다. 설악의 밴 꽁무니에 추적 장치를 부착하는 도배만.

강하준과 통화 중이었던 도배만.

도배만	(핸드폰에 대고) 추적 장치 성능 좋네. 바로 시제품 내놔도 되겠어.
강하준 (F)	근데 혼자서 되겠어? 도배만. 저쪽은 쪽수가 많아 보이는데.
도배만	쪽수? 용문구 빼면 둘밖에 없는데?

그때- 반대편 복도에서 서너 명의 전당포 조폭들이 나타난다.

도배만   (어이 없는) 강하준 너… 설마? 추적 장치 내 차에도 달았냐?
강하준   그런 말 알아? 속이는 자를 속이는 건 두 배의 즐거움이라는 거?

그 말과 동시에 전당포 조폭들 뒤에서 웃으며 나타나는 강하준.

강하준   그리고 혼자서 되겠냐는 말은… 레드 우인이 없이 되겠냐고…
도배만   니가 지금 와 준 건 전혀 도움은 안 될 거 같으다, 강하준.
강하준   (허허) 내가 싸움을 못할 거라는 편견은 버려, 도배만.

그와 동시에 도배만과 강하준이 설악과 지리, 전당포 덩치들과
싸움을 벌인다. 그 틈을 타서 바닥에 내팽개쳐져 있던 조수찬을
빼돌리려는 용문구. 그러다 도배만에게 딱 걸린다. 한 방 제대로
맞고!
싸움이 한창 무르익을 무렵. 웨앵앵- 어디선가 사이렌 소리 울
리며- 도수경과 형사들이 출동한다.

23. 전당포 건물 앞 (낮)

수갑을 차고 경찰차에 태워지는 설악과 지리. 용문구는 도수경
이 직접 경찰차까지 인솔하고 있다. 강하준과 도배만은 조수찬
을 데리고 나온다.

도배만   (다가가) 형사님, 이 수배자와 마지막 작별 인사 괜찮을까요?
도수경   잠깐이다.

도수경, 경찰차 창틀에 용문구 수갑 이어서 채우고 살짝 거리
떨어지면- 도배만과 용문구의 마지막 대화가 시작된다.

용문구	(피식) 마지막 작별 인사? (잠시) 난 늘 같았어. 니가 날 배신했지.
도배만	애국회 엑스파일… 아직도 애타게 찾고 있지?
용문구	(보는)
도배만	(미소) 그거 내 손에 들어왔어.
용문구	(황당) 뭐?
도배만	진짜야.
용문구	(믿기지 않는) 뭐? 너 분명히 없다고 그랬어. 없다고 했잖아!!!
도배만	이제 곧… 전 국민이 애국회 엑스파일을 다운 받게 될 거야. 그 안에 담긴 내용을 낱낱이 보게 되겠지?
용문구	(눈 커지는) !!
도배만	감옥에서 심심할 텐데… 거기서 잘 읽어 봐.

도배만, 뒤에 있던 도수경에게 눈짓한다. 도수경이 경찰차 창틀에 고정된 수갑을 풀자- 그 틈을 이용해 도배만에게 달려들며 발악하는 용문구.

| 용문구 | 도배만! 도배만! 내가 이렇게 끝날 거 같애? 어? 나 다시 돌아온다. 돌아온다고! 이 새끼야. |

그러자, 도수경이 확 주먹을 날려 버린다! 퍽!! 문 열린 경찰차 뒷자리에 고스란히 쓰러져 기절하는 용문구. 도수경, 다시 용문구 손에 수갑 채우는 그 비주얼.

24. 노화영의 사단장실 [낮]
전 신 느낌 받아 철컥- 노화영의 손목에 채워지는 수갑. 윤상기가 채웠다. 도배만과 차우인이 뒤에서 수갑 채워지는 노화영을 보고 있다.

차우인	원기춘 수색대대장 중상해 및 살해 혐의와 관련해 조수찬 군의
	관의 신병을 확보했습니다.
도배만	긴급 체포 절차에 따라 주시죠, 사단장님.
노화영	(여유) 내 사단의 군법정에서 내 죄를 얼마나 밝혀낼지 기대되네.
차우인	법정에서 보시죠. 끌고 가세요.
윤상기	네.

시선 고정하고 수갑찬 채 사단장실을 나가는 노화영.

25. (몽타주) 노화영 + 용문구 재판 준비

- 국군 병원. 차우인, 총상 부위의 붕대를 완전히 푼다.
- 법무실. 차우인이 복귀하자 윤상기와 안유라 기뻐한다. 밖에서 서주혁도 씨익 웃는다.
- 법무실. 노화영 재판 관련 자료 준비로 정신 없는 도배만과 차우인 포함 법무실 식구들.
- 조사실. 침묵으로 일관하는 노화영. 그 모습 영상 조사실에서 보는 도배만과 차우인.
- 국군 병원 중환자실. 여전히 의식이 없는 노태남의 모습.
- 차우인의 관사. 차우인이 아버지의 사진을 보고 있다.
- 도수경의 집. 빛바랜 부모님 사진을 보는 도배만의 모습에서.

26. 도수경의 집 (아침)

도배만, 기상하고 거실로 나오면 도수경이 거울을 보며 화장 전 아이세럼을 바르고 있다.

도수경	(바르며) 아 시원해~!!
도배만	(도수경 보더니) 근데 고모 요새 진짜 이뻐진다. 연애의 힘인가?
도수경	(세럼 바르며) 아니! 돈과 시간, 그리고 도구의 힘이랄까? 눈 부었

을 때 요거 바르면 확 가라앉아~ 요즘 요거 없이 못산다~ (도배만 보며) 오늘 용문구 재판이지?

도배만   (썩 웃는) 용문구, 이재식… 오늘 당할 거 생각하니까… 벌써 기대되네.

27. 민간 법정 [낮]

화면 가득- 일그러져 있는 용문구의 얼굴. 옆에는 이재식이 앉아 있다. 사복 차림 의도배만과 차우인이 들어와 방청석에 앉는다. 피고인석의 용문구, 도배만과 차우인 발견하고 더욱 일그러지는 얼굴!

강연희   (일어나) 재판장님, 증인 신청하겠습니다. 애국회 소속이었던 허강인 부군단장입니다. 피고인들의 방산비리 혐의를 증언해 줄 것입니다.

그 말에 이재식, 동공 커지면서 놀라고-

이재식   뭐? 허강인? 저놈이 왜 검찰 측 증인으로 나와?
용문구   본인이 자청했답니다. 자기 혼자 살려고.
이재식   (더 놀라는데) 뭐? 자청?
용문구   (이재식 보며 짜증) 부하 단속도 못하고 이게 뭡니까?

이재식, 증인석에 막 앉은 허강인을 향해 달려든다. 멱살을 잡아 흔드는데-

이재식   (허강인 멱살 붙잡고) 니가 감히!! (대노) 니가 내 등에 칼을 꽂아?
허강인   저도 살아야 하지 않겠습니까? 이재식 씨.
이재식   (희번덕) 뭐? 뭐? 씨? 너… 이 새끼… (하는데)

그러다 혈압 팍- 올라가 눈 돌아가며 바닥에 쓰러지는 이재식.

변호사   (놀라며) 경위, 빨리 119 불러!!! 빨리!!
용문구   (피고인석에 앉아 그 꼴 보며 넌더리) 하… 누가 군바리들 아니랄까
         봐. 이제 군인들 정말 싫다. 정말 싫어.

그 모습 방청석에서 보고 있는 도배만과 차우인의 얼굴에서-

28. 보통군사법원 법정 [밤]

텅 빈 군법정에 같이 들어오는 도배만과 차우인. 둘 다 멈춘다.

차우인   이제 노화영 하나 남았습니다!
도배만   내일 (피고인석 보며) 저 자리에 노화영이 앉게 돼.
차우인   약속을 지키셨군요. 딱 3개월 걸렸습니다.
도배만   우리 부모님, 차 검사 아버님 사건부터 지금까지 노화영이 저지
         른 죄들. 하나도 남김 없이 모조리 다 처벌받게 할 거야.
차우인   노화영도 마지막 발악을 하겠죠. 괴물이 되어 가며 올라온 자리
         를 지키기 위해 어떤 짓도 다 할 겁니다.

서로의 눈빛 마주하는 두 사람. 헌데 차우인의 눈빛이 어딘지
불안하다!

차우인   (망설이다가) 사실 지금 도배만 검사님 부른 이유는 따로 있습니다.
도배만   이유?
차우인   (바로 말하기 힘들어 머뭇거리다가) 노화영 재판이 끝나고… 우리
         가 노화영에게 죄를 묻게 된다면 그땐 제가 할 일이 있습니다.
도배만   (궁금) 할 일? 노화영에게 죄를 물으면 우리가 할 일은 다 한 거
         잖아?

| 차우인 | 처음 군검사가 되었을 때부터 마음먹은 겁니다. 그러니까 도 검사님도 허락해 주셔야 합니다. |
| 도배만 | (무슨 소린지) 허락? |

결연한 눈빛으로 도배만 보는 차우인의 모습에서-

29. 보통군사법원 법정 (낮)

전 신의 텅 빈 법정이 사람들로 채워지는 비주얼- 피고인석에 정복 차림의 노화영이 앉아 있다. 군검사석에 가서 앉는 도배만과 차우인. 군판사, 양측을 보며 공판 개요에 대해 설명한다.

| 군판사 | 사건번호 2001고25, 2015고97, 2022고13, 2022고26, 2022고30 다섯 개의 사건을 병합하여 공판을 진행하겠습니다. 검찰 측 모두진술 하세요. |

도배만, 차우인을 보면- 차우인, 고개 끄덕이고 자리에서 일어난다.

| 차우인 | 피고인 노화영은 GOP에서 발생한 편상호 일병 총기 난사 사건과 관련해 1대대장에게 사건 은폐를 지시하였고, 피해 병사에게 위증을 지시하며 사건 본질 파악 및 진상 규명을 방해하였습니다. |

플래시백_____

- 14화 2신. 사단장실에서 1대대장이 노화영 앞에 서 있다.

| 노화영 | 내 말 잘 들어! 그 어떤 징후도 없었던 거야. 알았어? |

- 14화 16신. 노화영이 노태남에게 말한다.

노화영 그래. 내가 시켰어. 그래야 이 엄마가 자리를 지킬 수 있다. 비난의 화살을 편 일병한테 온전히 돌려야 돼.

차우인 피고인은 비무장지대에서 발생한 총기 오발 사고 피의자인 원기춘 수색대대장에게 사건을 조작하도록 지시해 전 국민을 우롱하였습니다. 조작한 사건의 전말이 드러나지 않도록 수색대대장의 신체를 상해하였으며, 이후 살해한 후 자살로 조작한 혐의입니다.

플래시백_____

- 8화 60신. 노화영, 양 부관이 들고 있던 전기톱을 뺏어 든다. 일말의 주저 없이 원기춘의 왼쪽 무릎에 톱을 대고 자른다.

차우인 뿐만 아니라 피고인 노화영은 군에서 엄격히 금지하고 있는 내부 사조직에 가담하여 뇌물을 공여하고, 방산업체 IM 디펜스를 차명 지분으로 운영 및 관리하면서 취득한 이득의 대다수를 개인의 사익을 위해 지속적으로 횡령해 왔습니다.

플래시백_____

- 5화 4신. 노화영, 차호철 명패를 내려놓더니 천천히 군홧발 옮겨 차호철 의자에 앉는다.

플래시백_____

- 4화 63신. 노화영, 운전석의 도배만 부모에게 다가가 코밑으로 검지를 갖다 댄다. 숨이 끊어진 것을 확인하자 순간- 입꼬리가 올라간다.

- 2화 4신. 도로 펜스 뚫고 공중으로 솟구치는 차호철의 차량. 경사진 언덕을 굴러 떨어지다 멈춘 후 콰쾅- 폭발음 일어나며 거대한 불덩이가 된다.

차우인   끝으로 20년 전 신교대 불량 수류탄 폭발 사고의 진상을 덮기 위해 군수사관 부부의 차를 고의적으로 들이받아 살해하였으며, 6년 전 IM 디펜스 차호철 회장을 살인 교사한 혐의를 받고 있습니다.

         차우인, 피고인석의 노화영을 강하게 본다.

차우인   이에 본 검사는 피고인 노화영에게 살인, 중상해, 특정경제범죄 가중처벌 등에 관한 법률 위반 횡령 및 배임, 특정범죄 가중처벌 등에 관한 법률 위반 뇌물 공여까지 총 7개의 범죄 혐의에 대해 공소를 제기하는 바입니다.

         그럼에도 여전히 당당한 노화영인데- 그런 노화영을 강하게 보는 도배만의 모습.

30. 법무실 복도 [낮]

         복도에 들어서는 군홧발. 법무실을 향해 다가서는 누군가의 뒷모습. 그 위로-

기자 [E] 최초의 여자 사단장에 올라 유리 천장의 벽을 뚫었다고 평가받는 육군 제4보병사단 노화영 사단장의 군사재판이 열리고 있는 가운데…

31. 법무실 (낮)

윤상기와 안유라가 업무를 보고 있다. 틀어 놓은 TV에서-

기자 (E)   차명 지분으로 IM 디펜스를 운영 및 관리한 의혹까지 제기되며
              해당 재판은 5개의 사건을 병합해 공판이 진행될 것으로 알려
              졌습니다.

그때 법무실에 들어서는 누군가, 양 부관이다! 윤상기와 안유라,
놀란 얼굴로 보던 서류를 내려놓고 빠르게 다가가는데-

양 부관   (굳은 얼굴로) 자수하겠습니다. 제가 차우인 군검사님을 쐈습니다!

충격받는 윤상기와 안유라의 모습에서-

32. 보통군사법원 법정 (낮)

이어지는 상황. 노화영이 증인석에 앉아 있다.

차우인   4사단 GOP 총기 난사 사건 재판에 증인으로 출석했던 노태남
              이병은 피고인에게 위증을 강요받았다고 진술했습니다.

플래시백_____

14화 49씬. 법정 상황이다.

노태남   어머니는 그 군복을 지키기 위해 저한테 위증을 강요했습니다.

차우인   (노화영에게 다가가며) GOP 총기 난사 사건과 관련한 혐의 인정
              하십니까.

노화영   그런 사실 없습니다.

차우인	노태남 이병의 진술은 뭔가요?
노화영	제 아들은 정상이 아닙니다. 총기 난사 사건으로 외상 후 스트레스 장애를 심각하게 앓고 있습니다.
차우인	진술 내용을 부정하는 겁니까?
노화영	평소 아들을 제대로 된 길로 인도하려고 부단히 노력했습니다. 군대를 기피하던 아들을 설득해서 입대시켰고, 사단장 아들이라는 특혜를 주지 않으려 전방 부대에 배치했습니다. 힘들고 위험한 전방에 아들을 배치한 게… 특혜라면 특혜겠죠.
차우인	(보는)
노화영	이런 노력에도 불구하고 노태남 이병은 저에 대한 반항 심리로 공개 재판에서 거짓말을 했습니다. 그것이 정신이상에서 오는 증상이라 하더라도!
차우인	…
노화영	저는 노태남 이병의 어머니이기 이전에 4사단의 최고 지휘관입니다. 지휘관으로서 사건을 은폐했다는 오명을 뒤집어쓸 순 없으며, 부하범죄 부진정 혐의는 제게 살인보다 더 가혹한 치욕입니다.

한 치의 죄책감도 없이 진술을 이어 가는 노화영. 차분히 듣고 있던 차우인이 입을 연다.

차우인	노태남 이병은 왜 피고인을 부대 창고로 불러내 자살 시도를 했습니까?
노화영	저를 불러내서 (잠시) 자기 죄를 뉘우쳤습니다.
차우인	(굳은) 죄를 뉘우쳤다구요?
노화영	그때 도배만 대위도 현장에 있지 않았습니까?
도배만	(잠시) 늦게 도착해서 듣지 못했습니다.
노화영	(비소) 아쉽군요. 1분만 빨리 왔어도 이 재판 자체가 필요 없었

을 텐데.

도배만   (표정 굳는) !!

노화영   어머니에 대한 미움으로 법정에 돌이킬수 없는 죄를 저질렀다
            며 진심으로 사죄하더군요. 참회의 의미로 수류탄 안전핀을 뽑
            았습니다.

            죄책감 1도 섞이지 않은 얼굴로 태연하게 도배만을 보는 노화영.

노화영   제 아들이 의식을 회복하지 못하고 있는 게 가슴 아플 따름입
            니다.

차우인   (잠시) 노태남 이병의 그 행동을 보고 피고인은 무엇을 느꼈습
            니까?

노화영   (생각지 못한 질문에 차우인 보는) …

차우인   바로 눈앞에서 아들이 수류탄의 안전핀을 빼는 걸 보면서… 피
            고인은 무엇을 느꼈나요?

플래시백_____

            15화 64신. 수류탄 터지던 그 순간에 노화영의 극심하게 동요하
            는 모습.

노화영   (아킬레스건을 건드린 듯 흔들리는 눈빛) !!

차우인   아들을 버리면서까지 지켜야 하는 게 사단장 자립니까?

노화영   (일순 당황하는 기색이 스치는) !!

차우인   아들이 어머니가 보는 앞에서 왜… 죽음을 결심했는지… 그 이
            유를 생각해 본 적이 있습니까?

노화영   (차우인 보며) 자식이란… 내 안에서 나온 또 다른 타인일 뿐이
            죠. 타인의 마음을 모두 알 수는 없지 않나요?

차우인   (소리치는) 단 한 번만… 어머니로서 대답하세요!! 피고인!

| 군판사 | 검찰 측, 재판과 관련 있는 내용만 질문해 주시길 바랍니다. |
| 차우인 | …네, 재판장님. |

차우인, 다시 예리한 표정으로 바뀐다.

| 차우인 | 노태남 이병이 피고인에게 자신의 죄를 뉘우쳤다… 이미 한 번 들어 본 익숙한 말이군요. (노화영 보며) 원기춘 사망 당시에도 같은 진술을 했었죠? |

플래시백

9화 48신. 원기춘 자살 사건 취조 상황이다.

| 노화영 | 자기 죄를 자백했어. 법무참모에게 알렸으니 확인해 봐. |

차우인	피고인이 죄를 모면하는 방식이 일관적입니다. 진심이 전혀 없습니다.
변호사	재판장님! 검찰 측은 근거없는 억측으로 피고인을 매도하고 있습니다.
군판사	인정합니다. 검찰 측은 발언에 유의해 주시기 바랍니다. 부하범죄 부진정 혐의에 대한 심리는 이 정도로 마무리하겠습니다. 다음 공판에선 원기춘 수색대대장 신체 중상해 및 살인사건에 대한 심리 이어 가겠습니다.

군판사 일어나 나가고- 차우인의 핸드폰이 울린다. 받아 들면-

차우인	네, 안 계장님.
안유라 (F)	양종숙 부관이 법무실에 와서 자수를 했습니다!
차우인	(놀라서) 네? (잠시) 지금 바로 갈게요. (핸드폰 끊는)

도배만	(궁금한 얼굴로 보는)
차우인	양 부관이 지금 법무실에 있어요!!
도배만	!!

33. 법무실 (낮)

법무실에 급히 들어오는 도배만과 차우인.

차우인	(도배만에게) 양 부관 취조는 제가 하겠습니다.
도배만	그래.

34. 조사실 (낮)

조사실에 양 부관이 무거운 얼굴로 앉아 있다. 그 위로- 노화영의 목소리가 깔린다.

노화영 (E)	양 부관, 니가 모두 안고 가!

인서트_____

인적 없는 곳에서 노화영과 양 부관이 대화를 나누고 있다.

양 부관	(흔들리는 눈빛) 제가 다… 안고 가라는 말씀이십니까?
노화영	그래. 난 너한테 어떤 지시도 한 적이 없는 거야.
양 부관	…
노화영	나에 대한 잘못된 충성심에서 일어난, 단독 행동이라고 말해.
양 부관	…사단장님.
노화영	군인으로서 명령을 완수하지 못한 책임은 져야지. 안 그래? 무엇보다…
양 부관	(보는)
노화영	이번이 니가 내게 보답할 수 있는 마지막 기회야.

양 부관	(잠시) …네, 명령 따르겠습니다.

다시 조사실. 결심한 얼굴의 양 부관. 그때 차우인이 들어와 양 부관 앞에 앉는다.

차우인	양종숙 부관.
양 부관	저 혼자 한 일입니다.
차우인	(분노) 노화영 사단장한테 사주받았습니까?
양 부관	아닙니다. 사단장님하고는 상관없습니다.
차우인	(크게) 양종숙 부관!
양 부관	그게 사실입니다. 더 이상 할 말 없습니다.

단호한 얼굴로 차우인 보는 양 부관. 차우인, 당혹스러운 얼굴이 되는데– 도배만도 미러창 너머로 그 취조를 보고 있다.

35. 다방 아지트 - 비밀의 방 (밤)

심각한 얼굴의 도배만과 차우인.

도배만	내일 원기춘 혐의를 다룰 텐데 양 부관이 저렇게 나오면… 곤란한데.
차우인	내일 공판에 양 부관 증인 신청은 채택됐어요.
도배만	저쪽에서 채택 안 할 이유가 없지. 노화영을 위한 증인이라고 확신할 테니까.
차우인	절대로 노화영 뜻대로 흘러가게 두지 않을 겁니다.
도배만	(보는)
차우인	일단 내일 공판은 도 검사님 혼자 진행하세요. 저는 양 부관을 설득해서 데려가겠습니다.
도배만	(보는) …

차우인	꼭 데려갈 겁니다. 법정에 저 없이 혼자 서시더라도… 너무 외로워하지 마십쇼.
도배만	꼭 데려와라, 차우인.

그 위로-

군판사 (E)	원기춘 수색대대장 중상해 및 살인 혐의를 다루겠습니다. 검사, 시작하세요.

36. 보통군사법원 법정 (낮)

군검사석의 도배만. 옆의 차우인 자리는 비어 있다. 시계를 보며 초초해하는 도배만. 방청석의 강하준을 보자, 아직 차우인한테 소식 없다는 뜻으로 강하준이 고개를 젓는다.

군판사	(도배만 반응없자) 검찰 측?

도배만, 비어 있는 차우인 자리 보는 모습. 노화영, 비릿하게 웃는데.

37. 조사실 (낮)

같은 시간. 차우인이 양 부관과 마주하고 있다.

양 부관	전 이미 자백했습니다. 누구의 지시도 없었습니다.
차우인	(잠시) 기록을 보니 사격 실력이 뛰어나던데 왜 날 맞히지 못했죠?
양 부관	(대답하지 않는)
차우인	신고도 직접 했죠? 신고 센터에 남겨진 신고 음성, 확인해 봤습니다.
양 부관	(대답 하지 않는) !!

차우인	내 앞에서 총을 겨눌 때 주저하던 얼굴. 신고에서 분명히 느꼈던 겁먹은 목소리. 양 부관은 날 죽이려는 마음이 전혀 없었습니다.
양 부관	(흔들리는 눈빛) !!
차우인	내 말 잘 들으세요, 양종숙 부관. 당신은 사단장의 도움을 받아 과거의 상처를 세상에 드러냈고 군단장을 처벌할 수 있게 했습니다. 그리고 제게 감사 인사를 했죠. 당신을 도운 저를 쏠 이유나 동기가… 당신에겐 없습니다.
양 부관	(고개 들어 보는)
차우인	양 부관 뒤에 숨어서 총을 쏜 진짜 범인, 노화영 사단장에게 죄를 물을 수 있게 해 주세요.
양 부관	…
차우인	당신이 사단장 죄를 안고 간다 하더라도… 계속해서 다른 군인들이 사단장의 명령으로 총을 들 겁니다. 그렇게 쓰여지고, 버려지고, 대체되는 비극이 반복될 겁니다. 노화영이 군복을 입고 있는 한 끝까지.
양 부관	…
차우인	더 이상 부당한 명령에 희생되는 군인이 없도록… 그 고리를 끊을 수 있게 해 주세요.

차우인, 강한 눈빛으로 양 부관을 보는데-

38. 보통군사법원 법정 [낮]

다시 법정. 자리에서 일어나 앞으로 나오는 도배만.

도배만	증거 자료 들으시겠습니다.

도배만, 클릭하면- 법정에 원기춘의 목소리가 재생된다. (9화 13신

통화 내용 일부)

원기춘	수색대원 중에 목… 목격자가 있었습니다. 오늘 기자들 모아 놓고 다 폭로한답니다. 그거 터지면 저 죽습니다.
노화영	나중에 통화하지.
원기춘	사단장님이 제 다리를 잘랐다는 것도… 도배만이 눈치챈 거 같습니다!

변호사	이의 있습니다. 죽은 피해자의 일방적인 주장일 뿐입니다. 녹음에서도 저희 피고인은 어떤 동의나 수긍도 하지 않았습니다.
군판사	인정합니다.
도배만	이 녹취 증거의 신빙성을 입증할 증인을 신청하겠습니다, 재판장님.
군판사	검찰 측 증인 자리하시기 바랍니다.

방청석에 앉아 있던 조수찬(군의관)이 걸어와 증인석에 앉는다.

도배만	방금 들은 녹음 내용이 사실입니까?
조수찬	(잠시) …사실입니다.
도배만	이유는요?
조수찬	원기춘 수색대대장의 다리가 잘리던 현장에 제가 있었습니다. 저는 다리 절단 이후 봉합을 위해 불려 갔습니다.

플래시백_____

8화 60신 폐군부대 내무반 상황이다. 노화영, 양 부관이 들고 있던 전기톱을 뺏어 든다. 그리고 일말의 주저 없이 원기춘의 왼쪽 무릎에 톱을 대고 자른다.

조수찬	사단장님이 처음엔 양종숙 부관을 시켰습니다. 하지만 부관이 주저하자 사단장님이 직접 원기춘 수색대대장의 다리를 절단했습니다.
노화영	(태연한 얼굴로 듣고 있는)
도배만	이상 증인 신문 마치겠습니다.
군판사	변호인, 반대신문 해 주세요.
변호사	(일어나서) 탈영이 병사들에게만 해당되는 게 아니죠.
도배만	(멈칫) !!
변호사	국군 병원에서 군의관으로 복무하는 증인은 1개월 이상 근무 복귀를 하지 않았습니다.
조수찬	…그건 제가 (하는데)
변호사	(끊고) 게다가 도박 관련 문제로 상부에 여러 번 지적까지 받았죠.
도배만	(일어나) 재판장님! 지금 변호인 측은 본건과는 하등 상관없는 주장으로 증인을 매도하고 있습니다.
군판사	인정합니다. 변호인 주의하세요. (잠시) 변호인 추가 신문 없습니까?
변호사	없습니다.
군판사	(도배만 보며) 다음 증인 심리 진행하겠습니다. 검찰 측, 양종숙 부관 출석했습니까?
도배만	…
군판사	출석하지 않았으면 (하는데)

그 순간, 법정 문이 열리며- 검사복 입은 차우인이 들어선다. 도배만 보며- 씨익 미소.

| 도배만 | 왔구나, 차우인. |

차우인의 뒤를 이어, 법정에 모습을 드러내는- 양 부관! 방청석

의 강하준, 차우인과 양 부관 보며 활짝 웃는데.

도배만   (자신 있게) 재판장님, 노화영 사단장의 부관인 양종숙 중위입니다! 피고인의 많은 범죄들을 입증해 줄 결정적 증인입니다. 와락 표정 일그러지는 노화영인데-

39. [시간 경과] 보통군사법원 법정 [낮]

양 부관이 증인석에 앉아 있다. 노화영이 무서운 얼굴로 노려보자 움찔하는 양 부관. 차우인이 다가오고, 눈을 마주치는 두 사람. 양 부관, 용기를 내려는 얼굴이다.

차우인   노화영 피고인은 원기춘 수색대대장이 자백을 했다고 밝혔습니다. 사실입니까?
양 부관   (잠시) 원기춘 수색대대장님은 자백한 적이 없습니다.
차우인   그걸 어떻게 확신하죠?
양 부관   오히려 사단장님을 협박했습니다.

플래시백_____

9화 32신.

원기춘   당신 노화영! 홍무섭 군단장! 그리고 이재식까지 싹 다 날려 버릴 폭탄이 나한테 있다 이 말입니다! 이제 당신들 운명은 나한테 달렸어!

차우인   노화영 피고인은 협박을 받은 뒤에 어떻게 대응했습니까?
양 부관   사단장님다운… 결단을 내리셨습니다. 직접 권총 방아쇠를 당기셨습니다.

9화 48신 인서트 상황이다. 탕! 소음기 달린 권총에서 발사되는 총알. 노화영이 당긴 방아쇠. 원기춘 쓰러지고. 그 뒤에 있던 양 부관.

차우인   원기춘 수색대대장을 살해했다는 말인가요?
양 부관   그렇습니다.

크게 웅성거리는 방청석. 신문이 계속될수록 오히려 노화영의 표정이 더 담담해진다.

차우인   증거 제출하겠습니다. 해당 날짜에 피고인은 알리바이를 위해 출입 기록을 조작했고, 그 조작은 증인이 수행했습니다.
양 부관   (죄책감에 고개를 숙이는)
차우인   그리고 하나가 더 있죠? 증인, 정말… 증언하실 수 있습니까?
양 부관   (노화영 보며) 네. 사단장님은 제게… 차우인 군검사에 대한 살인까지 지시하셨습니다.

혼란에 빠지는 방청석. 노화영, 양 부관을 무섭게 쏘아본다. 양 부관, 잠시 겁먹은 얼굴이었다가 이내 똑바로 노화영을 본다! 그런 양 부관의 변화를 보며 엷은 미소 짓는 차우인인데. 도배만, 핸드폰 확인하더니 차우인에게-

도배만   마지막으로 노화영을 완벽히 무너뜨릴 화룡점정 도착!!

40. 보통군사법원 복도 (낮)

화면 가득- 용문구가 걸어오고 있다. 미결수 복장. 양옆에 교도관. 용문구의 얼굴 위로-

교도소 면회실. 도배만, 용문구와 마주 앉아 있다. 용문구 보며 실실 웃고 있는 도배만.

용문구   (일그러지며) 그렇게 통쾌하냐?

도배만   (실실) 형량 15년에, 다른 재판도 줄줄이 걸려 있고… (용문구 미결수복 보며) 제법 옷태도 나시고…

용문구   (발끈) 내가 너한테 뭘 잘못했냐구? 응? 니 부모 죽음하고 나는 아무 상관이 없어. 다 노화영 짓이지.

도배만   (정색) 차호철 회장 죽음도 발뺌하실 겁니까?

용문구   (할 말 없는) …

도배만   담당 검사로서 사건 조작하고 없는 죄 뒤집어씌운 데다 원기춘 기자회견에, 재판 증언 시나리오까지 다 당신이 쓴 거잖아.

용문구   딱 거기까지야. 그 이상은 아니야.

도배만   그래. 지금 항소 준비하고 있다면서?

용문구   (보는)

도배만   이번엔 내가 당신한테 거절할 수 없는 제안을 할 거야.

그 말에 관심 생기며 힐끔 도배만 보는 용문구인데—

다시 법원 복도. 회심의 얼굴로 복도를 걷는 용문구인데.

41. 보통군사법원 법정 (낮)

법정 문 활짝 열리며 용문구가 교도관들과 함께 들어선다.

도배만   6년 전 차호철 회장 살인 교사 혐의 관련 증인 신청하겠습니다. IM 디펜스 용문구 전 대표입니다.

노화영   용문구? (표정 일그러지며 변호사에게) 저거… 증언 막아!!!

변호사	이의 있습니다! 증인은 현재 실형을 받고 복역 중이며 피고인 과도 큰 다툼이 있었습니다. 원한을 품고 위증할 가능성이 매우 높습니다.
도배만	증인은 검사 시절 과오를 바로잡으려 출석을 자진 요청했습니다.
군판사	자진해서 말입니까?
도배만	증인의 용기 있는 선택을 참작해 주시기 바랍니다, 재판장님.
군판사	(잠시) 증인 채택하겠습니다. 자리하세요.
노화영	(표정 확- 일그러지는) !!

용문구, 증인석에 가서 앉더니 노화영을 똑바로 본다. 피식-

도배만	증인은 6년 전 IM 디펜스 차호철 회장이 연루된 사건의 담당 검 사였죠?
용문구	그렇습니다.
도배만	그 사건에 노화영 피고인이 관여되어 있습니까?
용문구	네. 아주 분명히 관여되어 있습니다. 분.명.히.
도배만	그때 상황을 말씀해 주시겠습니까?
용문구	노화영 피고인에게 오더를 받았습니다. 차호철 회장에게 비리 를 덮어씌우라고, 사건을 조작하라고.
도배만	그래서 협조했습니까?
용문구	네. 보장된 미래를 위해 독이 든 성배를 마셨습니다.
도배만	재판장님, 이 증언과 관련된 증거를 제출하겠습니다.

도배만, 원기춘 박스(13화 27신)에서 얻은 자료를 서기에게 제출 한다.

도배만	살인 교사와 관련된 증거가 있습니까?
용문구	당시 제가 쓰던 핸드폰에 피고인과 주고받은 통화 내용이 남겨

져 있습니다. 공판이 끝나면 바로 제출하겠습니다.

도배만   증인은 사건 조작만 가담했고, 살인 교사는 관련 없단 말이죠?

용문구   네. 차 회장이 죽고 나서야 알았습니다.

도배만   이상입니다.

용문구   잠깐만. 마지막으로 한 말씀만 드려도 되겠습니까?

도배만   네, 하시죠.

용문구   (노화영 똑바로 보면서) 이 모든 건… 피고인이… 아니… 저 악녀
가 벌인 일입니다!! 노화영은 진정한 악녀입니다!!

노화영   (강하게 보는)

용문구   (진정한 후회의 눈물) 저 여자에게 바친 세월과 노력… 제 인생에
가장 큰 오점이며 진심으로 반성합니다. 말려들지 말았어야 했
는데… 그러질 못했습니다. 후회됩니다.

방청석의 사람들, 용문구의 증언에 크게 동요한다. 그 모습 보는
강하준, 입가에 미소 피어오르고-

강하준   (혼잣말) 진심으로 우는 거네. 용문구, 처음이자 마지막이겠지.

42. (시간 경과) 보통군사법원 법정 (낮)

군판사   피고인 측 변호사 최후 변론하세요.

노화영   재판장님, 마지막 변론은 제가 하겠습니다.

군판사   (변호사가 고개를 끄덕이자) 그렇게 하세요.

노화영, 자리에서 일어나 도배만과 차우인을 똑바로 본다.

노화영   저 노화영, 한순간도 개인을 위해 산 적이 없습니다. 오직 나라
와 국민만을 위해 복무했습니다.

노화영, 법정 안의 사람들 둘러보면서- 모든 감정을 끌어모아서
외친다.

노화영   여러분이 누리고 있는 이 나라의 평화와 안녕. 그걸 누가 줬습
니까? 내일 당장 전쟁이 터져도 이상하지 않은 나라에서 군인
으로 산다는 것, 그게 어떤 건지 당신들이 압니까? 전 군대의 기
강을 지키기 위해 계급과 명령을 목숨처럼 여겼고, 강한 군인을
키우려고 노력했습니다. (눈에 핏대 세워지며) 그런데 그 결과가
고작 이것입니까?

검사석의 도배만과 차우인. 노화영의 진술을 듣고 있는데-

군판사   검찰 측 ,구형하세요.

차우인   (도배만에게) 최후 진술은… 도 검사님 몫입니다.

도배만, 무거운 얼굴로 일어나 노화영에게 다가간다. 노화영은
도배만을 정면으로 보고- 도배만, 최후 진술을 시작한다.

도배만   피고인은 지난 20년간 군인이라는 직분을 이용해 온갖 끔찍한
범죄를 저질러 왔고, 계급 위에서 자신의 범행을 치밀하고 간교
한 방법으로 은폐해 왔습니다. 평소 피고인은 군인을 신분이라
여길 정도로 자부심이 강했지만, 맹목적인 권력에 대한 탐욕을
열정으로 착각해 스스로에게 속아 온 것입니다.

도배만, 노화영 앞에 두고 최후의 일갈하는데-

도배만   결국 피고인 같은 군인이 군대에 있기 때문에 군대가 변하지 않
는 겁니다! 계급은! 명령은! 오직 이 나라의 안위에만 그 존재의

이유가 있으며 결코 개인의 목적을 위해 쓰일 수 없음을 분명히 밝힙니다! 하여, 본 검사는 피고인에게 법정 최고형인 사형을 구형하는 바입니다.

43. 국군 병원 중환자실 [낮]

희미하게 흐르는 노태남의 바이털 사인. 간호사, 노태남의 상태를 체크한다. 그때- 노태남이 눈을 뜬다. 놀란 간호사가 긴급 호출벨을 누르고- 복도를 급하게 달려오는 간호사와 군의관들의 모습.

44. 보통군사법원 법정 [낮]

군판사가 판결한다.

군판사   검찰이 제기한, 전 항을 유죄 인정한다. 이에 본 법정은 다음과 같이 선고한다. (잠시) 주문, 피고인을 사형에 처한다.

담담한 얼굴로 노화영을 보는 도배만과 차우인. 노화영, 참담한 얼굴로 미동도 없이 그대로 앉아 있다! 시선 돌려- 도배만과 차우인을 노려보는 노화영. 정병이 다가와 노화영을 양쪽에서 잡으려고 한다. 그러자-

노화영   나한테 손대지 마. 내 발로 걸어갈 거야!

정병이 군판사를 보자 군판사, 고개를 끄덕인다. 피고인석에서 벗어난 노화영. 천천히 법정 복도를 걷는다. 사형대를 향해 가듯 천천히 걸어 나가는 그 뒷모습을 바라보는 도배만과 차우인.

45. 보통군사법원 로비 [낮]

기자들이 몰려 있는 로비. 그 앞에 도배만과 차우인이 서 있다.
기자들 앞에 서려는 차우인의 팔을 잡아채는 도배만. 그러다 손
을 꼭 잡는다. 말하지 말라는 무언의 표정. 그 표정을 담담히 받
는 차우인의 얼굴.

46. [과거] 보통군사법원 법정 [밤]

28신 다음 상황이다. 1차 공판 직전에 차우인이 했던 말이 나온다.

차우인   군검사를 그만두겠습니다.
도배만   (생각지도 못한) 뭐?
차우인   제가 빨간 머리로 했던 행적들을 모두 밝힐 겁니다.
도배만   왜 그래야 하는데? 꼭 그래야겠어? 넌 범죄자에게만 (하는데)
차우인   (눈빛) 네, 그래야 합니다. 처음부터 각오하고 결심했던 일입니
         다. 저는 더 이상 법복을 입을 자격이 못 됩니다.
도배만   …차 검…

47. [현재] 보통군사법원 로비 [낮]

여전히 차우인의 손을 놓지 못하는 도배만. 차우인, 도배만을
본다.

차우인   도 검사님.
도배만   (안타까운 눈으로 보는) …
차우인   허락해 주세요.

결국 손을 놓아주는 도배만. 차우인, 잠시 도배만 보다가- 이내
기자들 앞에 가서 선다.

| 차우인 | 오늘부로 저 차우인은 4사단의 군검사직을 내려놓으려 합니다. 저는… 빨간 머리 가발을 쓰고… |

차우인의 자백에 웅성거리는 기자들. 담담히 그 모습 뒤에서 보고 있는 도배만. 화면 천천히 어두워진다.

자막 - 1년 후

48. 산부인과 입원실 [낮]

화면 밝아지면- 막 출산을 앞둔 도수경이 서주혁의 머리를 쥐어뜯고 있다.

도수경	으아아!! 아이고, 나 죽네~ !
서주혁	(안절부절못하며) 수경 씨! 많이 아파요? 어떡해… 우리 달링… (안쓰럽다) 그냥… 의사 말대로 수술합시다. 이렇게 힘든 건 줄 몰랐어… 수경 씨 아픈 거 보니까 내 맘이 찢어져!
도수경	(소리치는) 40대도 할 수 있어!! (고통 속에서도 기합 넣는) 나…!! 꼭 내 힘으로 낳을 거야! 으아아!! 나 닮은 딸! 낳고 만다! (서주혁 보며) 으아아아!
서주혁	(감격) 내 인생에 딸이라니! 우리 꼭 용감한 군인으로 키웁시다!!!

그때- 들어오는 도배만. 두 사람의 모습을 보는데- 절로 행복한 미소 피어오른다.

도수경	(너무 반가운) 배만아!!! (다시 고통) 으아아아아!!!
도배만	(설레고 떨리는) 고모!! 힘내!! 나도 이쁜 공주 빨리 보고 싶다!!
도수경	(힘들어하면서도 좋은) 바쁜데 뭘 여기까지 왔어? 으아아아!

| 도배만 | (서주혁 보며) 고모부!! 축하드립니다!!!! (경례) 순풍!! |

그때- 도배만의 핸드폰이 울린다. '강하준'이다.

49. 교도소 앞 [낮]

가방 하나 들고 출소하는 강하준. 무거운 짐을 벗고 한결 편해진 얼굴.

50. 관사 앞 [밤]

도배만의 관사 앞에서 기다리는 강하준, 후드티에 백팩 메고 노트북 들었다. 강하준, 시선 돌리면- 도배만이 미소 짓고 서 있다.

강하준	모범수라 감형해 주더라고…
도배만	(화나는) 아우… 대체 이 나라는 경제사범에 왜 이리 관대한 거야?
강하준	(피식하지만 씁쓸) 그러게… 동감! (하다가) 의도는 나쁜 게 아니었으니까 정상 참작이 많이 된 거지!! 죄는 미워하되 사람은 미워하지 말자! 이 말이 여기에 해당되는 거고!! (당당) 나 죗값 치렀다!
도배만	(피식) 미리 말을 해 주지. 두부라도 사 왔어야 했는데… (가만있자…) 어디 가서 두부찌개라도 먹을까?
강하준	…아쉽네.
도배만	(위아래 훑어보는) 어디 가냐?
강하준	나 바로 미국으로 다시 가려고…
도배만	(보는) …
강하준	바닥부터 다시 시작할 거야. 우인이에게 IM 돌려주는 일을 끝냈으니까.
도배만	(보는) …
강하준	…그동안 우인이 못 봤다고 했지? 미국에 있었대. 다시 학생이

	돼서 경영 수업 받으러 간 거지.
도배만	… (그랬구나) …
강하준	우인이… 내일 한국 온다. 공항에서 잠깐 만나기로 했어. (잠시) 우인이… 곧 IM 회장 취임한다.

51. 공항 (낮)

차우인이 짐을 싣고 입국 게이트로 들어선다. 군검사 때와는 완전히 달라진 모습. 차우인의 시선으로 강하준이 보인다. (후드티에 배낭 메고 노트북 들었다.) 두 사람, 눈 마주치고- 다가서는데.

강하준	시간 딱 맞췄네. 다행이다. 이렇게라도 보고 갈 수 있어서.

두 사람, 잠시 포옹하면서- 말로 다 못한 많은 감정들, 그동안의 회포를 나눈다.

차우인	(떨어져서 강하준 정면으로 보고) 넌 정말로… 좋은 친구였어.
강하준	이제 복수 같은 거 할 일 없길 바란다. 그리고 IM 잘되길 바래. 진심으로. 나도 IM 주식 많이 사 뒀어. 니가 회장 되면 앞으로 쭉쭉 오를 테니까!! (미소) 맨날 지켜볼 거다!
차우인	(미소로 보다가) 우리가 처음 만났을 때 모습 그대로네? 하나만 빼고. (웃으면서 시계 꺼내 채워 주면서) 다시 주인 찾았네.

미소 짓고 돌아서 출국하는 강하준. 그 모습 보며 손 인사 하는 차우인인데-

52. 교도소 면회실 (낮)

화면 가득 노태남이 보인다. 맞은편 비어 있는 의자를 보며 다소 무거운 표정으로 앉아 있다. 교도병이 다가오더니- (국군 교도소라 군복 차림의 교도병이 있다.)

교도병   재소자가 접견을 거부했습니다.

노태남   …네. (잠시) 이것 좀 전해 주실 수 있겠습니까?

노태남, 품에서 편지 꺼내더니 테이블에 올려놓는다.

53. 교도소 일각 (낮)

수형복를 입은 노화영, 수형자들 무리에서 혼자 떨어져 앉아 편지를 읽어 보고 있다.

노태남 (E)   어머니… 잘 지내고 계세요? 저도 잘 있습니다. 어머니가 한 번도 안아 주지 않았던 볼트. 저에겐 하나뿐인 가족이었던 볼트를 도배만 군검사에게 보냈습니다. 보내고 나선 많이 울긴 했지만 부쩍 어른이 된 느낌이 드네요.

인서트_____

지방의 유기견 센터, 잔디 위를 뛰어다니는 개들의 모습. 노태남이 봉사자들과 사료를 주고 있다. 이제야 자기 옷을 입은 듯 더없이 행복한 얼굴로 개집도 청소하고, 목욕도 시켜 주고, 사람들과 웃고 떠든다.

노태남 (E)   어머니도 거기서 편하게 지내셨으면 좋겠습니다. 언제가 될진 모르겠지만… 꼭 뵙고 싶습니다. (잠시) 엄마…

노화영, 편지를 소중하게 접는다. 행여 구겨질까 봐 조심스럽게 주머니에 넣는 모습. 아들을 생각하고 있는 듯한 노화영의 얼굴에서.

54. 도배만의 차 안 (낮)

운전석에 앉아 어디론가 가고 있는 도배만. 창밖으로 보이는 고속도로 풍경. 뒷자리에 볼트가 앉아 있다. 그 위로- 47씬에서 강하준이 했던 말이 오버랩된다.

강하준 (E)   우인이… 곧 IM 회장 취임한다. 노태남이 자기 지분을 모두 우인이한테 넘겼어.

55. 유기견 센터 (낮)

노태남이 기다리고 있다. 센터 앞에 도착하는 도배만의 차량. 조수석 문 열리자- 볼트가 뛰어내린다. 노태남 발견하고 마구 달려오는 볼트. 상봉하는 노태남과 볼트, 얼싸안고 좋아한다. 그 모습 보는 도배만.

도배만   고맙다, 노태남. 볼트 보내는 거 쉽지 않은 결정이었을 텐데…
노태남   (미소로) 우리 볼트… 누구보다 충성스럽고 용맹한 아이니까… 군견으로 사는 게 훨씬 어울려요. 도배만 군검사님이 잘 맡아줘요.
도배만   (잠시) 그래.
노태남   (볼트 어루만지는)
도배만   IM 지분… 차우인한테 다 넘겼다면서… 아깝지 않아?
노태남   어차피 엄마 때문에 얻은 거였잖아요. 엄마는 모든 걸 잃었는데 나도 가지고 있을 수가 없었어요. 그리고 원래 주인에게 간 거니까… 아쉽지 않아요.
도배만   …어머니, 아직도 못 만났어?
노태남   …네. 언젠간 만나 주시겠죠.

두 사람, 시선 돌리고 볼트를 본다. 늠름하게 서 있는 모습인데-

56. IM 집무실 (낮)

집무실에 들어서는 차우인. 감개무량한 얼굴로 아버지가 앉던 의자에 앉아 본다. 이제야 찾게 된 'IM 디펜스 회장 차우인' 명패. 잠시 지나간 시간에 대한 상념에 잠기는데- 시선 돌리면 (차우인의 눈에만 보이는) 차호철이 애틋하게 보고 있다.

차우인	(놀라며) 아빠?
차호철	우리 딸… 그동안 힘들었지?
차우인	…아빠.
차호철	…고생 많이 했어. (잠시) 그리고… 고마워, 내 딸.
차우인	(눈물 맺히는) …
차호철	거기 앉으면 앞으로 더 힘들 거야. 잘할 수 있어?
차우인	(끄덕이는) …잘 해낼게… 아빠… 지켜봐 줘…

그때 비서가 들어온다. 빛처럼 사라지는 차호철. 아쉽고 아픈 마음 추스르는 차우인.

비서	(미소) 회장님, 손님 오셨습니다.
차우인	손님이요? 오늘은 일정이 좀 많은데. (잠시) 누구신데요?
비서	육군 4사단 군법무실에서 오셨다고 합니다.
차우인	(멈칫) !!
비서	(차우인 보다가) …정중히 가시라고 전달할까요?
차우인	(끊고) 아니에요. 오늘 다른 일정 모두 취소해 주세요.
비서	네, 알겠습니다. 바로 모시겠습니다.

잠시 후, 들어서는 안유라. 너무 달라진 차우인 모습에 놀라는데-

안유라	(환호) 차 검사님!!! 아니다… 이제 차 회장님!!

차우인	(어딘가 아쉬운 기색 숨기며) 안 계장님, 그동안 잘 지냈죠?
안유라	(너무 반가운) 뭐예요? 그동안 연락 한 번 없이… 이렇게 멋있게 바뀌기 있어요?
차우인	윤상기 계장님도 잘 있어요?
안유라	여전하시죠. 그런데… 도 검사님은 안 궁금하세요?

차우인, 도배만 이름 듣자- 가만히 미소 짓는데-

57. 법무실 (낮)

신임 군검사가 도배만 앞에 서 있다. 절도 있게 경례를 올리는 신임 군검사. 도배만이 받아 주면 경례를 내린다.

도배만	이명진 중위! 내가 먼저 질문할 게 있어.
신임 군검사	(군기 바짝) 네!!
도배만	(우렁차게) 거기 서 있는 자네는 군인인가? 검사인가?

생각지 못한 질문에 바로 대답하지 못하는 신임 군검사. 그 모습 위로-

플래시백 _____

1화 38신 상황이다.

차우인	제가 상명하복 하는 군인이라면 저보다 높은 계급의 범죄자들을 법으로 심판할 수 없습니다. 그래서 저는 법정에서 군인일 수 없습니다.

그때, 차우인의 모습을 회상하는 도배만.

신인 군검사	수사 외압이 있을 땐 용감한 군인으로!! 불의에 맞설 땐 부러지지 않는 대쪽 같은 검사로!! 최고의 군검사가 되겠습니다!!! (경례) 단결!!
도배만	(미소 짓고 경례 받는)
윤상기	(들어와서) 오늘 우리 4사단이 바쁘네요. 신임 군검사님에 신임 사단장님까지… 도 검사님! 신임 사단장님이 부르십니다~!!

58. 사단장실 (낮)

신임 사단장(여, 50대 중반)이 앉아 있다. 절도 있는 자세와 정의로운 눈빛. 참군인의 느낌이 흐른다. 맞은편에 앉아 있는 도배만.

신임 사단장	자네가 특진을 거부했다는 도배만 검사야?
도배만	네, 그렇습니다.
신임 사단장	이유가 궁금한데. 군인이라면 누구나 높은 계급에 서고 싶어 하잖아?
도배만	군검사는 계급과 명령을 거부할 수 있는 군대 내의 정의의 수호자라고 생각합니다. 국민들이 저에게 맡겨 주신 책무를 더 해내고 싶습니다. 아직은 제가 해야 할 일들이 많습니다. 군검사로서!
신임 사단장	(미소) 듣던 대로 도베르만처럼 용맹하네, 도배만 검사. 나도 최선을 다해 4사단을 지휘할게.

도배만, 신임 사단장에게 멋지게 경례 올리고- 신임 사단장, 강한 눈빛으로 받아 준다!

59. 연병장 (낮)

도배만, 혼자 걷고 있다. 저쪽 어딘가에서 도배만을 보고 볼트가 걸어온다. 다이아몬드 하네스가 아닌 군견의 목줄로 바뀌어 있다. 도배만, 볼트의 목줄을 강하게 잡고 당당하게 걸어가는데-

60. 연병장 외곽 (낮)

고급 승용차가 한 대가 선다. 누군가가 차에서 내린다. 하이힐을 신고 아름답게 단장한 차우인이다.

61. (교차) 연병장 - 도배만 + 차우인 (낮)

도배만의 핸드폰이 울린다. '차우인'이다. 놀라는 눈으로 화면 보는데-

도배만   (받으며) …차우인?
차우인   접니다.
도배만   (완전 반갑지만 숨기면서) 정말 오랜만이네? 어디야? 한국에 왔단 얘긴 들었어, 차 검!!

도배만, 뭔가 기척이 느껴져 돌아보면- 차우인이 핸드폰을 들고 걸어오고 있다.

도배만   (반갑고 놀랍고 당황스럽고) 아… 뭐야? 차 검…!!
차우인   (반가운 기색 없고 표정 없이 걸어온다. 핸드폰 내리는데)
도배만   (핸드폰 같이 내리면서) …

도배만과 차우인, 드디어 가까이 마주 본다.

도배만   그동안 많이 달라졌네. 다른 데서 보면 못 알아보겠는데? 차 검?
차우인   저 이제 차 검 아닙니다.
도배만   응? (하다가) 맞다… 아니지…
차우인   (다소 딱딱한) 저 이제 민간인입니다. 도 검사님 부하가 아니란 얘기죠.
도배만   그래… (아쉽지만) 인정.

차우인	(도배만 보는) 복수도 끝냈고… 회사도 찾았고…
도배만	(차우인의 눈빛 보는데) …

차우인, 도배만의 얼굴 앞까지 온다.

차우인	이렇게 다시 만났는데…
도배만	(차우인 보는)

차우인, 하이힐 신은 채 도배만의 군화 위로 올라간다. 도배만의 목을 팔로 감는 차우인.

차우인	우리가 더 이상…
도배만	… (차우인 보는)
차우인	…왜 미뤄야 하나요?
도배만	…차우인.
차우인	(미소 보내는)
도배만	아니… 이제 미루지 않아도 돼. 더 이상 기다리지 않아도 된다고. 차우인.

오래오래 키스하는 두 사람. 윤상기, 안유라가 지나가다가 그 모습 보고 놀라고- 연병장에서 축구를 하던 군인들, 지나가던 군인들이 하나둘씩 점점 모여들면서- 엔딩.